Do pai à letra

Na clínica, na literatura e na metapsicologia

HECTOR YANKELEVICH

Do pai à letra

Na clínica, na literatura e na metapsicologia

TRADUÇÃO
Procopio Abreu

EDITOR
José Nazar

Companhia de Freud
editora

Título Original
Du père à la lettre

Editoração Eletrônica
FA - Editoração Eletrônica

Tradução
Procopio Abreu

Revisão
Sandra Felgueiras

Editor Responsável
José Nazar

Rio de Janeiro, 2004

FICHA CATALOGRÁFICA

Y26d

Yankelevich, Hector, 1946-
[Du père à la lettre. Português]
Do pai à letra, na clínica, na literatura e na metapsicologia / Hector Yankelevich ; [tradução Procopio Abreu]. – Rio de Janeiro : Companhia de Freud, 2004.

312 p. ; 23 cm

Tradução de Du père à la Lettre : dans la clinique, la littérature, la métapsychologie

ISBN 85-85717-84-X

Tradução de: Du père à la lettre

1. Psicanálise. I. Título.

CDD-150.195

Companhia de Freud
editora

Endereço para Correspondência
Rua da Candelária, 86 - 6º andar
Tel.: (21) 2263-3960 • (21) 2263-3891
Centro - Rio de Janeiro
e-mail: ciadefreud@ism.com.br

Todos os israelitas só ouviram nessa cena um único som; e foi o som pelo qual Moisés e toda Israel ouviram "Eu sou" e "Não terás" [...].

Maïmonide, *O guia dos desgarrados*, II, 33

Tudo o que lhes foi revelado, o que Israel ouviu, era só esse alef com o qual começa o primeiro mandamento no texto hebraico da Bíblia, o alef *da palavra "Anochi" – "Eu" [Je].*

Atribuído ao rabino Mendel de Rymanow,
em G. Scholem, *A Cabala*

A consoante alef só representa em hebreu o primeiro movimento da laringe na pronúncia, que precede uma vogal no começo de uma palavra. Esse alef representa, portanto [...], o elemento de onde provém cada som articulado [... Para] o rabino Mendel de Rymanow, em todas as passagens da Revelação em que é dito que os israelitas ouviram palavras, é preciso traduzir que eles ouviram o som inarticulado da voz.

G. Scholem, *A Cabala e sua simbólica*

Índice

Prefácio

Um livro de psicanálise é a tentativa impossível de fazer com que se juntem as questões deixadas por nossos pacientes, às quais não podíamos, não devíamos ou não sabíamos – naquele momento – responder, e o sulco deixado em nós por nossa própria leitura dos textos fundadores.

Este livro, que reúne trabalhos escritos durante uns dez anos, encontra seu ponto umbilical na primeira parte, na qual estão reunidos os ensaios clínicos de um trabalho levado a cabo durante vinte anos com crianças autistas. Estar ali, no momento mesmo em que chegavam à posição ereta, à motricidade, à representação e, em muitos casos, à fala, desencadeou uma busca que não cessa de prosseguir, dando a nós, graças ao espanto em nós produzido, a idéia de relatar, primeiramente de maneira descritiva, e bem depois de maneira teórica, o que elas mostravam em ato, sessão após sessão.

Ser testemunha do que foi desencadeado só pelo fato de atendê-las, elas e suas famílias, obrigou-nos, em todos os sentidos do termo, a tentar contar isso através da escrita, elaborando-a de maneira sempre diferente, ali onde conceitos, de manejo difícil em Freud e Lacan – a identificação primordial com o Pai morto, o Nó borromeano –, de fato encontravam seu lugar para tentar explicar seu devir humano. Pois o autismo é o puro homem biológico, que vive num mundo da linguagem, mas sem que a linguagem nele tenha feito seu entalhe, todos os seus "sintomas" se devem ao não-encontro entre corpo e linguagem. Se esse δυστυχια (mau encontro) é bem o mais radical que tenhamos de encontrar no campo da psicanálise, em que consiste ele, senão no estudo das modalidades lógicas desse encontro?

Como os casos de autismo primário que estamos estudando e que nos obrigaram a repensar o agenciamento do conjunto dos conceitos analíticos de que dispúnhamos não se devem à psicose, tratava-se de construir a especificidade das posições parentais que levam, sem que nada fizesse prever isso, a que uma criança, e, no caso de uma fratria, uma única em geral, se encontre nessa posição.

Assim, pareceu-nos necessário reintroduzir com força a importância decisiva do desejo do pai na constituição não só da feminilidade, mas também daquilo que na mulher preside às modalidades pelas quais ela se torna mãe. Foi nesse trabalho, tanto com mães de filhos autistas quanto com pacientes em análise que, por diferentes circunstâncias, tinham um filho autista, ou eram mães de adolescentes psicóticos, ou pura e simplesmente não queriam sobretudo ter filhos, ou, tendo um no corpo, não podiam tê-lo, que fomos levados a postular a existência de uma "função materna", residindo numa aposta inconsciente, função que pode, às vezes, faltar.

Aí, não é só o "desejo de criança" ou a sua ausência no presente que devem ser encarados como resposta à questão dessa falta, pois a análise fez com que nos interrogássemos tanto sobre a existência ou não desse "desejo de criança" na menina pequena que foi a mãe – ou a mulher – quanto sobre a existência ou não de sua condição: alguém que fosse a um só tempo origem e destinatário desse desejo. Pois, nessa idade, sem esse Outro – o pai sobretudo, mas não somente –, que só existe pela maneira que ele teve, ou não, de amar a sua filha, não há desejo *de* criança, pois não houve desejo *pela* criança.

Ora, essa falta da "função materna", no que diz respeito apenas ao autismo, pode ser ouvida na maneira de falar com os bebês, ou de não fazê-lo, o que nos levou a pôr em relevo a existência, ou não, de uma "língua materna" feita de traços suplementares àqueles que são distintivos na formação dos fonemas de cada língua. O último Jakobson, o de "O arcabouço fônico da linguagem", foi a esse respeito o instrumento mais precioso. Nossa dívida para com a riqueza inaudita do que ele ali propõe é imensa.

Por outro lado, acreditamos descobrir distâncias singulares tanto quanto típicas entre o significante fálico, que é um Nome-do-Pai, e o Nome-do-Pai que o nomeia. Uma das propostas deste livro será distinguir o caráter trino ou triádico do Φ, enquanto

– significante ou Gozo-fora-do-corpo;

– função lógica que assegura a instalação da fala e da aparelhagem pulsional;

– significação que regra a relação do Outro com o sujeito, e do sujeito com a linguagem.

É claro que não é obrigatório que os três aspectos se encontrem em seu lugar, pois deles encontramos recobrimentos em todas as estruturas. Mas é altamente provável que as incompatibilidades entre a psicanálise e algumas de suas críticas filosóficas, neurocientíficas, psicolingüísticas ou outras refiram-se ao escândalo dessa heterologia do Falo.

Finalmente, qual seria o axioma primeiro de um psicanalista, sobretudo se trabalhar com crianças? Que o amor da mãe, que inventa sua posição de Outro, cria no corpo do bebê, por bem dizê-lo, um gozo que é aquele introduzido pela linguagem. É assim que propomos para ela uma função, e a chamamos "pascaliana".

"Do Pai à letra", o título se justifica pelo fato de que em cada análise – e é bem o fio condutor de todo o nosso trabalho – trata-se, com cada paciente, e ainda que de maneira diversa, tanto de tirá-lo da identificação que está na base de um sintoma, quanto de construir um lugar identificatório, ali onde ele está faltando, com letras – que ele traz ou que toma emprestado – à espera de fonetização. Trata-se, nos dois casos, de análise, mas as direções não são as mesmas. Ainda que ambas mereçam esse nome, a razão delas está no fato de que uma e outra tentam construir o que cada um foi como objeto para o Outro e de que falta significante a esse Outro para dizê-lo. Aí é que residiria, nesse além da castração, o passo suplementar que Lacan permitiu fazer na análise. Essa opção resulta de um trabalho que, indo para além da nomeação do falo, dá ao analisando a possibilidade de criar um significante novo.

Assim, o ensaio sobre Borges tenta reencontrar, a partir da escrita de seus contos e ensaios, singulares no século, as coordenadas que fizeram da letra por ele agenciada, e de seu estilo, o tenente-lugar e o suporte do Nome do Pai– e por conseguinte do sujeito. O fato de a escrita poder, ao levar a um certo lugar, suprir-lhe uma carência de fato clareia uma via a ser aberta, diferentemente em cada análise, em que só a letra segue a trajetória do objeto.

Também é verdade que, quando a escrita não é obrigada, como em Borges, a ter êxito em tal tarefa, ela mesmo assim permanece submetida a uma exigência imperiosa: desenhar com letras, toques de pincel, ou qualquer outra grafia, espacial ou sonora, a borda do objeto que o falo não conseguiu escrever por inteiro, que o recalque originário não cercou, deixando apenas o umbigo. Nesses casos, então, é com um instrumento e não só com as formações do Inconsciente que esvaziamos infinitamente o Outro de seu Gozo, que tentamos estar seguros da persistência, apesar de e contra tudo, até na mais extrema fragilidade, de um endereço para a existência do "Tu".

Os capítulos da última parte tentam articular metapsicologicamente outros problemas clínicos de que não pudemos, ou quisemos, esboçar vinhetas que trouxessem um nome próprio. Tratam da posição do analista no tratamento, do que é conceitualizável em psicanálise por intermédio das escritas lógicas do falo, que, tornando pensáveis os paradoxos do objeto, traçam vias que comportam diferenças específicas em relação às ciências e à filosofia. Esses capítulos também tratam do manejo teórico e clínico da pulsão de morte. Pois, embora seja, se podemos dizer, universal, ela não se apresenta da mesma maneira em todos os sujeitos; trata-se, portanto, de saber por quê.

Como escrever enquanto analista é tarefa tão enigmática quanto o desenrolar de uma análise – sabemos como começamos, ignoramos tudo do que vem depois –, o leitor não encontrará tanto aqui desenvolvimentos sobre o que permanece árduo no texto dos fundadores da psicanálise, quanto a descrição das trilhas percorridas com nossos pacientes e através de nossas leituras, caminhos de floresta, até mesmo de crista, para a abordagem dos quais dispomos, é claro, de instrumentos de localização no espaço, mas que, embora bem sofisticados, não lhes poupam de ter de traçá-los.

Last but not least, se pudéssemos extrair um princípio, e um único – o que já parece desafio –, daquilo que guia o analista na direção do tratamento bem como na exposição pública que ele faz de seu trabalho, seria que a estrutura não existe por si mesma, ou em si mesma, mas na invariância a reconstruir na análise de cada sujeito.

CLÍNICAS

The Naming of cats is a difficult matter
It isn't just one of your holiday games
You may think at first I'm as mad as a hatter
When I tell you, a cat must have THREE DIFFERENT NAMES
First of all, there's the name that family use daily [...]
All of them sensible everyday names
There are fancier names if you think they sound sweeter
[...] But all of them sensible everyday names
But I tell you, a cat needs a name that's particular,
A name that's peculiar, and more dignified
Else how can he keep up his tail perpendicular...? [...]
Or names of this kind I can give you a quorum...
Names that never belong to more than one cat,
But above and beyond there's still one name left over
And that is the name you never will guess
The name that no human research can discover
BUT THE CAT HIMSELF KNOWS, and will never confess. [...]

T. S. Elliot, *The Naming of Cats*

Falar ou não falar
Diana e Jessica

Jessica ou o cuspe como interpretação

Jessica tem cinco anos e meio quando vem me ver junto com a mãe. Pequena, fisicamente não parece ter a sua idade, seus olhos sem olhar parecem muito velhos. Ela nunca falou. O sorriso imóvel, sem expressão, os óculos, os cabelos puxados para trás e amarrados em coque dão-lhe o ar de ter saído de um álbum de fotografias.

Em casa, ela se vira com as pequenas tarefas domésticas, pega a manteiga e o leite na geladeira. De uns cinco anos para cá, têm uma casa para elas duas.

A mãe levará muito tempo para me contar coisas simples e dolorosas. Quando a filha nasceu, o homem com quem ela a concebera não estava mais presente, e ela teve de ficar na casa dos pais, paralisada de surpresa e de dor. Saía todos os dias para trabalhar e deixava a filha aos cuidados da avó. Como trabalhava em turnos de seis horas, só via a filha, de verdade, nos fins-de-semana. Ela vai me falar desse período duas ou três vezes durante toda a duração de nosso trabalho – três anos e meio – e vai fazê-lo para fugir da imagem de um pesadelo que havia durado tempo demais.

Mais tarde, saberei que foram os pais que tinham proibido que ela continuasse a relação, e isso embora até soubessem que a filha estava grávida. Ela era muito jovem, estava habituada a obedecer a uma mãe tirânica – sem que o pai jamais pudesse abrir a boca – que não julgara bom permitir que ela prosseguisse seus estudos, e, apesar de suas boas aptidões, ela havia obedecido.

Até descobrir que o bebê que ela beija todas as noites, ao voltar para casa, aos seis meses não "a fixa nos olhos", não lhe sorri, não se mexe. E de repente percebe que, desde o nascimento, a filha está sempre no escuro, que sua mãe – quando ela está no trabalho – nunca carregou a neta no colo, nem acalentou, nem a chamou pelo nome, nunca lhe disse uma palavra, nem lhe deu um brinquedinho para bebês. Ela então se dá conta de que o ódio de que ela sempre se sentira objeto desde a infância persiste mais do que nunca, dirigido dali por diante à sua filha. Ela procura outro trabalho, muda de casa, só com Jessica, decidida a abraçar a filha e a vida. Cinco anos depois, os médicos que acompanhavam Jessica enfim descobriam que talvez fosse o caso de consultar um psicanalista.

Jessica não presta atenção em mim enquanto sua mãe fala. Um mês após o início de nossas sessões, ela pega um ou dois lápis de cor e começa a fazer bolas, a esvaziar a caixa de brinquedos. Sem um gesto nem um olhar em minha direção. Um dia, ela encontra um urso grande de pelúcia, tão grande quanto ela, o que vai lhe tornar muito difícil a tarefa de levantá-lo. Mesmo assim ela consegue, muito irritada e lançando gritos roucos, que acompanham seus gestos aos sobressaltos, os únicos de que ela dispõe para sacudi-lo com energia, longamente. Como o urso é grande demais, suas mãos pequenas não conseguem segurá-lo direito, a pelúcia caindo então no chão, e ela junto, para continuar esses mesmos gestos no chão, onde, ao fim de alguns minutos, ofegante, ela nem por isso pára de gritar e de se debater.

Esse jogo vai durar muito tempo e ela vai pôr em jogo seu corpo cada vez mais, tentando dominá-lo com toda a superfície de sua pele. Esse outro que, por sua não resistência, sempre vai lhe escapar, tornou-se pouco a pouco o buraco de sua cobiça.

Durante essa descoberta, ela pronuncia pela primeira vez o nome "Mamãe". E, quando ambas vêm em sessão, ela doravante se precipita para entrar no consultório antes de mim, a fim de jogar no chão – com um movimento amplo, alegre e provocador ao mesmo tempo – as bonecas que estão colocadas no parapeito da janela. Mas esse gesto só é feito depois que eu cruzo o umbral da porta. E se, falando com sua mãe, demoro alguns segundos a mais, ela sempre espera o tempo que for preciso para que eu a veja varrer todas as bonecas e colocá-las de qualquer jeito no chão, onde elas nunca serão objeto de um único olhar. Só então, em seguida, ela se joga, com uma energia selvagem e soltando gritos estridentes, sobre o urso branco que a espera comportadamente sentado no chão, encostado na parede. Assim, vai ser sempre difícil para ela parar quando luta com todas as suas forças com a pelúcia, exceto quando ouvir a mãe falar de sua infância na casa dos pais ou citar o nome de sua avó. Então, ela vai bruscamente parar e começar a bater nos ouvidos, de punho fechado, duramente.

Naquele ano, Jessica começa a usar as mãos para aparafusar e desparafusar rolhas e aparelhos de dar corda, para fazer castelos de areia durante as férias. Mas não suporta que a mãe me conte suas conquistas e põe as mãos nos ouvidos para significar que não quer ouvir dizer o que ela já mostra saber, para não saber o que sabe: que, ao me falar, a mãe me introduz nos jogos das duas, na cumplicidade delas[1]. Então, ela tapa os ouvidos, embora até, nesse momento, faça um barulho infernal com os Lego, na aparência totalmente absorvida em seus golpes desordenados. Por isso protesta ruidosamente ao ouvir a mãe revelar que ela a imita fazendo a limpeza da casa, sobretudo quando passa o aspirador, aparelho que a fascina. Por isso, embora ocupada com os brinquedos, é um grito rouco que ela emite, que não é sinal de angústia, e sim de concentração.

E se, na rua, ela agora pode, no fim desse ano, soltar a mão da mãe e avançar sozinha pela calçada para poder se virar e vê-la vir, em sessão, o jogo com o ursinho prossegue ainda mais forte, mas *sem que uma única vez ela o tenha chupado, posto na boca, acariciado numa beirada, tenha encontrado um ritmo* para seus gestos aos sobressaltos. Ora, o que não deixa de ser igualmente surpreendente diante do fracasso de sua tentativa de se apossar dele totalmente é a ausência de qualquer reação de desprazer, de cólera, até mesmo de lassidão. Nenhuma marca de decepção vem assinalar a necessidade de mudar de estratégia, ou de objeto.

É sobretudo em casa que coisas novas acontecem: assim que a mãe chega do trabalho e põe os chinelos, ela pega as sandálias de salto, calça-as e anda com elas, olhando-se de cima. No mesmo tempo, apossa-se do estojo

[1] Todas as crianças são muito sensíveis ao fato de um ou os dois pais falarem delas, mesmo em termos elogiosos, a um estranho. É surpreendente que Jessica sinta a esse ponto que falar de alguém signifique, de certo modo, dá-lo como objeto.

de maquiagem e finge pintar-se, sobe no triciclo e começa a pedalar sozinha, embora não tolere que a mãe a olhe. Além disso, quando esta última me conta, saboreando tudo o que isso significa na vida das duas, que a filha não aceita mais ser colocada à força na cama dos avós, Jessica bate violentamente na cabeça com o punho fechado. O que não impede, ao longo da mesma sessão, que seus desenhos comecem a se tornar formas de três volumes.

Numa manhã de outono, estando próximo o aniversário de Jessica, a mãe me interroga. Ela quer saber se a filha tem ou não o sentido do tempo, do dia da semana, do dia seguinte. Pois lhe disseram que não (na escola, com certeza), mas, acrescenta ela, "quando lhe digo que amanhã é sábado, não trabalho" ou então "no fim do mês de novembro é o seu aniversário", ela de fato fica muito contente. Digo à mãe que cada criança é diferente e, antes de poder encontrar uma continuação para essa meia-resposta, ela me retorque com um sorriso largo: "O senhor está aprendendo ao mesmo tempo que eu!".

O *rocking* a que ela vem desde sempre se entregando não dura mais tanto quanto antes e, detalhe curioso, ela se exibe de bom grado realizando-o doravante diante dos visitantes em casa, antes de parar para voltar a brincar no quarto sozinha. O detalhe é efetivamente curioso, pois, antes da chegada inopinada ou não de uma visita, ela brincava sem se balançar. Ela estabelece a diferença, com respeito a seus pedidos – que começam a aparecer –, entre a babá e sua mãe. E é só a esta última que estes se dirigem, com muitas mímicas e designando os objetos que ela deseja. Quando apóio o que a mãe enuncia, dizendo-lhe "Sim, Jessica!", ela retorque "Não", cospe e, como não lhe faço nenhuma observação, pára.

Durante o inverno, o domínio de seu esquema corporal se afirma, ela fica de pé sobre uma única perna, faz o *grand écart*. Em sessão, ela se balança com o urso num *rocking* desenfreado e simultaneamente lhe lança "Grita!" enquanto bate na cabeça com os punhos e com toda força. Mas, fato novo, ela pára por si mesma, pede com gestos à mãe para lhe fazer um desenho e, durante o tempo em que a mãe o executa, pega de novo o ursinho para fingir lhe falar suavemente ao ouvido. Isto dito, a expressão "fingir" é "para nós". Para ela, não é.

Pois essa mímica é um acontecimento em si e uma mudança em relação ao objeto que se deixa ler no que a mãe conta de suas atividades em casa.

Até aqui ela nunca pudera tolerar a presença, em casa, de nenhuma criança menor. Agora pode aceitar isso sem ter crises violentas de ciúme, ainda que na partida da prima mais nova ela recomece a cuspir.

No segundo outono do tratamento, enquanto a mãe me fala, ela lhe faz cenas de amor, olhando-a direto nos olhos, pegando-lhe as duas mãos e balançando-se agora de maneira ritmada, fazendo com a boca ruídos diversos e rindo. Noto pela primeira vez, no fim da sessão, que tudo o que ela acaba de fazer significa que estou lhe arrancando a mãe, perigosamente.

Na primavera seguinte, ela procura brincar e desenhar sentada no meu colo, o que vai durar um certo tempo, pontuado pelo aparecimento, difícil, do fonema "de" que ela pronuncia à maneira de uma consoante líquida, como em russo (não há ninguém que faça igual à sua volta). Seus gestos, falas que passam pelo corpo, tornam-se mais precisos e finos, como se, tornada um ícone vivo, isso lhe bastasse para manter um vínculo com o outro, no qual a necessidade e a primeira fase do narcisismo aceitam muito bem a ausência de fala.

Isto constituirá um nó que o tratamento não vai conseguir desfazer. Mas ainda não sei, pois, durante essas sessões, ela começa, pela primeira vez, a se dirigir a mim, a tocar o meu corpo. Mal entra no consultório, joga no chão tudo o que encontra como elementos de trabalho (não coloco lá coisas pessoais) para em seguida subir no meu colo – o que não seria, em princípio, admitido a uma criança que fala – e ficar de frente para a mãe. Sentar-se no meu colo mostra o nascimento de uma pulsão com a qual ela se apodera do meu corpo por trás e do rosto materno pela frente. Como se ela associasse a si a minha massa ao se fundir em mim, para "fazer peso", como condição para se assemelhar ao outro do amor.

Esse segundo ano de trabalho vai conhecer um acontecimento fortuito, mas de extrema importância, que durante um tempo acreditamos erradamente que permitiria uma mudança de registro. Num dia de nevoeiro, ao cair a noite, caminhando com a mãe na rua, Jessica ouve, pela porta entreaberta de uma padaria, uma voz de homem agradecer e ir embora. Imediatamente, sem ver que ele tinha ido embora, ela se precipita no interior para procurá-lo e, vendo que ele não está mais ali, corre para a rua a fim de segui-lo, arrastando a mãe pela mão, com uma precipitação crispada, antes inexistente. O homem já sumira no nevoeiro e Jessica, de maneira bem surpreendente, mostra-se muito desapontada.

A voz daquele homem desconhecido dela era a de seu genitor. Ela só a ouvira duas vezes (fora do ventre materno) quando, por volta de seus doze meses, ele visitara sua mãe para lhe propor retomar a relação. Dispensado sem grandes atenções, não voltara mais. Enquanto sua mãe me contava esse episódio, surpreendente sob vários aspectos, Jessica, que estava empinada no meu colo, subiu na mesa (ela nunca havia feito isso antes) e nela se deitou, um pouco encolhida, seu rosto mostrando uma expressão de tristeza sonhadora que eu nunca vira nela.

Nos meses seguintes, alguns de seus gestos vão revelar, localmente decerto, mas em profundidade, a perturbação que esse encontro inesperado e seu relato em sessão haviam produzido. Três meses depois, já, desenhos, de cor marrom, não marcavam mais apenas os três volumes do corpo humano, mas representavam, além disso, para um deles em todo caso, um pequeno corpo cuja cabeça se levantava. Durante esse período, no fim da sessão, Jessica segurou longamente minhas duas mãos e colocou a cabeça nelas, cheirando-as profundamente.

Com a mãe, os jogos vão ficando mais complexos: a filha, designando sucessivamente um objeto isolado ou um conjunto, mantém o indicador apontado sem cansar até que a mãe dê a resposta certa: "Está cinzento", "o céu está azul", "o sol está brilhando"... Esse asseguramento mútuo – graças às aquisições de Jessica – permite que elas suportem ficar separadas quando esta passa uma semana de férias com a escola. Porém a mãe nota que a sessão passou a ser a cena das grandes manifestações de amor, inexistentes – para ela – em outro lugar ou em outros momentos. Comento falando apenas do medo da separação. A mãe aquiesce, mas diz não entender por quê.

No início de nosso terceiro e último outono (não sei ainda), fico sabendo que Jessica cuspiu sem parar o verão inteiro e que a mãe teve de proibir que ficasse no sofá onde ela se embalava num *rocking* desenfreado, o sinal da interdição sendo mostrar-lhe o polegar acompanhado de "*Nem Uma!*" (vez a mais..., etc). Estamos em sessão, a resposta de Jessica é instantânea. Ela finge cuspir, começa imediatamente um *rocking* desafiando-a com o olhar e, com seu sorriso gozador e num gesto rápido, exibe *os dois polegares*. Vendo isso, a mãe ri e acrescenta que, em casa, *ela imita mais seu gesto mostrando um único polegar*.

No início do inverno, apesar de todos esses avanços, o retraimento de Jessica em sessão é quase total, sua hostilidade para comigo é evidente, mas as razões, naquele momento, por mim desconhecidas. Exceto que a mãe, nesse momento de verdade absoluta que é o do instante, havia *abolido* o fato, maciço, de que Jessica, na voz, buscava o pai e não as razões do rancor justo ou injusto de sua mãe. Mãe que a deixara só, diante da experiência traumática do objeto, sem nomear esse saber que, nela, só podia ser dito com as falas do Outro. Mãe que não fizera voltar, ela que podia fazer isso, aquele homem que, antes de tudo, teria permitido à sua filha fazer a ligação entre a voz e aquele que a tem. Pois, para poder incorporar a voz, teria sido preciso tanto a sua nomeação que nunca veio em presença, quanto o investimento escópico do corpo de onde ela teria vindo. Não existe voz incorporada, como nos lembra Lacan, que não seja, com efeito, a da alteridade do que se diz (*Seminários* de 5 e 12 de junho de 1963). Sem isso, há uma voz, sim, a voz alucinada que preenche penosamente a carência desse enodamento, levando-a a bater na cabeça de desespero. Até ali, o campo aberto pela transferência havia apenas dado lugar a uma tentativa a fim de se apoderar de meu corpo, pela instauração de um domínio que mantinha disjuntos a voz e o olhar, em vez de permitir que se ligassem.

Entretanto, estamos no direito de pensar que o reconhecimento da voz do genitor não teria sido muito possível sem os dois anos de trabalho que o haviam precedido, pelo menos no plano da criação deste *Mehrlust* (prêmio de prazer ou mais de gozar) sem o qual teria sido impossível reinvestir os rastros que estavam nela. Esse reconhecimento foi, assim, uma conseqüência imprevista e imprevisível de nosso trabalho, mas acabou confrontado à recusa da mãe de reconhecê-lo. Recusa cujo caráter claramente foraclusivo fomos forçados a considerar. Tivemos igualmente que aceitar a idéia de que a análise com crianças como Jessica costuma mostrar que o trabalho em sessão pode precipitar-se em outro lugar, em momentos inesperados, e que é na cena com os adultos, no mundo, que são jogados a sorte e o desfecho do trabalho analítico.

A mãe, por sua vez, aproveitou esse encontro fugaz para precisar à filha – o que aconteceu em sessão –, precisando ao mesmo tempo a si mesma, que a sua decisão sempre fora viver só, sem seu pai. Ao ouvir esse nome, Jessica aproximou-se dela e a beliscou muito forte a fim de realmente machucá-la. Essa conversa terá como efeito que, nas revistas que folhearemos juntos, só os homens serão por elas assinalados. E que a mãe acrescentasse, durante essa mesma sessão, um certo tempo depois e em minha direção, sentindo que eu não estava satisfeito com esse episódio, que às vezes "ela tinha vontade daquilo", mas só "pela coisa", e que teria sido para ela uma conduta indigna seduzir um homem para dispensá-lo depois. Assim, ela havia decidido ficar sem homem para sempre.

Os acontecimentos iam posteriormente se precipitar rumo ao fim, como se o tempo tivesse andado mais rápido de um lado e parado do outro. Há alguns meses, como a babá estava doente, era o filho desta, um homem de uns quarenta anos, que cuidava de Jessica, levava-a à sessão, buscava-a, pegava-a na escola, dava-lhe de comer. Como estava desempregado, dizia gostar muito de fazer aquilo tudo, tanto quebrar o galho da mãe quanto ajudar a menina. Eis que de repente pede para falar com a mãe de Jessica, de urgência, e, de maneira inteiramente inesperada para ela, declara-lhe que deseja não só cuidar de sua filha, mas também se tornar seu pai. Pergunta-lhe se ela o quer como esposo, desejando uma resposta o mais rápido possível, pois encontrou trabalho longe da cidade e deve partir nos próximos dias. Foi, o que estava decidido de antemão, uma recusa seca.

Ela nunca havia suspeitado dos sentimentos desse homem em relação a ela e foi com um ar divertido, mas sem malícia alguma, que me contou o episódio. E isto, que será, a curto prazo, capital, que *ela havia entendido que Jessica, esta, se dera conta disso há muito tempo e que o havia significado por seus cuspes*. Com efeito, acrescentara ela, os cuspes, antes apenas episódicos, tinham se tornado irreprimíveis quando esse senhor começara a cuidar dela. E a mãe conclui que a filha sentira as intenções dele bem antes dela, que era extraordinário. Ao escutá-la, Jessica parou de brincar, de desenhar e, de rosto fechado, começou a preparar seus cuspes.

Algum tempo depois, a mãe me informava que a babá, doente, não poderia mais pegar Jessica após a sessão para levá-la para casa (e ela mesma devia retomar seu trabalho), o que a obrigava a interromper o tratamento.

Observações a posteriori

O "Duas não" [*Pas (de) deux*]*

Não sabemos com precisão, mas é bem provável que a mãe de nossa paciente tenha na época ficado marcada de estupor, e de modo durável, vendo-se grávida, por certo do homem com quem estava saindo, mas sem ter, pelo menos naquele momento, de modo algum buscado aquilo. Estupefata não só pelo fato de estar grávida, mas também e sobretudo por ter-se visto confrontada com a oposição total e selvagem de sua mãe em reconhecê-la capaz de ser mulher e mãe. Só essa hipótese permitiria explicar que ela tivesse deixado a filha aos (maus) cuidados dessa mãe para dar-se conta somente seis meses depois de que Jessica nunca recebera, enquanto ela trabalhava, uma fala humana, que nunca fora nomeada. Entretanto, vimo-nos diante de uma mulher sensível, inteligente, fina e determinada a fazer a vida por si mesma, a assumir da melhor forma possível uma criança com a qual ela nunca tivera antes a possibilidade de fantasiar que tanto podia concebê-la quanto cuidar dela.

Ignoramos se a fuga do pai de Jessica foi apenas conseqüência de sua própria covardia ou então se a oposição dos avós e a paralisia da mãe foram determinantes. Mas, seja como for, o primeiro encontro dessa mulher com o gozo masculino tinha sido – assim ela decidira – o último. E é, sob forma invertida, a mensagem dirigida por Jessica: "*Duas não!*". Duas vezes não, *pois uma já é demais*. Só que essa "uma" é a segunda. Uma segunda sem primeira. Pois a mãe, ao apostrofá-la com a voz e o dedo com seu "*Uma não!*", evidentemente não imaginava que essa ordem dizia respeito a ela mesma, pelo menos tanto quanto à sua filha. E, quando Jessica fez o gesto com os polegares "Duas não!", ela disse, impossível mais claro, que "duas não" quer dizer "Sim, pelo menos uma!", isto é, *ela*. Frases e gestos que nos significam que Jessica foi engendrada sem que um primeiro desejo de seu pai – por seu pai? –

* Trocadilho: *pas deux* [duas não] e *pas* de *deux*, parte dançada a dois. (NT)

jamais tenha visto o dia na história de sua mãe. Elas assim ficavam presas, entre esse "duas não" e esse "uma não", num "*Pas de deux*" em que as *duas* se sustentavam uma a outra, dando a duas e de duas um "Não* !", pois o adágio é bom: "Nunca dois sem três" (literalmente, *dois não pode(m) existir sem um terceiro*). "*Não Outro*", enfim, esse "não" sendo aquilo que (não) lhes permitia ser *nem uma, nem duas*, em que o que está abolido com respeito ao terceiro é a possibilidade de que alguém venha ocupar um lugar que até aqui ninguém ocupou. Que ele venha dar corpo a um desejo que, por não ter esse lugar corporizado, torna-se inapreensível, errático, enlouquecedor.

Entretanto, se devêssemos nos pronunciar sobre a causa do autismo de Jessica, diríamos que ele não reside numa carência simbólica da constelação edipiana da mãe, que a teria antes levado a outros sintomas. Embora o que esta última nos tenha rapidamente esboçado responda aos traços de uma descompensação puerperal – o que notamos com freqüência no histórico de muitos casos de autismo precoce –, seria mais justo pensar que Jessica foi vítima de um hospitalismo em domicílio, fabricado pelo ódio da avó durante esse longo período de desamparo em que sua mãe não devia muito reconhecer o que lhe estava acontecendo.

O Outro Gozo, a pulsão invocante e a pulsão oral

O primeiro episódio maior do tratamento foi sem dúvida o jogo com o urso. Não que ele ilustrasse esse fenômeno essencial à constituição do sujeito, mas, ao contrário, porque aquela pelúcia *não teve função de objeto transicional*. Ela nunca pôs um pedaço na boca nem acariciou a pele, mas, seguindo outra direção, e com uma determinação selvagem, ela tentou se apoderar, utilizando tudo o que era seu – braços, mãos, pernas, peito, abdômen, sexo –, da totalidade do corpo do ursinho. A impossibilidade da tarefa ficou patente, pungente pelos gritos que ela lançava, que no entanto não eram nem de alegria nem de cólera. O urso branco de pelúcia era o Outro

* Em francês *pas* quer dizer *não*, mas também *passo*. (NT)

enquanto tal e sua preocupação impossível: gozar dele. Ela não o acalentava e, em sua tentativa de investi-lo totalmente, descobriu sua zona genital, sem ter, no entanto, beirado a oral. A demanda do Outro não passara pela boca e, quando os cuidados maternos, tardios, e o início do tratamento o permitiram, *um esboço de constituição da pulsão invocante surgiu sem no entanto passar pela etapa oral.*

Nos tratamentos de adultos, costumamos ver pacientes cujas dor e demanda se exprimem muito pouco pela fala, deixando-se ler no funcionamento das outras pulsões e na imagem do corpo. Estas são uma resposta, no corpo do sujeito (a vir), ao dizer do Outro que é a causa delas "antes" de ter cada uma objetos próprios. O que permite ao corpo separar-se do Outro embora mantenha uma tensão apta à vida. Mas há um vínculo de uma ordem particular que se estabelece entre a pulsão invocante e a oral, pelo fato de estarem ambas em questão pela aspiração do vazio e pela emissão no vazio que se faz na e pela boca, a língua, a laringe, enodando, ambas, necessidade e desejo.

Por outro lado, não é espantoso que uma criança que não fala maneje, em ato, conceitos tão difíceis quanto "Uma não" ou "Duas não"? Por seu gesto, Jessica nos mostrava que não só estava na linguagem há muito tempo, mas que doravante ela se contava. Por isso o fracasso de sua tentativa de gozar do Outro, de se apoderar dele e de fazer uma com o Outro gozo, deu-lhe, em contrapartida, uma entrada – bem relativa – num gozo fálico. No entanto, a efetividade da função fálica permanecia excluída. Essa entrada de fato se fez sem que ela tivesse efetuado, do Outro gozo, *a colocação fora*[2]. E, por conseguinte, não parou de se livrar dele. Não do gozo do Outro, mas do gozo fálico. Pois, não estando ligada a alguém que pudesse suportá-la, ela se contava, decerto, *mas na ausência de um instrumento de medida.*

Seu jogo, aliás, nos autoriza uma interpretação: se, brincando, ela se pusesse no lugar da mãe, colocando o urso no dela, ela desvelava a posição que foi a sua para sua mãe: não a de um objeto falicamente marcado, mas a

[2] "[o] ... gozo do Outro, pelo fato de ser *arrebatado* de um corpo, dele se torna o lugar do Outro". Lacan, "Radiophonie", *Scilicet 2/3*, p. 70 (nós que sublinhamos).

de um Outro, inatingível e misterioso. Os carinhos, os cuidados maternos lhe proporcionavam decerto alegria, mas não podiam muito, e com razão, ser erógenos. Seu jogo foi o lugar de produção de um início de falicização, decerto desajeitado, mas que nunca acontecera antes.

Os cuspes eram, de sua rejeição, a manifestação espetacular, mas a nada nos serviria tratar disso, sem que interrogássemos sua capacidade fantástica de *ler em seu corpo* os sinais do desejo do Outro (seja de sua mãe ou para sua mãe), quando esse desejo constituía uma ameaça de separação. Ela não tardou, então, em fazer saber, a quem de direito, sua recusa.

Jessica não havia efetuado a incorporação da voz e, quando essa incorporação começou mal e penosamente a se fazer, esta, *paradoxalmente*, não foi objeto da pulsão invocante que tomava seu objeto daquilo com o que ela podia contar como imagem do corpo. No circuito operado por Jessica, se podemos falar de circuito, outros percursos pulsionais de fato foram tomados, pelo menos numa parte do trajeto, para investir o seu corpo e dar a ele, na falta, uma expressividade que servisse de *ersatz* à fala...

Tampouco podemos dizer, quanto à oralidade, que nossa paciente fosse anoréxica, apesar da magreza e do tamanho pequeno, pois a anorexia é uma resposta ao desejo de um Outro que se satisfaz *com* o sujeito ao fazer através dele a oclusão de sua falta. O desinteresse de Jessica pela babá resultava do pouco investimento de sua demanda oral, daí ela mesma assim comer, identificada com a imagem da mãe, em presença ou não desta.

Por outro lado, poderíamos supor a hipótese que as crianças que permanecem no limite da fala, quando isso não é simplesmente imputável a um desejo da mãe, o que não é o caso aqui, estão como que paradas diante de um dilema que talvez não resolvam nunca: por que pôr as palavras no lugar dos objetos se as primeiras são tão materiais e "coisificadas" quanto os segundos?

As crianças autistas – cuja mudez não é uma fonte de verdadeira angústia para suas mães – sabem muito bem que é porque estas estão colocadas, em contrapartida, na situação tão estranhamente gozosa de serem elas mesmas, *para sempre*, a falta de seus filhos. Por isso o silêncio da mudez está necessariamente em correspondência com esse outro silêncio – aquele que nada cala – axial na economia libidinal da feminilidade. Para certas mães, é apaziguadora a relação com um filho que as alivia do pânico que elas experimentam por ser objeto das demandas, como se o corte entre o Outro e o objeto não tivesse realmente podido se constituir nelas. Colocadas no lugar do Outro, elas experimentam – à revelia – o sentimento de estar no lugar do objeto, o que faz com que inevitavelmente a demanda da criança seja sentida como portadora de uma angústia insuportável, duplicada que está da reprovação que elas se endereçam por nada ter para lhe dar, a não ser seu corpo nu. O mutismo infantil, ao fazê-la esvaecer-se, resolve de um golpe essa ameaça.

Assim, o objeto de cuidados que a criança se torna, longe de ser uma formação reacional, é ainda mais a expressão de uma verdadeira abnegação porquanto o amor que elas sentem é duplicado por uma real gratidão para com ela. Não só por ter afastado a angústia, mas por ter-lhes permitido, além disso, economizar o ódio que com tanta freqüência pesou sobre as relações com suas próprias mães.

Se a maternidade costuma ser, a justo título, pensada como uma retribuição na ordem do ter, o que permite, eventualmente, que a criança seja, por sua vez, dada ao pai para receber o nome, nos casos que nos ocupam, a maternidade só tem significação no registro do ser.

A criança também não pode deixar de defender com unhas e dentes a serenidade que oferece à mãe, afastando com força a introdução de um terceiro que não é para ela, como é bem o caso em outra parte, uma muralha contra a angústia que uma relação sem limites com a mãe nunca deixa de produzir. Essa angústia, sinal de alarme, que enquadra o gozo incestuoso, não existe entre os autistas que conseguem calar – e a que preço! – o desamparo primordial.

Achamos que é assim que deve ser explicada a virtuosidade, inexplicável de outra maneira, com a qual Jessica perseguiu o mínimo aparecimento de um desejo por sua mãe, de um eventual desejo de sua mãe, na medida em que viria destruir aquela verdadeira *entente*, mais que cordial, entre as duas.

Se devêssemos agora resumir, quanto à teoria das pulsões, as conseqüências da não introdução do significante primordial na criança, isso daria:

– abolição na fonte da formação da pulsão[3];

---

[3] Devemos essa idéia a François Perrier, que nela avançava, por certo de outra maneira, em 1960, durante o colóquio de Bonneval (*L'inconscient*, sob a direção de Henri Ey, DDB, Paris, 1966). Idéia, a nosso conhecimento, jamais citada ou retrabalhada, e retomada, segundo nós, de uma idéia de Ferenczi que tampouco conheceu outros desenvolvimentos. Precisemos. Para estudar a pulsão de morte,

– ou então, uma vez constituídas as pulsões, a impossibilidade de sua intricação ou, o que seria uma variante se enodamentos tivessem sido feitos, o caráter insuperável de uma desintricação.

O mutismo é a ilustração exemplar disso, no que nos diz respeito, o objeto voz sendo o único cujo aparecimento não significa necessariamente – como para o objeto escópico – o desaparecimento do Outro.

Nessa circunstância, o primeiro caso nos parece mais particularmente estar relacionado ao autismo, o segundo, à psicose. Ou à passagem de um à outra. Para fazer calar uma angústia primordial brutalmente exacerbada pelo não encontro da falta no Outro, a criança a afoga na erogenidade vestibular produzida pelo *rocking*, que, envolvendo-a totalmente, tanto por "dentro" quanto por "fora", impede a diferenciação das zonas corporais que suportam as demandas. Da mesma forma, é o "*rocking*", como forma específica de

---

Perrier sugere a idéia de *morte da pulsão*, encadeando-a à *questão do desejo do Outro*, a suas *modalidades de investimento* do sujeito, embora reconhecendo, por outro lado, que o problema do masoquismo primordial assim como o da reação terapêutica negativa permaneciam de lado. Ferenczi, este (*Œuvres complètes*, IV, pp. 76-81), ligava a pulsão de morte ao caráter de "*Willkommen*" ou não de uma criança ao nascer; Lacan retomando isso por sua conta em seu Seminário *As formações do inconsciente*. Essa linha Ferenczi-Perrier, interna à linha Freud-Lacan, permite imaginar o estudo dessa face da pulsão de morte como o das *não-intricações já presentes*, prévias a qualquer desintricação. *Lugares-sem-nome* e *sem significação* – o que quer dizer sem inscrição inconsciente – que fazem com que o objeto, *presente no eu* [moi] *mais que na fantasia*, não só o clive, mas o ponha em perigo de fragmentação. O que não pode deixar de ter efeitos no corpo, se pensarmos que este é bem o Outro simbólico. O sujeito – movido por uma questão e uma promessa de gozo enigmáticos – faz retorno a essas *não*-intricações das pulsões *entre si* – ali onde o lugar do Outro (real) está radicalmente elidido –, conhecendo por isso um esbatimento, ou, radicalmente, uma perda do que o barra. É nessas "apresentações" do objeto – em que ele quase sempre está privado de preparo e que a pulsão se desintrica e "morre", não chegando a completar o seu percurso – que acontece o encontro do Outro gozo. Nessa vertente, a desintricação não é somente a monstração do caráter mortal que o significante fálico – introdutor do simbólico – outorga a toda pulsão, mas, bem antes, a "estase" num gozo sem limite que também deve ser chamado mortal. Talvez seja por isso que Lacan prosseguiu sua busca do objeto "enquanto tal" que não está todo sob a primazia – a significação – do falo.

rejeição do gozo fálico veiculado pela fala, que provoca o que Meltzer[4] chamou *desmantelamento* psíquico. Desmantelamento que não consiste tanto, se nossa hipótese estiver correta, em algo que se *des*faz, quanto na própria impossibilidade da constituição dos "mantels", isto é, dos estratos psíquicos.

A erogenidade conquistada por Jessica durante o trabalho manifestou-se por sua atenção aos sinais do Outro, o que supõe, no entanto, que um certo aparecimento de angústia tenha sido tornado mais ou menos tolerável, levando-a a investir sua percepção. Por isso, quando o que era dado a entender lhe era insuportável, ela se ensurdecia voltando ao *rocking*. Mas isso não significa muito, infelizmente!, que a função fálica tivesse exercido seus efeitos enquanto tal, que o falo tivesse sido recalcado, embora uma certa falicização do corpo e do olhar fosse perceptível na alegria maliciosa de se dar em espetáculo aos visitantes da casa.

O tipo de relação mantido entre as duas, de jogo permanente, dia e noite, matava no ovo toda proposta de nossa parte para que a sessão se constituísse no espaço onde uma relação diferente com o objeto pudesse nascer. Cada uma era para a outra o objeto que lhes permitia, de maneira bem distinta, enfrentar o mundo. A mãe não estava apenas reparando na filha as conseqüências do ódio da avó, ela também estava reparando a própria infância.

Em outros tratamentos com crianças autistas, todas as mães, cada uma à sua maneira, tinham enfrentado situações melancolizantes (sem que isso necessariamente assinale um traço de estrutura). A mãe de Jessica, ao carregar aquele bebê "cujo olhar não prendia", tinha ela mesma nascido para a vida. E esse sentimento de gratidão preenchia as relações, tornando muito improvável que um outro pudesse vir juntar-se a elas.

Os cuspes de Jessica não foram os cuspes do bebê de Freud que diz "não" para poder dizer "sim", que só pode dizer "sim" porque pode dizer "não". Seus cuspes foram, ao contrário, sua interpretação da transferência. Daquela que sua mãe tinha estabelecido com o analista que a fazia ler e mostrar o que ela lia, contar com gosto e prazer, em finos toques, sua vida cotidiana, que lhe permitia ter esperanças de que esse tipo de relação com um homem, tão diferente dos outros – pensava ela –, podia curar as feridas pro-

[4] D. Meltzer *et al.*, *Le monde de l'autisme*, Paris, Payot.

duzidas não pelo desejo sexual, mas por sua carência. Os cuspes de Jessica interpretaram a transferência de sua mãe, ressoando para esta como uma acusação feita contra ela por sua filha, levando-a à decisão de nunca mais conhecer homem algum. Por seus cuspes, Jessica tomou o lugar da mãe – pelo menos da mãe de antes da transferência – e tomou sobre si a materialização e a monstração dessa rejeição do desejo sexual. Os cuspes foram o aviso dado à mãe quanto à distância constatada da regra comum das duas, quanto ao pacto mudo entre elas assinado, e quanto à realização efetiva desse trabalho que uma fazia para a outra, da complementaridade delas. Eles também anunciaram o fim da curta mas intensa relação que se estabelecera entre nós dois, em que, sentada no meu colo, bem à vontade, ela desenhava e brincava, olhando de frente a mãe num desafio leve e lúdico que em nada lhe retirava a qualidade. Mas, ameaçada por aquilo que a sua leitura dos sinais-de-percepção colhidos no corpo de sua mãe sabia mortalmente perigoso, ela sincopou o instante de ver e o momento de concluir quando seu analista despertava somente no tempo de compreender. Primeiramente, sua preocupação foi encenada sob a forma de gestos de amor apaixonado, dirigido à mãe, depois seu ciúme só conheceu tranqüilidade no desfecho desejado. Que também foi uma vingança. Impedir a mãe de prosseguir sua própria relação com o analista significava simplesmente dar-lhe o troco de sua moeda, pois esta a privara de um pai, de um verdadeiro. Da qualidade dessa transferência tornada impossível e da mãe que permaneceu desconhecida só Jessica, paradoxalmente, nos deixou testemunho.

Diana, ou o gesto do matador

Eu celebro a voz misturada de cor cinza
Que hesita aos longes do canto que se perdeu
Como se para além de toda forma pura
Tremesse um outro canto e o único absoluto.
Yves Bonnefoy[5]
Na voz de Kathleen Ferrier

[5] "Hier Régnant Désert", em *Poèmes*, Paris, Mercure de France, 1978, p. 137.

Ao chegar com a babá a meu consultório, Diana tem três anos. Os pais estão presos. Ela foi colocada sob custódia antes dos doze meses, pois o juiz considerou que o pai e a mãe não tinham condição nem material nem psíquica de guardá-la. Quando já está colocada, seu pai mata o filho mais novo, um bebê de seis meses – o que vou saber depois, pela mãe –, "para que a DASS* não o tirasse deles", e o enterra no jardinzinho da casa.

Diana está coberta de equimoses e feridas, conseqüências de seu *rocking* permanente, dia e noite. Anda na ponta dos pés e sofre de um estrabismo convergente tão pronunciado que é difícil saber se imagens outras que planas podem se formar em sua percepção. Não olha, e não é difícil concluir, vendo a extrema magreza de seus membros, a cabeça muito pequena com cabelos muito curtos, por uma degradação psíquica e física muito avançada. Não forma palavras, e sua voz, já extremamente rouca, deixa-se ouvir sob a forma de um charabiá indistinto de sons inarticulados.

Conto-lhe a sua história. Que ela tem dois pais e duas mães. Que todos são de verdade. Que há um pai e uma mãe que a fizeram. E um outro pai e uma outra mãe na casa de quem ela vive, que são "papai" e "mamãe". Ela gesticula e arranca um "não" da garganta. Chamo-a pelo nome e digo-lhe também o prenome de sua mãe de nascimento, explicando-lhe que ela não esteve na barriga da babá, que é, no entanto, uma verdadeira mãe. Conto-lhe igualmente a cena que ela não viveu, a da morte do bebê, que explica por que seus pais de nascimento estão presos. Além disso, acrescento que, sem que ela saiba quem ela é, ela conhece a mãe de nascimento, já que, de vez em quando, durante permissões de saída, esta vem vê-la. Quando lhe falo – e será assim durante longos anos –, seu corpo está permanentemente em movimento. De pé ou sentada, ela não conhece o repouso.

Numa das sessões seguintes, ela vai para a frente do espelho e, sem se olhar, começa um *rocking*. Aproximo-me, chamo-a pelo nome, digo meu nome, digo-lhe quem ela é e que ela pode se olhar. Deixando-a diante do espelho, afasto-me e sento-me, permanecendo na mesma altura que ela. De repente, ela solta um grito estridente no qual se distingue o prenome da mãe e, apoderando-se da tesoura que estava junto da massa de modelar, vem

* Direção de Assuntos Sanitários e Sociais. (NT)

na minha direção apontando-a contra os meus olhos. Não paro o gesto e apenas desvio a cabeça.

Após alguns meses de trabalho em que começamos a trabalhar com a massa de modelar – Diana consentindo bem lentamente em pegá-la, cortá-la ou desfazê-la com os dedos depois e em seguida furá-la –, a babá pára de vir porque se mudou. Na realidade, ela suporta muito mal as sessões e nunca vai acreditar nas possibilidades de Diana adquirir uma estatura humana. Mesmo assim, vai me recontactar no ano seguinte.

Diana era regularmente acompanhada por um oftalmologista em razão de seu estrabismo convergente e usava óculos em que a metade central de cada vidro era opacificada. Já, antes da interrupção das sessões, os eixos de seus olhos tinham começado a se levantar de maneira sensível e eu havia pedido ao especialista, por intermédio da babá, para esperar o que fosse possível antes de submetê-la a uma operação corretora.

Ao voltar, Diana me surpreende muito. Seu andar está mais seguro, ela não balança, as feridas desapareceram da cabeça, ela não quer mais usar óculos, mas, sobretudo, ela fala. Com uma voz rouca e profunda, como que saída do peito de um homem velho que teria bebido e fumado muito. Em casa, quando é ela quem responde ao telefone, tratam-na por Senhor. Sua voz é muito mais grave que a de seu pai adotivo, parece com a de seu pai de nascimento, mas como se estivesse totalmente quebrada. Ela colocou as cordas vocais, por muito tempo, exatamente como fazem os atores de teatro para crianças quando fazem o papel do ogro.

Começa então um longo e muito frutuoso período marcado por uma frase que ela vai repetir em cada sessão, várias vezes. Ela pega um pedaço de massa de modelar, amassa-o um pouco com outros pedaços, tal como lhe ensinei, mas, em vez de me seguir na fabricação de cobrinhas, ou de caracóis, ou de bonecos, ela começa raivosamente a lhe infligir tesouradas – ela segura a tesoura como um punhal –, joga-o no chão dando-lhe pontapés, tenta sumir com ele pelo buraco da pia, joga-o na lixeira de papéis, e isto durante a sessão inteira. Cada um de seus gestos é pontuado por uma frase jaculatória – "Matar o bicho!" – pronunciada com raiva, ou desespero quando não consegue se desfazer dele, embora eu a sustente firmemente nesse empreendimento. O desdobramento da fala irá se apoiar nesse mandamento que ela criou e tomou por sua conta com um fervor iniciático.

Esse trabalho hercúleo, em que não só ela não se esgota, mas, muito pelo contrário, conquista através dele uma dimensão nova, vai conhecer, em sua execução mesma, um prolongamento que é tanto seu corolário quanto seu reverso. Num dado momento, ela pára esse assassinato inacabável que ela inflige à Coisa e, com um gesto imperioso, me ordena o silêncio. Ao mesmo tempo que designa o armário de metal do consultório, ela me diz: "Shhh. Pai dorme". O que ela deixa entender aí é o sentimento que ela experimenta de estar doravante dividida entre o impulso da necessidade que a obriga a persistir nesse assassinato – ilimitado no tempo, mas delimitado pelo objeto, o que abre um espaço para o mundo – e o obstáculo incontornável dessa presença escondida no armário de metal – "em cana" – que seu ato fez nascer. Pois essa presença exacerba, pelo medo bem novo que ela suscita e que a constrange ao silêncio, o sentimento de inacabamento de uma tarefa de que a sua vida dependeria. Com efeito, tudo se passa como se o advento dessa presença, verdadeiro *Anwesenheit*, é pelas tesouradas nessa coisa viscosa de que ela não consegue se livrar que ela a havia produzido, como se a abertura ao mundo se fizesse pelos furos que ela lhe inflige, e de onde brotam as falas novas que ela me dirige. Entendemos que temos de ocupar o lugar que ela nos atribui – "Você é o bicho!" – e acompanhá-la nessa viagem que ela faz nas trevas, consciente demais de que nos faz viver o espetáculo inaudito de uma conquista que torna possível, num instante único, o desdobramento do que, na estrutura, é e sempre foi selado como sua própria condição.

Durante esse período, após cada sessão, ou quando as suas frases nos voltavam pelo pensamento, uma outra voz vinha inevitavelmente bater em nós, tanto quanto as falas que ela pronunciava: a voz de Kathleen Ferrier cantando, em cima da letra da Eclesiasta, o primeiro dos "Quatro cantos sérios" de Brahms.

Muito, muito tempo ainda, fomos o ponto de apoio e o suporte dessa cena, encorajando-a sempre – *a minima* – a se aproximar daquele armário, sempre cuidadosamente contornado, que a fazia recuar de pavor, mas de um pavor em que o pensamento de tocar nele e de nele se introduzir lhe fazia brilhar os olhos com um brilho profundo e inesperado, deixando todo o seu corpo em comoção. Até que ela conseguisse efetivamente lá entrar e mesmo lá ficar, pedindo-me, além disso, para entreabrir a porta a fim de que a escuridão da estada naquele antro lhe permitisse experimentar à frente aquilo que nenhuma fala lhe havia antes permitido saber como sendo um atrás extremamente desconhecido, mas com o qual se pode contar. E ali, escondida nas profundezas insondáveis do escuro, sua voz cavernosa surgia, proclamando diante de testemunhas que a incorporação de fato tivera êxito.

Depois de outra pausa que a babá – que não estava mais presente nas sessões desde o início desse segundo período – impõe ao tratamento, Diana volta, ainda mudada, propondo-nos uma outra encenação como suporte do desenrolar do tratamento.

Vamos agora brincar de papai e mamãe. Eu sou o papai e ela, a mamãe que me traz o jornal e os chinelos assim que chego em casa, trazendo-me as panelas enquanto ela faz o jantar, pedacinhos da panelada para que eu lhe diga se está bem cozido, se está bom, se não é preciso acrescentar nada. Mas essa cena idílica, que se repete todas as semanas, não acontece muito sem conhecer seu reverso. Imediatamente após eu ter-me instalado e experimentado os pratinhos que ela cozinhou em fogo brando, ela começa a gritar comigo, com uma voz seca e irritada, pois não fiz as compras que era preciso, ou não fiz nada, porque não vigiei a panela enquanto ela cuidava de outras ocupações domésticas, berrando suas reprimendas até ficar vermelha de cólera, cessando imediatamente se porventura lhe digo – o que não é sistemático – o que quer que seja que lhe faça reconhecer que eu não estava inteiramente errado.

Mais tarde, quando ela tiver esgotado todos os encantos do amor conjugal e depois de outra separação, ela vai me contar a seguinte cena. Ela está em casa e todos dormem. Ela se levanta no meio da noite e uiva feito um lobo. A mãe acorda angustiada, mas, não ouvindo mais uivos, tranqüilizada, adormece de novo. Ela espera isso para recomeçar a uivar feito um lobo. A mãe desperta de novo, angustiada, e, desta vez, acorda o pai, que se levanta e dá um corretivo à sua filha. Diana está muito orgulhosa e satisfeita que seu pai se tenha assim manifestado. Todos voltam para a cama. Ela acaba a sua história dizendo-me com uma piscada de olho: "a mãe não sabe que ela teve um sonho". O que pode ser lido também: – a mãe não sabe que ela – *a mãe* – teve um sonho, como – a mãe não sabe que ela – a filha – teve um sonho.

O que conta é que a mãe não saiba. Pois é apenas no não saber do Outro que Diana pode encontrar um lugar para ela. Porque sempre lhe disseram que seus medos não tinham fundamento, que era sempre "apenas um sonho", ela fabrica por inteiro um sonho para a mãe, dizendo-lhe: "É você que tem medo do lobo". Essa fabricação é a da fantasia. Ao construir essa cena, Diana, que tem agora nove anos, discute no mesmo plano que Borges, para quem o ponto de infletimento graças ao qual um sujeito pode ter um desejo seu consiste em fazer o Outro sonhar seu próprio sonho, em se apoderar do Outro ali onde ele fabrica os espaços mais íntimos da existência. Diana responde a Borges que não se sonha o sonho do Outro, isso não nos é dado, mas que, com o sonho do outro, se fabrica fantasia. Nesse enredo, Jessica põe em cena que papai, que nunca se manifesta, lhe significa seu amor.

Sua voz sempre fora um motivo de espanto, sobretudo na escola em que ela fora penosamente admitida, e os pais adotivos tinham a fantasia de que essa bizarria era devida a uma tentativa de estrangulação ou de sufocação – a exemplo de seu irmão mais novo – que ela teria sofrido antes de seu afastamento do lar paterno. A equipe de otorrinolaringologia a examinou e nenhum rastro traumático foi descoberto, da mesma forma que nada havia de anormal em sua faringe ou em suas cordas vocais. Continuar a falar nesse registro de baixo significava, talvez, que ela se identificava com esse irmão, que ela também era objeto de um aperto mortal.

Tomei o partido, não de lhe assinalar sua identificação com seu irmão desconhecido e sem nome, mas de lhe dizer – uma vez que a mãe adotiva acabou por contar tudo o que ela e o marido pensavam – que a voz que ela se dera lhe havia permitido resolver a questão do como ter seu pai nela, pois ele não estava mais presente. Muito lentamente, mas de maneira clara e distinta para as pessoas à volta, sua voz clareou e subiu sensivelmente de registro, tornando-se pouco a pouco uma voz decerto sempre grave, mas feminina.

Um sintoma, entretanto, foi muito mais difícil de resolver e, de fato, não o foi totalmente: a escrita (e ter de enfrentar as crianças de sua idade, na escola, enfrentar o olhar e as apreciações das professoras). Com efeito, tanto para escrever como para desenhar bolas ou traços, ela só conseguia pegar o lápis empunhando-o como uma faca ou um ancinho. Só após o sexto ano de análise é que ela pôde escrever seu nome e desenhar desajeitadamente. Isto a atrasou muito na escola e, embora eu atenda suas professoras, ela não vai suportar nunca ser julgada por elas. Essa falta de habilidade manual estava em contradição impressionante com a fineza extraordinária que ela conseguia mostrar em seus diálogos comigo em sessão. Mas ninguém na escola esteve em condição de perceber o que essa criança escondia, criança pequena de tamanho embora mais velha que os coleguinhas, que sentia tantas dificuldades de aceitar exigências que os mais novos assimilavam com muito mais facilidade, que suportava mal as observações e o fazia saber. A família em que ela estava colocada não aceitava que ela fosse objeto de rejeição por parte da escola, rejeição que com efeito a confirmava em sua velha convicção de que era anormal e que tratamento algum estava em condição de fazê-la mudar. A mãe de nascimento, que saíra da prisão e só a visitara bem no início, não só havia cessado de fazer isso, mas, quando Diana cruzava com ela em seu subúrbio ou no supermercado do bairro, e embora a semelhança entre as duas fosse flagrante, não a reconhecia. O pai, que fora algumas vezes à casa dos pais adotivos durante suas permissões, também acabara saindo da prisão e partira para a África para refazer a vida.

Essa mãe, que viera me ver, uma única vez, para me dizer que não participara da morte do bebê, era uma mulher suave que não conhecera os pais e fora educada numa família de acolhida. Sufocada para sempre pelo que lhe acontecera, ela só pedia à vida uma coisa: poder cuidar de novo de um filho – o que ela efetivamente fez. Diana sentiu como que um novo abandono e como que uma traição inexplicável esse filho que sua mãe decidira ter, que ela viu posteriormente ser levado para passear e que assinalou afinal o fim das visitas. Irritada com os pais adotivos que já tinham netos, ela inventou todos os meios para circular entre as casas dos irmãos maiores e da avó materna deles. Tendo chegado a uma certa capacidade de escrita, mas fechada sobre si mesma, pediu-me a interrupção do tratamento[6], ao que acedi,

[6] Certamente, é bem possível que Diana tenha, num esforço gigantesco, invertido a palavra – podemos pensar isso – que lhe era talvez endereçada: "Como ela é burra...!". Entretanto, nunca perguntamos nada à sua babá, pensando que o que era decisivo tinha a ver com essa extraordinária *Ausstossung*, com o movimento de expulsão de que ela se mostrava capaz, em decorrência – provavelmente – da tesourada que ela apontara contra os nossos olhos sem que a segurássemos. Porém o desaparecimento posterior do vetor do movimento vai provocar um semblante indestrutível de "debilitação", indicando uma identificação, tardia mas quase inelutável, ao que a palavra que lhe teria sido dirigida ainda e sempre guardava como viscosidade do sentido. Além disso, ela acentuava, assim, ainda mais a sua semelhança com a mãe; o que ela não devia ignorar.

considerando que, após nove anos de trabalho e apesar das dificuldades atuais, bem reais, Diana havia conquistado a fala, e de maneira bem fina, que suas pernas não bambeavam mais e que as marcas do *rocking* haviam desaparecido de sua dinâmica corporal. Entretanto, os acontecimentos que haviam presidido à sua tenra pequena infância, como a distância afetiva em que fora mantida pela mãe adotiva – que nunca a acolhera com a ternura sem a qual criança alguma pode crescer sem desenvolver carências importantes –, lhe haviam proibido ter realmente um corpo. A análise tampouco lhe permitiu isso, embora eu não desconhecesse esse ponto nem fosse a ele indiferente[7].

Conclusões

O que é uma mãe?

Diana e Jessica, comparadas, apresentam traços opostos, pelo menos no que diz respeito à incorporação da voz. Um fator não negligenciável, talvez decisivo, foi, quanto a isso, a idade em que elas chegaram ao tratamento. Entretanto, a celeridade com a qual Diana incorporou a voz, conferindo-lhe traços específicos, continua sendo muito surpreendente e constitui um futuro campo de pesquisa.

[7] A frase que Diana me dirigiu em sessão – "A mãe não sabe que ela teve um sonho" – indica, de modo paradigmático, como para o paciente de Freud, o dos "Dois princípios...", que o Inconsciente foi construído no tratamento. Isso no entanto não se afigurou suficiente para que a nossa pequena paciente pudesse construir, além disso, um corpo, que é uma função do Nome do Pai. É claro que, embora isso não represente necessariamente um problema teórico em tratamentos de adultos, a questão deve ser colocada no que diz respeito a uma criança. Uma consideração clinicamente válida pode ser a dessuposição de que o analista costuma ser o objeto, nesse tipo de tratamentos, em que a criança goza da proteção da sociedade, o que a torna vulnerável demais ao não reconhecimento de seus semelhantes, adultos e crianças, dos quais ela nunca deixa de ser objeto.

Por outro lado, não só as conclusões que podem ser tiradas dos tratamentos de crianças que levamos a cabo, mas também um certo saber sobre o devir de crianças cujas mães estiveram em análise o tempo suficiente antes e durante a gravidez, e depois do parto, nos incitam a buscar entender, quando é possível, quais são as posições maternas e sua função no advento ou não da voz e da fala nos filhos ou nos distúrbios da emergência delas.

Assim, temos de buscar um conceito que nos permita esclarecer precisamente esse ponto que em nada é dependente, em si mesmo, da estrutura clínica da mãe, embora seja uma função da estrutura em geral. Pois uma mesma mulher pode criar filhos cuja organização e cujo destino sejam totalmente dessemelhantes.

Por isso, segundo nós, esse conceito deve estar num nível acima daqueles produzidos por dois analistas constantemente presentes em nossos tratamentos e em nossa pesquisa: Winnicott e Bion. Ainda que só pelo fato de terem se interessado pela psicose de modo exemplar, sem dela no entanto isolarem o autismo como questão independente. Por outro lado, é inegável que o tratamento de autistas permite, quando o acesso à fala se realiza, a passagem à psicose.

Nossa questão seria, portanto, relativa a Bion: o que faz com que uma mãe tenha uma capacidade de *devaneio* que lhe permita tomar em si a angústia do bebê e fazer-se continente da expulsão do que ele chamava, em sua metapsicologia particular, "A grade", objetos β, isto é, o que ele ainda não pode conter em si: o excesso de gozo, fonte de desprazer intenso, e isto não só para retê-los nela, mas para devolvê-los a ela, modificados por sua capacidade de simbolização, virtualmente transformados em objetos α, o que quer dizer aptos a serem transformados em pensamentos inconscientes[8]?

Quanto a Winnicott, a *good enough mother*, a mãe suficientemente boa (como traduz Joyce McDougall), é uma resposta às angústias produzidas, nas mães, por sua ambivalência para com uma criança, seja esta primária

[8] Por exemplo: "The mother's capacity for reverie is the receptor organ for the infant's harvest of self-sensation gained by its conscious" (A capacidade materna de "devaneio" é o órgão receptor da colheita feita pela criança de sua própria sensação de si mesma ganha por sua consciência), in *Second Thoughts*, Selected papers on Psychoanalysis, London, Maresfield Library, 1987, p. 116.

ou produzida em contrapartida por seus distúrbios. Tentando nos colocar o mais próximo possível de sua linha teórica, parece-nos que uma *good enough mother* é aquela que permite ao filho criar-inventar e fazer a experiência dos objetos e fenômenos transicionais. Criações e invenções que lhe permitirão, como dois lados de uma mesma folha, separar sua relação com a mãe da exigência que é sua para com o seio.

Porém esses conceitos fundamentais não fazem referência, de modo explícito pelo menos, ao que torna possível ou não, para uma criança, ter uma voz sua e falar, não mais que ao papel desempenhado nesse assunto pela mãe.

O que nos permite formular a seguinte construção. Para permitir ao filho incorporar a voz, tomar a fala, uma mãe *deve ser pascaliana*. Isto é, da mesma forma que Pascal apostava na existência do Outro, ela também faz uma *aposta inconsciente*: que o objeto que ela carrega *será sujeito*. Então, *ele o é*... É precisamente esse julgamento inconsciente que lhe permite lhe falar, longamente, tomando *como resposta de linguagem suas manifestações corporais*. Essa capacidade espantosa de *antecipação* cria, com esse corpo, um diálogo que faz de sua fala o cuidado mais precioso, o carinho erógeno por excelência. Por isso, não é tanto seu dedo que se torna o falo inscrevedor das letras que traçam os contornos das zonas erógenas do filho quanto o fato de dirigir-se a ele *nomeando*-o que fará com que este vá escutá-lo muito cedo em sua existência *como sendo outro que ela*, vai desejar antes de tudo apoderar-se desse objeto e dessa fonte que a atrai a ponto de se nutrir e de lhe dar suas concreções porque ela lhe pede isso... O falo cumprirá sua missão entre um e outra, sem que seja precisamente situável a tal ou tal ponto do corpo ou da troca. Só eventualmente e retraçando seu percurso de volta é que poderemos, em análise, nos dizer "foi ali que se situou a ponta fálica". Pois, enfim, não são nem a mãe nem o falo que inscrevem *diretamente*, mas a *leitura* que o filho faz do que lhe é dito[9]. "Dito" significando para nós que a fala existe em ato

[9] Em outras palavras, o fato de o desejo da mãe não se inscrever exatamente – ainda bem – ali onde ele cria uma zona erógena, deixando ao sujeito uma margem, em princípio incalculável, de desnível, explica-se na estrutura, tal como Lacan a extraiu, pela distância que separa o falo imaginário do falo simbólico. Estamos sempre confrontados com a dificuldade de pensar ao mesmo tempo a estrutura enquanto estrutura e o fato de que ela existe somente trazida por sujeitos. Assim,

não só trazida pela voz, mas também pela luz do olhar, pela maneira de trazer... Assim, o falo, insituável na "ida" – toda positivação de sua inscrição deveria ser, por conseguinte, contabilizada do lado de uma fetichização do corpo da criança –, será situável "na volta", conforme os modos pelos quais a sua *nomeação* tiver sido feita, isto é, se ele tiver, sim ou não, e de acordo com quais modalidades, um Nome do Pai. Por isso, será necessário situar – longa tarefa – onde jaz, como age esse falo e sobretudo nomear o que dele resta – necessariamente – de *materno* ou *de inominado* (seria sinônimo?).

Por outro lado, o que na história da psicanálise foi chamado "regressão" funcional, ou adequada da mãe, que lhe permite responder, com um tempo de espera, nem cedo nem tarde demais, às necessidades da criança, não se torna patológico graças à existência de um *limite* que a impede de se perder em sua identificação com a criança. Sua incapacidade de "devaneio" (Bion), sua impossibilidade de não se deixar invadir pela angústia – tanto a sua própria quanto a do bebê – e sua ambivalência quanto a ele significam, afinal, o desaparecimento, momentâneo ou não, desse limite. A labilidade deste sendo uma das conseqüências cruciais da relação entre os gozos[10] que sempre rege, e sem exceção, tanto os acontecimentos da maternidade, quanto a enunciação da frase que preside ao nascimento do sujeito a vir.

A maternidade desdobra, muito mais que "a vida sexual", a complexidade do gozo feminino, e a dificuldade para ter acesso a ele.

Colocaríamos de bom grado, se o que formulamos for verdade, a existência de uma *função* materna[11] cuja definição exigiria que ela fosse *pascaliana*. Pois é só apostando na existência atual de um sujeito, ali onde ele ainda não está, que ele lá advém. Do cumprimento dessa função resulta uma criação *ex*

---

podemos cair na ilusão tranqüilizante de que as pulsões existem tanto quanto as constantes físicas. O estudo do autismo tem o mérito de nos introduzir nos modos pelos quais elas podem não existir. Paradoxalmente, isso reintroduz o sujeito.

[10] A criança sendo tanto a causa de um gozo do corpo, às vezes incomparável a qualquer outro, quanto causa de nada.

[11] Serge Leclaire desenvolveu, durante um Seminário inédito em Vincennes, em 1968, a noção de função materna, definindo-a como a clivagem entre as pulsões de autoconservação e as sexuais.

nihilo porque, enquanto função, nada a assegura de poder se efetuar para cada sujeito, embora seja um de seus componentes.

O limite que permite à mãe não soçobrar demais nas delícias ou na angústia deve-se, afinal, à sua capacidade de reservar um lugar ao amor sexual com o homem, sobretudo se este é o pai de seu filho, porque sua semente de fato não passa de um código de DNA, mas ela é, também e sobretudo, portadora de seu Nome, engrama de letras que a mãe traz ou trouxe, o que faz que o filho o qual ela dá à luz já seja, em sua própria carne, um conjunto de letras.

O reconhecimento ou não disto continua sendo inconsciente e deve assim permanecer, os sintomas que dele resultam sendo o que nos esclarece quanto aos julgamentos pelos quais ele é ou não efetivo.

Essa antecipação criadora na fala faz a mãe dar a esta, ao se dirigir ao filho, uma tonalidade e um acento particulares, redundantes no que diz respeito aos traços distintivos necessários à formação de cada fonema, mas que são, entre ela e o bebê, o *schibboleth* do reconhecimento e o suporte, no Outro, da criação do lugar do sujeito. É isso que chamamos *língua materna*. Essa língua falada com o bebê – cujos traços de contorno dos fonemas, o acento rítmico e as variações tonais da frase desaparecem de repente com a mudança de interlocutor – na verdade significa que a mãe fala com o filho *nomeando-o*.

Assim, se esse limite entre uma e outro tiver uma real efetividade, a mãe não será obrigada a crer que traz consigo a obrigação de tudo saber sobre o filho, ou, se disso se demite, o que é seu contrário idêntico, que não sabe absolutamente nada. Ela vai se permitir interrogá-lo, supor que ele tem um saber que lhe é singular, com isso dando a si mesma a possibilidade de ser a sua intérprete. As balizas estão assim situadas em quatro termos, entre nada supor e tudo supor de um saber que não é partilhável. Entre a *Unheimliches* de um filho que não traz em si saber algum, a quem nada é emprestado e aquela em que é ele quem supostamente sabe tudo. Nesses dois casos, os cuidados da mãe, por razões e com conseqüências diversas, tornam-se rapidamente ineficazes, a questão do nascimento da erogenidade estando intimamente ligada à questão do saber.

O riso de Jérôme

Recebo Jérôme quando ele tem três anos e meio. É pequeno, gordo, bochechudo, sem cabelos num lado da cabeça. Anda muito mal, agarrado na mãe, boca entreaberta. Não olha e seus olhos velados são sem expressão. Dorme amarrado numa "turbuleta", como dizem os pais, para impedir seu *rocking* permanente. Passa o dia na casa da babá e só encontra os pais em casa de noite. Caga, mija sem controle, bate em si mesmo, só articula algumas sílabas, e ainda não regularmente. A mãe, no entanto, me diz: "Mas ele entende tudo". Ao que aquiesço. O pai, ao contrário, tem a impressão de que o filho os provoca. Vieram consultar-me porque o pediatra lhes deu o meu nome. Não estão agüentando mais. Venho em último recurso. A mãe é professora do secundário, o pai, executivo. Este último dirá pouco depois que a sua mulher já teve uma depressão quando deu à luz a filha mais velha, que vai bem. Mas com Jérôme a depressão de fato começou antes mesmo do parto. Infelizmente, eles só estão se inquietando com o estado de Jérôme de um ano para cá. Até então, o pediatra não havia dado o sinal de alarme.

Durante as entrevistas preliminares, anoto as fantasias da mãe de não ter dinheiro suficiente para pagar o parto. Na verdade, dirá o pai, eles só tinham pequeninas dificuldades financeiras. E logo em seguida ela emenda que, quando era pequena, não ganhava presentes de Natal.

Na primeira sessão, ela me diz que estava preparando o banho para o filho quando ele quase pulou pela janela.

O primeiro desenho[1] comporta três cores, uma forma humana e uma mulher grávida deitada que olha a barriga. Uma espécie de olho está por cima da forma humana. Na forma maior – o que se pode ver como mulher grávida –, com efeito está inserida uma forma menor. A partir daí, a mãe pode me dizer que ele tenta dirigir-se a ela juntando gesto e som. Em sessão, começa a haver diferenciações na entonação.

Enquanto Jérôme brinca, a mãe se queixa de seu xixi e de seu cocô. O consultório está assim ordenado: há uma sala grande e outra menor com brinquedos. Naquele momento, havia uma casa sobre a mesa de jogos das crianças, junto da qual coloco duas cadeirinhas se necessário. Ele pega três bonecos de plástico, algo que representa uma caminha, põe os três bonecos na cama, a cama na casa, e ri. Mas não é qualquer riso! Algo faz com que, pela primeira vez – vejo-o há um mês –, seu corpo se levante. Esse corpo sem tônus, o dele, se levanta, assim como a cabeça, produzindo no mesmo tempo uma emissão significante: ele assume estatura humana. Olha para cima, rindo. Comento o que ele acaba de fazer. Ele faz um desenho, há os três volumes de um corpo humano: traçados circulares, mas não de qualquer jeito. Estão vetorialmente orientados da esquerda para a direita e ocupam a folha inteira[2].

No mês seguinte, ele começa a cantarolar "Frère Jacques" e deixa cair objetos em volta da mesinha de jogos de crianças, assim como de minha escrivaninha, o que evidentemente o deixo fazer. Em casa, as coisas começam a melhorar, mas ele se opõe às intervenções do pai. Até ali, houve três desenhos. No lapso de um mês/um mês e meio de tempo, não haverá mais. Os traços vão se tornar indecifráveis, não haverá mais figura alguma no magma dos traçados. Ele fica doente. Resfriado, com os ouvidos entupidos, recusa-se a comer à mesa com o pai. Dois meses depois, ele pode dizer com dificuldade o nome da jardineira. Não dorme mais amarrado. Eu havia pedido aos pais durante as entrevistas preliminares que, fosse o que fosse, ele não dormisse mais amarrado na "turbuleta". Os pais aceitam e compram para ele uma cama grande. Ele começa a se vestir, a bater na irmã mais velha e nas

---

[1] Ver a análise em *A foraclusão do sentido*, p. 94.

[2] Ver os desenhos e a análise da função deles no capítulo IV.

bonecas. Começa em sessão um jogo que, durante anos, vou ver se repetir de maneira quase imutável: ele serve o chá, brinca de comidinha, serve para a mãe, para ele e para mim. Da mesma forma, o controle esfincteriano muda de destinatário: agora, ele é capaz de "segurar" em casa, mas não mais na casa da babá. Antes de vir me ver, ele "segurava" na casa da babá e "fazia" em casa sem avisar. Quando consegue dizer "cocô" em sessão, passa a subir sozinho a escada que conduz a meu consultório, não pedindo mais para ser carregado nos braços. E, quando a mãe fala de cocô, ele vem e joga tudo o que encontra sobre a mesa.

Terceiro mês: ele me vê na rua, se apressa, sai correndo do carro com um sorriso enorme. Depois disso o jogo da comidinha conhece um avatar inesperado: ele põe os três bonecos, que ele havia disposto na cama três meses antes, cada um numa xícara de chá e finge engolir o seu – não qualquer um, o que está vestido de azul. Comento e nomeio esse boneco "papai".

Quarto mês: ele já consegue furar a massa de modelar e rasgar uma folha. A partir desse momento, não vai mais desenhar em sessão durante quase três anos.

Quinto/sexto mês: ele já controla as funções naturais, começa a articular as primeiras palavras das canções que antes só cantarolava. Nesse momento, a mãe pode começar a falar de sua própria infância. De um pai tirano, de uma mãe submissa e que nunca veio para os seus partos. Ele pode dizer "papai", "mamãe" e as duas últimas sílabas de seu nome.

Ultrapassamos os oito meses de tratamento, ele já controla as funções naturais. O pai vem me ver, mas não está contente, acha que demora. Antes das férias, no mês de julho, Jérôme cai de um tobogã, fica em observação durante seis dias no hospital, nada de importante, mas a mãe me diz: "Ele fraturou o crânio". Ele começa a escutar de maneira manifesta o que a mãe me diz em sessão. Antes, brincava e nos virava as costas. Ouvia mas não dava nenhum sinal de atenção. Quase nove meses depois do início do tratamento, enquanto brinca ao lado do espelho, ele descobre a sua imagem, olha-se furtivamente, jubila e diz a última sílaba do prenome da irmã. Eu me aproximo e lhe digo seu prenome, ele repete a última sílaba do prenome da irmã. O que é essencial notar no que acaba de acontecer é a rapidez do encadeamento entre o momento em que ele se avista no espelho, o caráter insuportável da imagem e o momento em que ele me olha para suportar olhar-se de novo.

Ele diz algo como "menina". Eu digo "menino" e explico a diferença. Ele toca no sexo e fica muito contente. Sublinhemos ainda que ele pode ter acesso ao espelho sete meses depois do riso, esse riso que acompanha o fato de ter posto três bonecos na cama.

No início do ano escolar, ele é admitido numa escola maternal. Ele inicia, então, um período depressivo muito importante, com *rocking* de noite, perde de novo os cabelos do lado direito da cabeça e pergunta se seu peru é dele. Mas todas as semanas, e embora seu humor piore com o tempo, ele adquire novas palavras. Ao fim de um ano de tratamento, tiro um longo mês de férias de inverno. Quando volto, ele teve, durante esse mês e meio, anginas, resfriado, febre que antibiótico algum pôde parar. Não só ficou muito doente e o médico de família não sabia mais o que fazer, mas estava de novo em seu cocô e berrava – berrava com uma voz de estentor –, daí porque não dava mais para suportá-lo em casa. Assim, na primeira sessão em que ele volta, os pais me haviam prevenido ao telefone: "Ele está com 38,5º, não pode ir". Eu lhes havia dito: "Ponham ele num cobertor e venham". Ele veio, de fato, por cinco minutos. Na semana seguinte, não está mais com febre, não tem mais angina, resfriado, otite. Ele serve os pratos e diz: "côlo" (teremos entendido: "cocô" / "bolo"). Os pais estão muito abalados com esse mês e meio e o pai me diz: "É ou a minha mulher ou o meu filho!". No entanto, Jérôme pára de raspar a cabeça nos lençóis de noite. O pai vem me ver para me anunciar que vai interná-lo. Peço-lhe um mês. Ele me diz: "Acho que, se ele tivesse uma faca, me enfiaria ela nas costas".

Eu gostaria de sublinhar esta frase do pai – "É ou a minha mulher ou o meu filho!" – porque, se ele escolhe a mulher, se se identifica com o significante "minha mulher", abandonando Jérôme, que de fato não passa de uma voz, uma pura voz que berra na merda, e, por essa escolha, Jérôme não fica aniquilado, é que há a análise. Peço-lhe efetivamente um mês antes de fazer o que quer que seja para tirá-lo de casa. O que sustento ao lado da escolha "ou... ou" do pai é "*e* a minha mulher *e* o meu filho". Mas não posso e não devo de modo algum impedir a escolha que ele está fazendo. Por essa escolha, haverá inconsciente entre o pai e o filho. Depois, não só quando esse período e dois outros mais tiverem passado, o fato de o filho ter estado perdido para ele, de ele ter decidido perdê-lo, tornar-se-á saber para o pai. Ele poderá, então, reencontrá-lo com desejo e lhe dizer: "Você é o meu menino".

Até aí, o pai só se sustentava numa posição de homem através de uma imagem de pai, as precipitações imaginárias dessa escolha "ou a minha mulher, ou o meu filho" tendo se revelado no medo repentino de ser apunhalado.

Mas qual é a posição da mãe?

A mãe, no momento em que Jérôme começa a se levantar fisicamente, adquire seu corpo, começa a falar, perde ela mesma a rigidez de seu rosto e de seu corpo, começa a se animar. Jérôme, no jogo dos bonecos, coloca o pai de um lado, a mãe e ele do outro. Eu havia comentado uma única vez, como quem não quer nada: "Mamãe é do papai". A mãe o retoma um certo tempo depois e me diz num lapso: "Como o senhor disse, papai é da mamãe" – efetivamente, sempre a grande figura será a mãe, e a mínima o pai. A mãe, segundo o pai, continua ameaçando descompensar. Ela, no entanto, não confirmará o que diz o marido.

Eles vão ver um professor agregado que lhes diz: "Neurologicamente, não há nada"; o pediatra me escreve, dizendo-me: "Por que o senhor não o vê três, quatro ou cinco vezes por semana?". Agradeço-lhe por sua preocupação e digo-lhe que, por enquanto, está bom.

Pouco tempo depois, a mãe me diz que, quando o pai volta para almoçar em casa e vai ouvir as notícias no rádio, Jérôme recomeça a berrar. O pai recusa absolutamente desligar o rádio, já que é seu direito mais estrito escutar as notícias do meio-dia. Sugiro – embora esteja de acordo que um homem que se levanta às seis horas da manhã para estar na fábrica às 7.30h, etc, tem o direito de escutar o rádio – que ele tente durante um mês ver as notícias de oito horas da noite. Quando o pai aceita não ligar o rádio, Jérôme está na mesa com eles e jubila ao ver os pais terem ao menos um semblante de conversa sobre assuntos cotidianos. Em sessão, ele pega um telefonezinho e a mãe me diz que ele está marcando encontro com a tia na hora da sessão. Estamos a quase dois anos de tratamento, ele já pode dizer, segundo a mãe: "Não lavei as mãos porque não tinha água". Mas a possibilidade de encontrar nessa frase marcadores de enunciação e a distância em relação ao enunciado não permite, no tratamento de crianças autistas, daí deduzir que o Inconsciente está efetivamente construído. Toda vez que lhe dizem não, ele fica raspando a cabeça de noite nos lençóis e faz xixi na cama. Mas essa retomada do sintoma *rocking* bem como da enurese (ou encopresia) noturna é uma repetição que vai diminuindo, de intensidade como de duração, a cada episódio em que ela aparece.

Chegamos a um episódio muito importante em sessão. Durante longos meses, ele brinca de me dar de comer. Ele me dá o prato com alguma coisa em cima e logo o retira de mim. Deixo-o fazer. Ele me propõe uma brincadeira que consiste em me dar um prato com massa de modelar. Ele o estende para mim sem me dizer "Coma...", não me dá nem garfo nem faca. E, quando lhe digo que não posso comer sem garfo nem faca, ele retira o prato e guarda a comidinha. Cada vez que me oponho assim a comer sem talher, ele tem um ataque de riso. Num dado momento, dou-me conta de que ele está representando um mito, que ele me põe na posição de Tântalo. (Explico-lhe o mito.) No momento mesmo em que a comida está ali e que faço um gesto para aceitá-la, ela desaparece. É a constituição da pulsão oral que pôde se fazer nesse dia. Naquele momento, pela primeira vez, ele me dá um garfo e uma faca e nós fingimos almoçar juntos. Depois disso, ele nunca mais me serviu comidinha.

Ele refaz um desenho pela primeira vez em dois anos e meio, um rosto humano, nitidamente humano. Pega-me desprevenido e digo: "Mas é um rosto de mulher"; ele sorri, aquiesce e faz um homenzinho ao lado. A partir daí, os desenhos perdem de novo toda figuratividade e tornam-se completamente abstratos, como se ele devesse dar o mais pobremente possível alguma coisa de pasto a meu gozo escópico, para logo depois dissimular o desenho de minha vista antes que se torne legível demais. Depois do desenho onde ele representou a mãe, depois ele, onde se prenominou, ele pede a esta última para descê-lo nos braços dos dois degraus de minha mesa, fica doente com muita febre e perde de novo o controle esfincteriano.

Estamos avançando para o fim do terceiro ano. Mas esses cinco últimos meses vão ser escandidos por um episódio em que ele se põe a chamar de "maluco!" a irmã, a mãe e o pai. A irmã não gosta muito, é uma menina pequena. A mãe tampouco gosta, mas acha antes divertido. Para o pai é inaceitável e este grita forte, o que – evidentemente – só faz confortar Jérôme em sua interjeição. Pior, no clube de tênis aonde costumam ir, durante as refeições ou então quando o pai participa de júris, etc, Jérôme se aproxima e lhe envia o seu "maluco!". Este se sente em perigo. Deixo passar alguns meses, a cólera do pai sobe, mas não quero intervir de imediato, preferindo deixar o sintoma se instalar. O pai vem me ver, está queixoso e reivindicativo a um só tempo. Digo-lhe que "maluco!" não é um insulto. Que essa palavra guarda para Jérôme uma carga e uma significação que equivalem a estar excluído, porque proferida por seus colegas na escola para deixá-lo só. Essa palavra, ele a lança na família para não se confundir com ela, para não se ver excluído do mundo da fala. Ao lhe dirigir essa palavra, Jérôme lhe pede que se esforce para apagar a significação que essa palavra comporta. Só ele, seu pai, é capaz de impedir que essa significação faça de Jérôme alguém para sempre excluído das relações com seus semelhantes. E acrescento que eu não podia fazê-lo em seu lugar porque ele não dizia aquilo a mim, mas a ele, seu pai. Que era preciso que ele pudesse aceitar essa palavra e jogar com ela para mostrar que era uma palavra que podia voltar no circuito das palavras, como qualquer outra. Ele de fato conseguiu isso. Com sobressaltos, com um medo secreto de que Jérôme ainda vá surpreendê-lo no clube com um Presidente-diretor-geral para lhe enviar um "maluco!". Mas conseguiu. E, com efeito, mal o pai pára de se zangar todo vermelho, o problema do "maluco!" desaparece.

O que vai constituir pouco a pouco uma fantasia começa, assim, a se instaurar, e todos os avatares dos dois últimos anos terão a ver com a formação e os efeitos das posições identificadoras na fantasia. Ele vai para a escola e mostra ter memória muito boa. A formação da fantasia pode ser notada nesta frase: "Quero receber presentes em mim". O que faz com que, três ou quatro meses antes de 25 de dezembro, ele comece a se queixar que Papai Noel está demorando a chegar. Ele por aí dá voz à queixa de sua mãe no tocante à própria infância, o que ela nunca havia dito, penso, a ninguém antes.

De maneira contemporânea a esse início de formação de fantasia, ele começa a "mentir" – o que coloca à mãe um problema muito grave, que ela desaprova sorrindo. Digo-lhe que a única posição que ela possa ter é a de *nem acreditar nem não acreditar*. Se acreditar nele, o estará enviando à perversão. Mas se, radicalmente, não acreditar, o estará enviando à psicose. Digo-lhe: "É porque mentimos que a verdade existe". Essa mãe crê "*nele*", no filho, e é sobre esse dado fundamental que é preciso que o tratamento seja conduzido.

O segundo movimento da mesma fantasia toma corpo com pedaços de frases que são conjugadas entre si. Ele mostra as nádegas a um visitante e a frente ao pai. Quando faz essa dupla monstração com uma volta do corpo em que as duas partes são mostradas ao Outro, ele significa que há de fato uma significação fálica, mas que ele não decidiu onde encontrar seu ponto de identificação nessa significação.

Já há três anos, quando ganha presentes de Natal, a única frase, a primeira e a única que diz é: "Quero/vou* falar para o Dr. Y". Meu nome se tornou um repartidor de significantes e de objetos. Ou então esta frase: "Vou no Dr. Y., os outros não vão lá".

O último período diz respeito à transferência negativa. Ele não fala comigo há mais de um ano, não estuda, não brinca. Coincide com a entrada na escola primária. Ele ali está, olhos fechados, semicerrados. Se olha, seus olhos estão velados. Vou ter de acumular meses de sessões para ter uma idéia dali onde ele está, para poder lhe dizer isso. O que não quer dizer que lá fora não aconteçam coisas, muito importantes. Embora tenha tido acesso à figuração, à representação em desenho da figura, seus desenhos são completamente abstratos, são bolas, blocos, linhas. Quando ele faz uma casa, é um quadrado sem teto, sem porta nem janelas. O que na realidade aconteceu lá fora é que ele de fato entrou na escola, que a professora não o suporta e insiste para que ele seja enviado a uma escola especializada ou a um IMP**, etc. Ela vem me ver, converso durante muito tempo com ela, que vai embora tão furiosa quanto veio, dizendo que eu não lhe dei nem diretivas, nem conselhos para saber como fazer com Jérôme. Um único professor o aceita, em outra escola. O que vai de fato produzir no tratamento efeitos importantes. Mas, apesar de seu fechamento poder ser explicado pela rejeição da professora, tomo o partido de dizer a Jérôme que ele está enganando a professora e os pais, fingindo não entender nada do que lhe perguntam e que ele pensa que dessa maneira vão deixá-lo em paz. De hábito, ele tem duas atitudes ao mesmo tempo: por um lado, ele faz de modo a parecer burro, mas, por outro, aproveita o fazer-se de burro para observar atentamente o efeito que isso causa nos outros. Ora, conforme vou lhe dizendo isso, ele se transforma. Os olhos velados deixam de sê-lo, endurecem e uma luz selva-

* Em francês, *je veux/vais* [quero, vou] são foneticamente próximos. (NT)

** Instituto médico-pedagógico. (NT)

gem atravessa seu olhar. Ele sorri, envergonhado, e não sabe o que fazer com o corpo. Digo: "Eu não acredito no seu jogo; se você vem aqui, é porque esse jogo não funciona". Alguns minutos depois, ele volta ao olhar velado e às pálpebras semicerradas – posição na qual ele arriscava apenas uma falsa debilidade perversa. No entanto, não só ele dá um salto na escola, mas pede em casa que lhe ensinem, dirigindo pela primeira vez a seus pais um pedido de saber. Ele desenha de novo formas humanas. Essa posição não é dependente do conflito com o pai, mas da posição fundamental da mãe de "acreditar nele"; posição onde ele bloqueia o objeto da fantasia dela. O que faz com que, um ano e pouco depois, a transferência negativa, imobilizando de novo o tratamento, me obrigue a intervir de novo. Digo a ele (estamos começando o sexto ano de trabalho): "Você está zangado com a confiança que a sua mãe tem em mim e acha que eu sei tantas coisas sobre você que seria melhor que você não viesse mais. Ou então você vem como vem, para não fazer nada. De que adianta – você pensa – falar ou desenhar se eu sei tudo?". Ele começa a sorrir e a relaxar. Explico-lhe, então, por que aparentemente sei tantas coisas sobre ele. "Você veio quando era muito muito pequeno, você não falava, não se mexia, estava muito doente e não sabíamos o que fazer. E, falando comigo, seus pais e você mudaram. *É só por causa disso, por causa dos seus pais e de você mesmo que eu sei o que eu sei*". Ele me sorri, mas sem malícia, e eu lhe digo que, quando ele escrever, ele poderá acabar comigo. Ele me diz sim. As relações com o pai estavam tão ruins que nenhuma fala mais passava entre eles. Depois dessa intervenção, naquela noite mesma e por vários meses, as trocas com o pai tornam-se novamente possíveis e o aprendizado na escola pode continuar.

Nas sessões seguintes, ele pode imitar relações sexuais entre duas bonecas, e podemos falar disso, sobretudo da analidade. Sua preocupação essencial nesse momento é a escrita, na medida em que eu lhe disse: "Você não virá mais, na minha opinião, quando puder escrever". Ao ir embora, ele pára diante da porta aberta do consultório, na qual está meu nome, pára e assinala meu nome com o indicador, sorri de maneira jubilatória e se dirige à mãe num movimento estático e dinâmico a um só tempo, a mãe o olha de cima e o envolve com o olhar. Há meu nome, assinalado com o seu indicador, o filho e a mãe.

* * *

As sessões com Jérôme e outros pacientes permitem ter notas clínicas do que é a entrada do significante fálico num soma que ainda não é corpo. É o ponto onde o corpo começou a se constituir, por e no vazio do tubo respiratório, por onde o riso foi emitido, o que faz que o corpo possa eventualmente se constituir mais tarde entre o unário e o saber inconsciente. É a partir disso que virá a pulsão. O espelho, com sua fases, é um efeito da instauração do par significante primário.

A partir dessas experiências, não podemos falar de psicose a propósito do autismo, pois estamos aquém da primeira foraclusão, a do sentido, que dá conta da identificação primordial ao significante fálico. Só podemos falar de psicose quando o tempo da metáfora paterna, que instaura um significante sempre separado dos outros, está para sempre tornado impossível. Se, entre grandes autistas, há emissões de linguagem supostas, não podemos falar da existência do grande Outro. Eles são, é claro, capazes de pronunciar frases, mas não há enunciação. Isto é, ali onde há mensagens, não há destinatário. Ali onde há linguagem, não há fala. A experiência analítica permite assistir à constituição, ao aparecimento do que permanece inscrito porque o falo se desprendeu. O período em que Jérôme cobria sua família de insultos marcou um tempo sintomático precioso ao qual era preciso permitir manifestar-se – toda tentativa de redução educativa teria sido de imediato condenada ao fracasso –, porque os insultos foram, nesse caso, não a expressão de uma simples agressão imaginária, mas *a manifestação da expulsão do objeto para fora do sujeito*, sinal que *a introjeção primária*, embora mal, se constituía.

O que devo a Jérôme e a outros é ter podido compreender que a instauração do significante primordial se faz no tempo. Aqui sob a forma de uma matéria de gozo que é preciso expulsar sob a forma de insultos. A *Ausstossung* de que fala Freud em *A denegação*, a expulsão para fora do sujeito, é um processo que podemos e que devemos seguir, sem o qual nunca a simbolização do significante primeiro será adquirida. É essa a fraqueza extraordinária desse processo em que é preciso que cada um esteja em posição de permitir aos pais tomar sobre si essa agressão que eles não podem suportar sem que alguém esteja ali para significá-la de novo. O insulto é uma manifestação privilegiada da metáfora paterna, contanto que o dejeto que disso resulta possa se conceituar, isto é, recortar-se no tempo.

O que Léo Kanner chama o verdadeiro autismo, o autismo primário, é ali onde a separação entre corpo e gozo não se fez porque nada veio da falta na mãe, do furo no Outro, significar a falicização do filho. Estamos no direito de falar de autismo secundário a partir do momento em que já há gozo fálico – mas em perigo de simbolização, o que é o caso da maioria das crianças autistas que vêm para consulta. Ora, se há gozo é que há significante, que há causa. Quando muito ela não permite que haja significante fora do corpo que produza gozo. Esse processo, quando é entravado, não basta para que haja separação entre corpo e gozo, o que é a própria condição para que o inconsciente se constitua. Para poder dizer que há inconsciente, que há grande Outro, do qual o Inconsciente é o corte em ato, a linguagem não basta, é preciso que, após a sua entrada, o significante fálico que o significa para o Outro seja representado pelo unário oriundo da metáfora paterna.

Ora, com razão, os analistas anglo-saxões que se ocupam de autismo (Meltzer *et al.*) assinalam que todo o período em que as crianças permanecem no autismo está perdido para as aquisições psíquicas; o exclusivo gozo do corpo impede a percepção de se organizar. Uma teoria não psicológica da percepção colocaria que o fato de haver ouvidos, olhos, uma boca, o tato, as narinas para cheirar, etc, não dá razão de existência à percepção. A percepção começa a se organizar quando é assumida pelos aparelhos do gozo fálico, que ali estão, organizados de maneira pulsional, para perseguir o resto do gozo perdido. Quando advém uma realidade na qual acreditamos, a percepção, movida que é pela aparelhagem pulsional, funciona então para agarrar o que ela perdeu. Nada, senão, permite que a percepção funcione, isto é, que as marcas do gozo possam por sua vez ser assumidas pelo sistema significante. Essa dificuldade é duplicada pela crença, que em nós é espontânea, em que esse processo se efetua somente em e pelas furagens orais-anais, embora ele também se efetue pela camada escópico-invocante. O oral e o anal foram privilegiados na história da psicanálise até Lacan pois estão sob a dependência do Outro, ao passo que no que advém pela voz e pelo olhar o Outro não tem domínio.

Os analistas de crianças acabaram achando, assim como numerosos pós-freudianos, que esse processo se faz por intermédio das pulsões oral e anal. Mas, se permanecermos freudianos, elas são secundárias à identificação primordial. Para haver sujeito do inconsciente, não é apenas necessário haver rastros, mas ainda é preciso o apagamento dos rastros. As crianças em análise são preciosas a esse respeito, mais especificamente que os adultos, porque permitem que o olhar seja *um olhar a ser entendido*.

Ao rasurar seus desenhos, ao rasurar seu rastro, Jérôme me diz que passou por ali e que está além. Que é nesse movimento que podemos balizar o sujeito do inconsciente. Só quando alguém pode ler esses rastros é que ele lá se inscreve novamente. Então, não são mais rastros, são encontros que ele marca consigo mesmo. Aos quais Jérôme é convocado a cada sessão. Só essa rasura de rastros permite haver domínio pelo sistema de linguagem, pelo fato de que um rastro não vale por si mesmo, mas pelo sistema de todos os outros. Só aí é que começa o alcance da linguagem. Até então, o que temos diante de nós é aquilo que Freud, na *Carta 52* a Fliess, chamava "os signos de percepção", diferentes do Inconsciente; em outras palavras, o ravinamento do gozo.

Nos tratamentos de autistas, o nome do analista tem outra função que nos tratamentos de crianças (ou de adultos), neuróticos ou psicóticos. Nessas análises, na minha opinião, o analista é suposto-saber pelos pais que descarregam nele de maneira hipotética o grande Outro[3], ali onde eles não são mais capazes de sustentá-lo na troca com a criança. O tratamento termina quando a criança e os pais podem retomar essa constituição do grande Outro entre eles, sem o analista. Mas, em minha experiência com autistas, meu nome sempre foi *pronunciado* antes do nome de família da criança. O que significa que algo deveria ser resolvido no funcionamento do pai numa análise posterior, e que a experiência da análise com essas crianças tem efeitos que ainda não podemos inteiramente medir porque não temos histórias suficientes de casos de crianças que tenham sido realmente autistas, que tenham deixado de ser e que tenham feito períodos de análises posteriores.

O autismo é a estrutura por excelência. Aquela que mais se subtrai ao efeito fundador da linguagem. Se lá permanecer, o indivíduo nem terá, como os psicóticos por intermédio da metáfora delirante, a possibilidade de construir um semblante de discurso.

Imagem viva de *umcorpo* preso na zona protetora de um objeto *a* tornado patente ao Outro, que nos envia, numa careta grotesca, ali onde a debi-

---

[3] Devemos essa idéia a Érik Porge.

lidade e a perversão também se originam, ao *limite* (por que não também ao limo?) humano/infra-humano onde o desejo toma raiz.

Por isso, *pego a tempo*, o autista fará na aventura analítica, ao praticante que a isso se arrisca, uma *monstração* espantosa do que, na estrutura, é articulado mas não articulável. Contanto que este possa, a contragosto, não ser nem A nem *a*, mas a falha que os funda ao separá-los.

Fabian ou o menino no computador[1]

a Maud Mannoni

Da renegação [reniement]

Há ou havia em Buenos Aires uma expressão bem curiosa, em língua castelhana, para significar "levar uma bronca da mãe". Exatamente isso. Não "levar bronca" simplesmente, ou de um outro, o pai por exemplo. A expressão, traduzida, ao pé da letra, em francês, diz: "fazer renegar [*renier*] a mãe",

---

[1] A primeira versão, oral, deste capítulo foi lida, em abril de 1992, durante o Congresso do CFRP sobre "A criança e a psicanálise". Dedicado a Maud Mannoni, pois foi ela quem, a partir de seu livro "A criança, sua doença e os outros", publicado em 1967, fez com que a análise com crianças desse uma virada decisiva, afastando-a a um só tempo do "setting" kleiniano, que não prevê muito o trabalho com os pais, e da abordagem excessivamente educativa de Anna Freud. Essa outra via mostrada por M. Mannoni não era somente "técnica", pois, ao se apoiar num conceito maior – trabalhado, poderíamos dizer, à medida que Lacan o formalizava –, o da criança como objeto do Outro, ela permitiu distinguir se esta fazia parte ou não da fantasia materna, e, se fazia, de que maneira. Daí, uma concepção completamente nova das fontes do conflito inconsciente nas crianças e, por conseguinte, da direção do tratamento. Por isso, ela foi um dos "vetores" maiores – se nos permitem essa metáfora – da entrada do ensino de Lacan nos países da América Latina, onde o kleinismo era doutrinariamente majoritário. Da mesma forma, ela mostrou, certamente sem o saber, numa época em que só os *Escritos* eram conhecidos fora da França, que o que se apresentava primeiramente como uma leitura de Freud cheia de referências filosóficas, lingüísticas, matemáticas e outras era, de cima abaixo, uma clínica. Foi isso, pelo menos na

enquanto que, em espanhol da Espanha, "renegar", querendo dizer "jurar* ", "lançar juras" ou significando antes sua conseqüência, "renegar Deus", é predicável de todo locutor. Na capital argentina, essa expressão, religiosamente coerente, não só se perdeu, mas, ao perder a sua referência religiosa, caiu, por assim dizer, no âmbito apenas da relação mãe-filho. A expressão pertence ao falar próprio da cidade grande, um castelhano muito modificado pelos dialetos genoveses e napolitanos que mudaram as desinências dos paradigmas verbais, os acentos das frases, a pronúncia de certos fonemas. E faz esquecer certos sentidos, tornando assim possíveis deslocamentos sempre inesperados.

Ora, como seria possível uma mãe renegar seu filho? Ela pode decerto abandoná-lo, isso até acontece todos os dias, mas o abandono não é uma renegação. Uma mãe pode dizer a seu filho, ou dele: "Você não é meu filho", "Ele não é meu filho". Ela pode parir assinando X, dá-lo, ou abandoná-lo. O que é uma *recusa*, radical, decerto, de assumir a realidade da maternidade, e que pode, eventualmente, ser duplicada por uma *rejeição* do filho, por uma *defesa* dela mesma em relação ao outro. Mas uma renegação o é sempre de uma fala dita, de um juramento prestado, de uma confissão proclamada. O vínculo da mãe com o filho sendo real, como voltar atrás, com efeito, num julgamento que não precisa ser pronunciado para se articular realmente, como voltar atrás *sem fazer existir* – mas sob que forma – o que está marcado com o sinal da negação?

Nesse estádio da reflexão, uma questão enfim nos assalta: *uma língua pode mentir? A língua pode se enganar?*

Pois a renegação é, com efeito, mais habitual no vínculo entre um pai e seu filho, e vice-versa, vínculo que não existe sem o reconhecimento ex-

---

Argentina, que ganhou para a corrente lacaniana a adesão que conhecemos, permitindo realmente uma nova formação de analistas que puderam integrar a contribuição da leitura de filósofos e lógicos, atraídos não só pela riqueza e pela novidade exibidas por Lacan, mas também pelas soluções que ele trazia ali onde Freud havia deixado em suspenso seu trilhamento da psicanálise. Trinta e cinco anos depois, fazemos questão de prestar-lhe homenagem, pois a leitura de Maud Mannoni foi para nós um ponto umbilical na escolha que ia ser a nossa não só em, mas também para a psicanálise.

* No sentido de *praguejar*, de *lançar imprecações*. (NT)

plícito, em ato, da paternidade da progenitura. Ainda que as impressões genéticas permitam hoje estabelecer a realidade do vínculo, nunca a verificação científica desse vínculo fará um pai, que só é engendrado por sua própria fala diante de um Outro.

Então, essa expressão "fazer renegar a mãe" é mentirosa? É enganosa?

Se pensássemos que existe primeiramente uma díade mãe-filho, e que é só depois que intervém o pai, poderíamos dizer que sim, que essa expressão se perde num sentido inadequado, que a língua pode mentir.

Por outro lado, se sustentarmos que o próprio vínculo entre a mãe e o filho sempre é, ao mesmo tempo que real, metafórico, que o pai entra na própria realidade do que lá se tece, não só de modo biológico mas também simbólico, então é a natureza de imediato terceira desse vínculo que é questionada ou que poderia sê-lo.

A língua não mente; ao contrário, ela nos faz saber – sem que haja necessariamente um sujeito que a leia – que uma mãe sempre pode suspender não o reconhecimento de seu filho como sendo o seu, mas "a afirmação – o dizer sim" *desse vínculo* que, sendo metafórico, sempre pode ser abolido.

Uma mãe pode ser temida a tal ponto que aí se identificar seja o único socorro e o único recurso para não perdê-la, já que ela tem um verdadeiro poder, que em nada é o todo-poder da vida e do amor e sim o poder de *significar* o que *é* o pai. Ao invés de permanecer a guardiã de uma cifra – o que é o pai enquanto tal, enigmático – que nunca deve ser revelada, já que nenhuma chave lhe convém. Quando uma mãe diz "O seu pai é isto, ou aquilo...", a metáfora arrisca cair e o filho leva broncas sem parar...

Mas essa *renegação*, que diz respeito à função paterna não só enquanto *separadora*, mas sobretudo enquanto *ponto de origem* do Outro como tal, não se refere necessariamente ao pai da criança. Mais fundamentalmente, pode se referir ao pai da mãe, do qual, no tratamento que nos ocupa, sempre se diz que seu amor foi exíguo, até mesmo inexistente.

Isto abre a via para uma clínica diferencial, pois esse mesmo avô materno pode também, em outros tipos de estrutura, ser o parceiro eletivo na fantasia da mãe.

Pensamos que os operadores lacanianos de estrutura não funcionam à exclusão uns dos outros, mas podem inteiramente operar em dupla quando um deles se acrescenta ao recalque originário, provocando uma modificação essencial de seu funcionamento.

Além disso, é preciso diferenciar o "desabono [*désaveu*]" como determinante de estrutura do que aqui chamamos "renegação" e cujo uso, fantasmático, em nada exclui efeitos reais.

Nesse caso, a foraclusão que opera sobre o Nome-do-Pai é utilizável como mecanismo de defesa, fora da psicose, e para isso adotamos o nome freudiano: rejeição.

Os operadores são as modalidades da passagem do Outro real ao Outro simbólico. Se isto for admitido, podemos afirmar que o sujeito do inconsciente não é somente o produto das operações no Outro, mas que, na passagem de um Outro ao Outro, o sujeito tem direito de dar a sua opinião, escolhe, responde. Em suma, que ele intervém ativamente, *se lhe dão a possibilidade*, na especificação dos tipos de Outro de que ele será o efeito.

Assim, como resposta à recusa de amor, o desabono do pai pode ver-se transformado, como contrapartida, em foraclusão da função paterna para um filho da terceira geração.

Temos de pensar a estrutura no tempo, em três gerações.

Essa hipótese permitiria dar conta do fato de que, ao lado do determinante de estrutura, sempre há um "mecanismo" que toca em "menor". Assim, em certas psicoses, há uma organização pseudo-fantasmática produzida por desabono perverso, ao passo que, em certos casos de perversão, existem organizações delirantes que não estão de modo algum sob a jurisdição de uma psicose.

Essa varredura introdutiva deve fazer com que liberemos um espaço conceitual a fim de colocar que, para uma mulher, a resposta de desabono à falta de amor paterno pode conhecer uma volta foraclusiva entre ela e um de seus filhos. O que justamente não deixa espaço algum à instalação da psicose na criança, esta necessitando da instauração do "primeiro pai" que dá acesso à perversão inconsciente e à fala.

Por isso, de acordo com a nossa experiência, decerto discutível, o pai é, enquanto tal, incapaz de ser o agente da inscrição de sua função se ela não for introduzida pela mãe. Isto é a chave de um gozo que só consegue ser dito sob certas condições.

Para algumas das crianças autistas que acompanhamos, parece-nos bem provável que a origem dos distúrbios tenha sua explicação clínica – não estrutural – na *descompensação puerperal* da mãe durante o nascimento. Esses episódios, contados alguns anos depois pelas mães, apresentam uma organização delirante que perdura alguns meses, ou mais, organização subclínica para os médicos e as pessoas à volta e que, *enquanto tal*, não pode ser catalogada como uma psicose.

O termo "renegação" que aqui utilizamos é uma tradução possível da *Verleugnung* freudiana, traduzida em francês por "*déni*", "*désaveu*" ou "*démenti*". O fato de propor uma outra tradução é apoiado numa diferença devida ao conceito. Com efeito, essa renegação não é organizadora de perversão, mas ao contrário *põe fora de jogo*, para uma criança, a determinação simbólica que assegura a *função incriada* do *Pai-do-Nome*, o da perversão inconsciente.

As sessões

Vejo pela primeira vez Fabian em janeiro de 1990. Ele acaba de fazer quatro anos.

Louro, olhos cinzentos, ele sorri, nada explicando o porquê. Durante a entrevista, passa várias vezes ao meu lado sem me olhar, sem que nada em sua pele, músculos ou andar mostre o acomodamento perceptivo que involuntariamente sofremos quando arriscamos roçar num desconhecido.

Sua beleza é impressionante, ainda mais sublinhada porquanto ele está ausente de si mesmo e do outro.

O pai, mais que a mãe, conta brevemente a história deles, a presença de um irmão mais velho que vai bem, o fato de que cada *x* ano eles têm de se mudar porque a sociedade na qual ele é executivo o transfere de posto e de região.

Durante os dois anos e meio em que verei regularmente Fabian, os pais vão estar presentes. Progressivamente, conseguirei que a mãe possa entrar sozinha no consultório, para poder escutá-la, depois, que Fabian entre só, e somente em seguida os pais.

Segunda entrevista (16 de janeiro de 1990)

Os pais me contam que pela primeira vez ele pronunciou duas frases incompletas:

" – não boneca".

" – ... faz a boneca".

Isto, após ter visto uma boneca na televisão. Ele também – comenta o pai – pôs a mesa pela primeira vez.

Comentário

Podemos presumir que essas primeiras frases *pronunciadas* por Fabian falem dele. O fato de ele pronunciar corretamente mostra que sua capacidade fonadora *já* recebeu os engramas das oposições fonêmicas que permitem a emissão articulada, mas que faltava o que permite que a fonação se realize de fato. Por outro lado, o fato de ele pronunciar não quer de modo algum dizer que ele *signifique*.

Por outro lado, pôr a mesa no-lo mostra entrando, pela primeira vez, na circulação entre pai e mãe.

Quarta entrevista (duas semanas depois)

Fabian faz um primeiro desenho: numa folha de papel branco, ele desenha duas formas alongadas, deitadas, com um ar fálico, de que uma poderia ser dita um cocô. Elas têm marcas no interior, todas orientadas da esquerda para a direita. Essas marcas lembram incisões ou caracteres cuneiformes.

Embaixo, um monte de bolas diferentes fazem irresistivelmente pensar em lobos de orelha, o interior de cada bola sendo antes alongado no sentido vertical. Há uma bola menor enroscada.

Primeira sessão (6 de fevereiro)

Tomo a decisão, escrevendo minhas notas, de não mais chamar "entrevista" o que se passou naquele dia, mas "sessão". Não que Fabian tenha podido formular uma iniciativa em seu nome, longe disso, mas pelo fato de sua mãe me dizer ter tido medo de que ele se jogasse pela janela. Em casa, no andar de cima, ele subiu no parapeito de uma janela e agitou os braços.

Se a questão do sentido possível do movimento dos braços se coloca, ela é secundária em relação a isto: *ele descobriu o vazio* e que ele é *atraente*, isto é, libidinalmente investido.

Fabian faz dois desenhos. O primeiro parece uma enorme ameba verde, embaixo na página, com marcas verdes e marrom no interior. Faz também uma espécie de canhão com bolas, dextrogiros no interior.

O segundo desenho é uma forma "fálica" enfeitada de inchaços mais ou menos paralelos. Por um acaso inteiramente inesperado, já que não faço esse gesto regularmente, dou na folha de papel um quarto de volta à esquerda. Aparece, então, uma cabeça de totem com olhos, um nariz e retalhos nos lados que podem ser as orelhas e também servem para lhe dar volume.

Pela primeira vez, a mãe pode falar de si mesma e de sua relação com o filho.

Ela nasceu numa família de sete filhos. Colocada num pensionato durante a primeira infância, só volta para casa, adolescente, para cuidar dos irmãos pequenos. Os pais se divorciaram. Histórias de alcoolismo paterno, de agressões e brigas com a mãe. Ela nunca se sentiu amada por esta última, que a usava como empregada para tudo. Menos ainda pelo pai.

Seu primeiro filho, diz ela, era um bebê que comia, cuspia, cagava e chorava o tempo todo até a idade de oito meses. Ela tinha muito medo de que o segundo – Fabian – fosse igual ao primeiro, que lhe tomava todo o tempo.

De fato, Fabian não vai se mexer, não vai nunca emitir pedido algum, mal come, nunca o escutaram chorar.

Depois desse relato, ela acrescenta que ele tirou a roupa e mostrou o peru.

Só vou ver regularmente a mãe no segundo ano de tratamento. Antes de conseguir que ela aceite entrar sozinha em meu consultório, ela só terá soltado alguns pedacinhos esparsos de sua história, de vez em quando, que vou reconstituir depois.

13 de fevereiro

O pai me diz que ele pronunciou a última sílaba de seu nome, "ian" (é também a primeira do meu), e acrescentou, sem que se saiba ao que ele fazia referência: "Tá bom, entendi – é complicado".

Quando pronuncia frases, palavras, nomes, ele não se dirige a ninguém. O som de sua voz, muito articulada e metálica, não parece com a de uma criança.

De alguns dias para cá – prossegue o pai –, ele vem passando espuma de barbear no rosto, ou então batom, e beija o espelho. Anoto e repito, dirigindo-me a ele. Pela primeira vez, ele se vira, me olha, escuta e diz: "ma mamaman mamamamaman".

Não há como negar que, um mês e meio depois do começo do tratamento, identificações imaginárias surgiram. Nada, no entanto, mostra se elas se devem a outra coisa que a uma descoberta do espelho. Não bastam, portanto, para nos assegurar da existência real de uma identificação primária.

Por outro lado, é mais fácil pensar que as marcas dos três primeiros desenhos representam rastros, ou então *são em si mesmas* os rastros que tornarão possível, não só *post* mas *propter hoc*, o espelho e a fonetização delas.

O batom quer dizer: "sou mamãe". A espuma de barbear, "sou papai". Mas podem essas marcas fazer com que só o rastro subsista, por estar marcado *na superfície do corpo*, e não por *criar por si mesmo sua própria superfície*?

No plano do tratamento, minha intervenção foi entendida, o que mostraria que a transferência dos pais opera.

5 de março de 1990

Fabian chega para a sessão com os pais e, pela primeira vez, traz junto consigo seu urso.

O pai me diz que, até aqui, quando o telefone soava, era ele quem se precipitava, tirava do gancho e esperava, ofegante, a voz do outro lado. Ele não respondia nada, nem mesmo um som.

Agora, se tira do gancho, é para desligar imediatamente, ou então, se é a mãe que tira do gancho, ele bate nela.

A única pessoa que telefona na casa é o pai.

Enquanto o pai fala e a mãe aquiesce, ele faz, com peças de Lego, torres que sobem o mais alto possível.

20 de março de 1990

Quando o pai está presente, Fabian se dirige a ele com gestos e às vezes uma palavra. Se a mãe chega inopinadamente, ele se cala, se vira e vai embora.

Ele começa a subir em todos os móveis e, de noite, acende todas as luzes da casa para brincar sozinho com seus brinquedos.

27 de março de 1990

Fabian diz à mãe, sem que ela antes tivesse se dirigido a ele: "Você não entende!". Ele começa a escutar concertos de música clássica, o dia inteiro, deitado no chão, o rádio parado em France Musique.

Comentário

Fabian vai ao encontro da mãe e emite essa frase sem que possamos saber se ela vem de um encadeamento prévio. Pensamos, antes, que, longe de servir de embreagem entre o enunciado e a enunciação ou de representar o que resta do Outro em seu desaparecimento, o "você" dá à frase valor de rejeição.

Abril de 1990

Quando a mãe atende o telefone, Fabian fica furioso e bate nela, joga coisas nela, ou então corre para se fechar no quarto dos pais e só sai de lá quando a conversa termina.

Esse ciúme, que ele não sente pelo irmão mais velho, indica que está procurando o pai e que, se a mãe é de tal modo o obstáculo, ele se identificou com ela.

Mas esse ciúme que acontece no registro da *frustração* – ou ela ou eu –, não os dois, não prova que o tempo fundador da *privação* tenha ocorrido. Fabian procura se situar entre papai e mamãe, com certeza, sem que seja situável se isso acontece entre Um e Outro.

Em sessão, ele desenha, sentado na escrivaninha, diante da janela, de costas para os pais. Ou então me contorna para ir procurar o que há nas gavetas, nas caixas de massa de modelar, nas fichas.

Em casa, no quadro negro, ele desenha com giz uma cabeça e diz:

– "Pequeno demais", faz o gesto, diz seu pai.

– "Quer isso não";

– "Sei contar não".

No fim do mês, quase sempre está triste, chorão, atormentado sem que os pais saibam por quê. Durante um desses acessos, ele diz ao pai: "Você quer ir embora". Pela primeira vez na vida, ele adormece sobre a mãe.

Comentário

Esses estados de tristeza sem razão que a justo título inquietam os pais, essas queixas e essa dor que, para eles, não têm explicação mostram, antes, que se fez uma passagem da Coisa à causa. O que, em Fabian, é singular é que o Soberano Bem está colocado do lado do pai.

22 de maio de 1990

Desde o mês de fevereiro, ele fazia grandes cenas de cólera nas lojas quando os pais não compravam o que ele indicava que queria. Nesse mês, essas reações cessaram. Mas embora ele até aqui suportasse relativamente bem que o deixassem só em casa, de agora em diante mostra, pela primeira vez, sinais de medo e de dor.

No jardim de infância onde foi admitido, ele submete-se a entrar e sair de sala com os outros.

Andando dentro de casa, encontra o pai sem aparentemente esperar por isso e lhe diz: "Você estava aí?".

5 de junho de 1990

Enquanto o pai me conta os acontecimentos da semana, ele sobe na mãe e se deixa, pela primeira vez, escorregar para o chão, a cabeça primeiro, pedindo que ela o levante. Todo o seu rosto deixa transparecer uma alegria imensa.

Nesta semana, aconteceu um incidente, aparentemente menor, que vai se revelar axial no desenrolar do tratamento:

Ao passar diante da televisão da qual sempre fizera pouco caso, ele vê um urso ameaçar um bebê e solta um grito cortante. O que está se passando na tela não só lhe faz sinal, para ele as imagens são reais.

Ao mesmo tempo, ele de agora em diante é capaz, no que diz respeito à estruturação do espaço, de se vestir sozinho e de tomar, igualmente sozinho, seus remédios se tem febre ou está doente.

26 de junho de 1990

Ele faz em sessão um homenzinho de massa de modelar, colando uma perna a uma outra maior, põe um ponto vermelho num carro, fazendo um barulho de sirene, se levanta, anda até o espelho no qual desenha com o marcador três bolas, e as cerca com uma outra que as fecha por completo.

Comentário

Ele construiu o quatro, ao fazer 3 + 1, cada um dos uns, separados uns dos outros, fazendo, adicionados, três. O que faz com que estejam juntos é o quarto, que os envolve. Ele tem quatro anos e 6 meses. Também somos, em sessão, 3 e 1... Por isso, essas bolas são desenhadas no espelho, como que indicando que o que elas barram nem por isso é barrado.

10 de julho de 1990

Ele desenha em sessão uma cabeça humana e um girino tendo por corpo uma linha.

22 de julho de 1990

Ele acorda de noite e vai ver se os pais estão em casa.

18 de setembro de 1990

Ele desenha, em três cores, grandes corpos fálicos eretos, com inscrições no interior.

2 de outubro de 1990

Começa um período de grandes desenhos em quatro, seis ou oito folhas de papel colocadas junto. A escrivaninha não bastando, ele desenha no chão.

Isso vai durar vários meses. Assim que Fabian tiver inscrito essa experiência, ele voltará à escrivaninha para trabalhar sobre uma folha ao mesmo tempo.

Durante essa sessão, ele faz *Z* que ocupam a página inteira e logo em seguida vira a folha e faz o mesmo *Z* menor.

Só mais tarde vou me dar conta do alcance dessa escrita, quando, ao reler as notas das sessões, ela me levar a refletir sobre a passagem do signo à letra (ver p. 78, "O quadro e a série").

9 de outubro de 1990

Os pais contam, preocupados, para não dizer francamente alarmados, a dimensão tomada pelas relações entre Fabian e o aparelho de televisão. Há alguns meses, desde antes das férias, ele maltrata a televisão: liga-a com um soco, logo apaga, troca-a de lugar na sala, correndo, ameaçando fazê-la cair.

Durante o relato dos pais, Fabian pegou várias folhas de papel, instalou-se no chão e está desenhando um grande retângulo que toma quatro folhas a um só tempo, em cima do qual ele desenha dois traços, um vertical, no lado de cima do retângulo, e o outro perpendicular ao primeiro.

Penso de cara que, ao enquadrar um espaço, ele fez a sua casa, a casa do pai com um complemento fálico em cima.

Como se estivesse escutando a minha mancada, ouço-o dizer, bem baixo, mas distintamente: "Seis"... Não posso acreditar no que estou ouvindo. De fato, podemos deformar a curva do 6 e fazer dela um retângulo, depois transformar o arco de círculo em dois segmentos de reta perpendiculares um ao outro. Essa transformação é geometricamente possível, o que mostra que Fabian faz com que seu espaço sofra uma deformação regrada e que ele está nos comunicando isso. Para não haver dúvidas quanto ao que acaba de dizer, ele acrescenta: "Cinco, Quatro, Três, Dois, Um". E, no espaço interior do retângulo, do quadro que nunca vai deixar seus desenhos, ele escreve: TF1, A2, FR3, 5. Em pouco tempo, ele vai estar nomeando distintamente o número de cada canal e o escreverá, em letras resplandecentes, na tela da televisão de casa e na tela desenhada em sessão.

16 de outubro de 1990

Ele desenha em sessão uma figura humana inteira. É a primeira vez. Nas semanas seguintes, fará a cabeça com os olhos, a boca e o nariz.

Ele deixou longe o "6" da semana passada, ele conta até "14", embora, alguns dias antes, esse número só fizesse "Um" e "Quatro".

Da mesma forma, ele surpreende todos em casa quando, o pai tendo perguntado, do quarto, à sua mulher que se encontra na cozinha, "O que é que a gente vai comer?", ele responde do quarto dele: "Ela está fazendo macarrão".

Sem data. Provavelmente início de 1991

O pai me conta que à noite Fabian está se tornando cada vez mais difícil, que teima obstinadamente. Não há meio de fazê-lo obedecer, e é a primeira vez que isso acontece. A fala do pai, que sempre foi convincente sem que jamais fosse preciso recorrer a gritos ou ameaças, não basta mais. Durante horas, ele recusa ir dormir, bate os pés, acende a luz e vai para a sala brincar no meio da noite como se fosse dia. O pai se sente impotente diante do que vê como desafio.

Bem surpreso, consigo no entanto lhe dizer que Fabian não faz isso de modo algum para chateá-lo, mas que, simplesmente, ele tem uma real dificuldade de dormir. A decisão de se entregar ao sono é para ele tão angustiante que ele reclama a presença dos pais para não saber que está adormecendo. Sublinho mais uma vez que não é sobretudo para chateá-los. O pai me escuta, pensativo.

Nesse meio tempo, Fabian, que brincava ao lado, aparentemente distraído e sem ter feito sinal algum que manifestasse que escutava o que se dizia, levanta-se, aproxima-se do pai e, sem avisar, dá-lhe um violento tapa na cara, com a mão bem aberta. O lado do rosto que recebeu o golpe fica vermelho durante alguns minutos, o outro também...

Intervenho tão rápido quanto posso para dizer a Fabian que seu pai não sabia o que eu acabava de lhe explicar. Que é precisamente por isso que eles estão vindo me ver, para poder saber. E, se eu posso lhe explicar, ao pai, o que estava acontecendo com ele, é simplesmente porque ele, Fabian, tanto quanto o pai, ao me contar em falas e em desenhos o que acontece em casa, me permitem dizer isso.

A partir desse momento, Fabian não escreverá somente no papel, mas, pouco a pouco, primeiro na tela do Minitel* , depois no computador do pai. No início letras, em seguida palavras e, finalmente, jogos cada vez mais difíceis que ele vai dominar em pouco tempo.

Lá vai passar horas sem se preocupar nem um pouco com as pessoas à sua volta.

Março de 1992

Há longos meses, ele faz ritualmente quadros que cercam cada folha branca. Nelas inscreve ou os números dos canais, ou uma série de desenhos que fazem pensar nas carteiras de uma sala de aula e, diante deles, a mesa do professor.

Desta vez, tratava-se do nome dos canais.

De repente, ouço-o murmurar "Vittel** ".

* Terminal telefônico de consulta a banco de dados, catálogos, fichários, etc. (NT)
** Jogo homofônico: *Vittel* (marca famosa de água mineral), *Vit-elle*? [Vive ela?] e *Vite, elle*... [Rápido, ela...]. (NT)

Não costumo ser espirituoso em sessão com adultos, menos ainda com crianças. Em suma, quando se trata de destacar um significante, é preciso de imediato ficar atento a todo gozo do lado do analista.

Aproveitando, no entanto, a oportunidade, dou à palavra uma ligeira entonação interrogativa:

– "*Vit-elle*? [Vive ela?]"

Ele se cala. Alguns minutos depois, sem me olhar, ele solta:

– "*Vite, elle...!* [Rápido, ela]"

Uma semana depois, o pai me dirá que ele deu um salto à frente na utilização das palavras. Também se dirigiu muito a eles, sem palavras.

A mãe e o delírio puerperal

A mãe de Fabian não fala em sessão. Ela deixa com o marido a preocupação de (se) lembrar (de) os pequenos fatos cotidianos, as alegrias ou os aborrecimentos. Os dois vêm do Norte, rodaram pela França ao sabor das transferências de trabalho que cabem ao pai de Fabian.

Ela não reviu o pai desde que ele se divorciou de sua mãe, exceto uma vez em que se cruzaram durante uma grande cerimônia familiar, e ele não a reconheceu. Seu pensamento, naquele momento, foi que ela não tinha pai. Que nunca conhecera um.

E no entanto... Pouco antes do divórcio dos pais, durante uma daquelas brigas violentas que os opunham um ao outro, um dos irmãos mais velhos, não suportando mais os insultos, as pancadas, o álcool no qual o pai estava embebido, lhe enfiara, antes que ele batesse na mãe, uma faca nas costas.

Quando ela se aproxima, ele jaz no chão, e, com um único movimento, ela retira a faca da ferida. O pai tem a vida salva, o ferro só havia deslizado sobre a omoplata.

Mas, ao ouvir os médicos, no hospital, dizerem que foi ela quem, com seu gesto, poderia ter acabado com ele, ela julga em seu íntimo que sua culpa é sem remissão, que nada nem ninguém poderá salvá-la.

O irmão que queria defender a mãe morrerá, anos mais tarde, em conseqüência de uma crise de epilepsia.

Com o nascimento de seu filho mais velho, ela se precipita todas as noites, todas as madrugadas, para junto da cama do filho para estar segura de que ele respira.

Fabian não era esperado na noite em que nasceu, mas alguns dias mais tarde, até mesmo duas semanas. No fim de semana em que ocorreu o nascimento, seu cunhado se casava e seu marido era esperado no cartório como testemunha. Como não havia perigo de um nascimento iminente, ele pegou o carro para fazer ida e volta em menos de 48 horas.

A noite do casamento de seu cunhado, em que ela se entediava sozinha em casa, era também o aniversário da morte de seu irmão.

Naquela noite, sem o marido, quando Fabian nasceu, ela o olhou e pensou: "Ele sabe tudo, tudo sobre mim. Quanto mais cedo morrer, melhor será para ele".

Naquele momento, o peso de sua nulidade profunda, de toda a sua indignidade se fez patente para ela, como uma certeza que nunca mais a abandonaria.

Mais tarde, quando, crescendo, Fabian não emitir som algum, choro algum, quando se tornar sensível que ele não fala, ela pensará "não quero que saibam como eu sou feita" – "ele também não quer que saibam como ele é por dentro".

"Ele sabe tudo". Seja qual for a violência da renegação pronunciada quando moça, a mãe de Fabian não pudera evitar – já que ela fala – ter pensado, ainda que uma única vez, "Ele sabe tudo" sobre seu pai. É precisamente por causa dessa renegação, que se duplica de uma rejeição foraclusiva, que, na noite do nascimento de seu filho, essa frase volta a ela, encarnada num delírio – que não requer ser de estrutura – para se proteger de um *retorno devastador*.

Ninguém à sua volta se dá conta de seu estado, como é o caso da maioria das mães de crianças autistas que atendemos durante anos. Delírios puerperais subclínicos para as famílias e os praticantes, que caem após alguns meses ou alguns anos, quando os efeitos sobre a criança os despertam bruscamente, dando-lhes como tarefa, doravante, votar-se a essa criança que os remete, por sua mudez, a um destino que lhes faltava.

O pai que a criança autista *encarna* é um pai primordial, não desejante, que *goza só*.

A criança satura a falta em ser da mãe não como objeto – causa do desejo –, mas como significante causa de gozo. O delírio é a única resposta que a mãe é capaz de apresentar a um retorno do real que demole aquilo com o que ela pode contar como estrutura subjetiva.

De modo algum é necessário que a mãe seja psicótica. No entanto, ainda que o fosse, isso em nada explicaria o autismo da criança, cuja causalidade é contingente.

É o fato de representar puro real que o torna impossível de ser investido. O gozo que ele encarna arrasa toda vida pulsional, toda possibilidade de inscrição.

Quando a mãe pode dar seu delírio ao psicanalista, a criança, se não passou da idade, pode começar a articular, a fonetizar seus rastros.

Em geral, é um dos dois pais que formula a demanda, o outro limitando-se a assistir sem crer naquilo. Se é a mãe que, apesar de tudo, pode fazê-lo, então não é raro que o pai conheça uma passagem delirante. Mas se o delírio puder ser dado, de imediato, ao menos por um tempo, o filho não engolirá em si toda a crença – que faz com que um sujeito pertença ao discurso – de que a missão do significante paterno é ancorá-lo no nada.

O deítico e a rejeição da demanda

Estamos em sessão, Fabian, sua mãe e eu. Ela me conta alguns acontecimentos da semana e Fabian nos vira as costas, enquanto continua a passear na sala, inspecionando os cantos que ele conhece, tocando nas coisas que supostamente me pertencem.

Num dado momento, surpreendo-o, imóvel, a fixar a mãe com um olhar emocionado, contemplando-a com o deleite de um crente ao ver a Virgem, colocando nela seu olhar como aquele que ama a pintura o faz num quadro, não durante um tempo mensurável em que finalmente a visão do mundo retomará seus direitos, mas para a eternidade.

Ao mesmo tempo, seu indicador aponta um objeto qualquer que ele não pode ou não quer alcançar por si mesmo. E a mãe me conta que todos os dias, em casa, a mesma cena do indicador se repete, sem que nenhum de seus pedidos para que ele nomeie esse objeto jamais seja atendido.

Não é possível, de resto, pensar que ele desconheceria os nomes dos objetos que ele assinala com seu gesto mudo, já que essas palavras afloram em sua boca quando não há ninguém perto dele e ele pronuncia palavras e frases brincando, sozinho, com suas coisas preferidas.

Ao articular proposições inteiramente sensatas, ele não se dirige a ninguém. Mas, quando tem diante de si um dos outros da demanda, ele jamais se exprime.

Há nele, e ele faz questão disso, uma brecha atual e *infinita* entre o gesto indiciário que assinala o isto no mundo dos objetos e a fala. Com efeito, o simples fato de nomeá-los lhes tomaria essa parte deles mesmos – que podemos designar sem temer o paradoxo, imaterial e substancial – a partir da qual participam, enquanto inominados, não do espaço do mundo, mas do lugar e da ordem da Coisa.

Pois, para que se cumpra o único assassinato que valha, não basta articular palavras e falas, é preciso primeiro perguntar a um Outro, que, pelo simples fato de responder, se encontra, sem saber disso, cortado de uma parte de si mesmo.

Essa brecha infinita onde Fabian se mantém lhe permite sustentar, por um lado, uma crença inabalável, já que silenciosa, não no Outro, mas no Outro do Outro gozo, fora de linguagem. Por outro, e ao mesmo tempo, os sons, o arcabouço fônico da linguagem, servem somente à função do *gozo** , decapitados de antemão de toda função nominativa.

Em conseqüência, sem o objeto ele pode ficar, todo o tempo que quiser ou puder. E, quando ele vem a faltar, essa falta é o fruto envenenado do querer do Outro que lhe recusa o objeto antes de qualquer demanda. Ele fica frustrado sem jamais dele ter sido privado.

Quando, brincando sozinho, Fabian diz "Você é difícil" ou "Você não entende", ou "Ela tá fazendo macarrão", nós podemos dizer que essas frases são *sensatas*, mas que não *significam* nada. Estão corretamente pronunciadas, a sintaxe é adequada, mas a referência, inexistente. O fato de que o analista ou os pais possam supor que ele repete afirmações da professora relativas a ele

* Escrito *joui-sens*, isto é, *goza-sentido*, em vez de *jouissance* [gozo]. (NT)

não muda nada no caso. Essas frases têm a forma da frase "o atual rei da França não existe", que tanto preocupou Bertrand Russell.

Falta aí o único ponto de apoio que um analista tem no tratamento das neuroses: a referência vazia. Pois, se os neuróticos a enchem o tempo todo de sentido, seu caráter real permite ter esperança numa eventual limpeza.

Falta também, por falha da função paterna, a embreagem de contexto, os significantes anafóricos que conectam os atos de fala às falas que antecedem ou permitem começar *ex nihilo* uma proposição, embocando-a sobre vazio.

Quando, no Gênese, está escrito "Deus diz que a luz seja, e a luz foi", o caráter criador do dizer está sublinhado por uma força inigualável. No entanto, seria falso pensar que isso era muito mais verdade para os homens daquela época, da escrita da Tora ou ainda do Mahabarata, que para a humanidade de nossa civilização técnica moldada pelo discurso da ciência. O homem sempre esteve separado do caráter eficiente do dizer por seu próprio inconsciente, e de fato a humanidade bem cedo relegou essa função às práticas mágicas e mágico-religiosas.

Por isso, a crença na eficiência da fala sobre a natureza, sobre o outro, ou sobre o destino de pessoas desconhecidas sempre foi só um desvio para subtrair dessa eficiência o único objeto suscetível de sofrer seus efeitos: o próprio sujeito. *Sem* essa crença, a operação separadora, constitutiva do inconsciente, nada tem em que morder. Já que é graças ao Inconsciente que podemos crer numa relação imediata, sem mediação com o Outro. Em outras palavras, podemos pensar que o Outro é e que o Inconsciente não é.

Na mãe de Fabian, essa ausência de crença na fala não se refere a uma dúvida ou a uma desconfiança sobre a verdade, que comporta naturalmente seu lado enganador. Pouco a pouco, dirigindo-se a nós, ela delimita o instante preciso em que a descoberta do engano do Outro nela se congelou, não só como descrença, mas como esvaziamento para sempre do próprio estofo da fala.

Nesse tipo de configuração, a resposta da criança será a *rejeição* da demanda. Se fosse apenas uma recusa, estaríamos diante de crianças que parecem autistas mas que são, na verdade, histéricas graves.

No autismo, a crença é cortada da fala ao mesmo título que a demanda ao Outro é rejeitada para fora do campo da linguagem.

A tela, o quadro, a escrita

Voltemos à sessão de 5 de junho. Fabian nunca prestara atenção no que acontecia na televisão. Passava ao lado, sem parar um único instante diante do aparelho ligado pelos pais ou o irmão. Até ver na tela, numa noite de outubro, um urso ameaçando um bebê. Um grito estridente estoura, embora, pela primeira vez, as imagens se tornem sensatas para ele, tão sensatas que são reais.

Na semana seguinte, ele faz em sessão um quadro grande, que ocupa quatro folhas de papel, acrescentando-lhe um rabo no alto, à esquerda, feito de dois segmentos de reta quebrados em ângulo reto.

Fabian me informa que, por uma razão que eu desconhecia, ele decidiu submeter as formas arredondadas do 6 a uma deformação regrada, transformando-o em , de formas retas e cortadas. Percebendo certamente a minha surpresa, ouço-o murmurar com a ponta dos lábios, sem voz: "Seis, Cinco, Quatro, Três, Dois, Um".

Daí por diante ele começa a contar os números ao contrário e escreve as letras que conhece da direita para a esquerda, ora respeitando a dissimetria esquerda/direita, ora invertendo-a.

Bem melhor, à medida que as sessões transcorrem, ele escreve para si da direita para a esquerda ou da esquerda para a direita, mas, se quer escrever para mim ao mesmo tempo, ele escreve virando as letras ao contrário e começando pela direita.

Só um mês ou dois depois de acontecer é que os pais se lembraram da cena do urso e do bebê, período durante o qual eles se queixavam de que o filho "maltratava" a televisão.

Também é só a partir daí que posso perceber que o quadro que ele traça antes de qualquer inscrição no papel branco é o quadro da tela de tevê. Ou, antes, que o insuportável das imagens que ele percebe como reais o leva a dar ao retângulo de papel um tratamento de redução, a desenhar uma tela no próprio papel. Também é nesse período que ele começa a traçar barras no espelho.

Esse encontro, de uma violência inusitada, nos faz levantar a seguinte hipótese: não tinha havido, até ali, em Fabian, o que chamamos uma *atividade alucinatória primária*, atividade tornada possível pela perda, não do objeto de pulsão, já que ele ainda não existe, mas d*o objeto por excelência*, atividade que abre, ela mesma, a porta a uma criação alucinatória, mediante a qual a criança *investe e se apossa* dos traços do objeto, na verdade rastros reinvestíveis que lhe permitem envolver o vazio fundador. Fabian, ao traçar um quadro e dentro dele escrever letras: TF1, A2, FR3, nos faz assistir ao nascimento do inconsciente.

Que ensinamentos podemos tirar disso?

1. Que a alucinação não é a simples reprodução substitutiva da experiência de satisfação, mas uma produção que, embora deslocada no tempo em relação à primeira, é o *indício* que permite *afirmar* que pegar o seio é de fato uma experiência de satisfação – já que poderia não ser.

2. Assim, não se deveria pensar que a alucinação – que é um verdadeiro impulso psíquico fundamental e permanente – faz obstáculo à apreensão da "realidade", enquanto pretensa atividade substitutiva, mas, ao contrário, ela serve para a construção desta. A questão da respectiva delimitação das duas pediria, antes, um estudo sobre a diferença na repetição dos mesmos rastros.

3. O fato de Fabian escrever letras no quadro que simboliza e inscreve a tela como vazio nos leva a afirmar:

– que inscrição e escrita são conceitos e atividades idênticas, a diferença entre elas situando-se não no nível do ato de traçar, mas na atribuição – que é um ato diferente – às letras inscritas de um valor fonético qualquer;

– se isto for aceito, todos os rastros são nomes, nomes do objeto, mas nem por isso nomes próprios;

– se o quadro é o *desdobramento* espacial do primeiro rastro que faz realmente furo, vazio fundador, a atividade alucinatória fornece a "película sensível" sobre a qual os traços do objeto vão deixar a sua impressão.

4. A alucinação é tanto o terreno no qual haverá registro quanto leitura, levantamento topográfico do ravinamento produzido.

Até o dia do episódio do grito diante da tela de televisão, Fabian tinha aprendido a reconhecer palavras e frases vindas do outro, andava, manejava mais ou menos os objetos. Mas não havia nenhuma atividade que viesse dele. Poderíamos até dizer que ele tinha uma memória, no sentido psicológico ou biológico do termo, mas não atividade de rememoração.

Não é impossível pensar que a realização da imagem como portadora de perigos reais seja conseqüência das sessões que sua mãe teve comigo, durante as quais ela pôde falar de sua descompensação puerperal e nomear, pela primeira vez, tanto as percepções que foram as suas no nascimento do filho, quanto a identificação a que este último, até desde antes do nascimento, estava relegado.

Para que uma criança autista comece sua introdução no mundo humano, o dos seres falantes, para que a incisão primeira da linguagem se faça graças à fala, é necessário que haja uma separação no lugar do Outro, que a mãe possa abandonar o delírio que presidiu ao seu nascimento. Pensamos que, em certos casos, esse delírio não é um sintoma devido a esse nascimento, mas antes a causa deste.

O filho é engendrado, contra a vontade da mãe, para trazer de volta a ela e restituir o significante primeiro cujo gozo – que Freud nomeava totêmico – é propriamente aniquilador por ter sido encarnado por um genitor que não o assumiu como sua *dívida.*

O filho futuro psicótico ou perverso tanto é apresentado no templo para lá receber o nome quanto exposto no fora inominável. O autista, este, encarna com tal força radiosa a potência fálica em ato que o delírio é, para a mãe, o único recurso possível para interpor semblante entre a presença de seu filho – verdadeira parúsia – e ela mesma.

O delírio faz tela ao filho, absorvendo em sua matéria todo desejo do Outro que poderia fazer nascer nele uma demanda.

O quadro e a série

A transformação regrada do 6 em quadro com rabo e sua repetição regular a partir dessa sessão do mês de outubro me haviam intrigado o suficiente para que o exemplo canônico do quadro de René Magritte comentado por Lacan no Seminário não bastasse para satisfazer as interrogações que ela fizera nascer em mim.

Meses depois, lembranças de leitura da "Viagem a Veneza", em *O tempo reencontrado* de Proust, cruzavam em minha memória com um comentário de Malraux em *O irreal* e eu decidia ir a Pádua para contemplar os afrescos da Capela Scrovegni, feitos por Giotto, primeira obra da pintura ocidental a ter sido emoldurada na própria realização do espaço pictural.

Que nos ensinou Panofsky[2], que guiou nossa viagem?

Que desenhar um quadro, utilizá-lo no cálculo da perspectiva, supõe um ponto de fuga supondo ele mesmo a descoberta da imagem de pontos infinitamente afastados de todas as linhas de fuga. O que é o símbolo concreto da descoberta do infinito.

Nessa época, a Renascença produz uma revolução: a substituição do topos aristotélico em que cada coisa tem seu lugar pelo do infinito em ato que não tem somente seu modelo em Deus, mas se realiza na realidade empírica.

Se voltarmos a Fabian, o fato de traçar um quadro é o desdobramento espacial desse ponto de fuga. A maioria das crianças começa a desenhar vetores orientados – horizontais, verticais – e formas arredondadas que progressivamente se fecham. É a reunião dos dois, guiada pelo interesse mostrado pela imagem especular, que permite em seguida a representação dos corpos humanos, isto é, os pais e o sujeito numa situação governada pelo jogo fantasmático.

No plano aberto pelo traçado do quadro, Fabian, em vez de representar o mundo, desenhará, com um gesto seguro e pegando a caneta hidrocor como um pincel, letras e números.

A escrita na fala, a criação dos nomes e o traçado do signo

Pensar que a escrita é uma atividade segunda que viria após a fala, em que a letra seria o simples suporte do som, combina mal com as hipóteses e os princípios do discurso freudiano.

Nenhuma língua conhecida seria a mesma se não fosse escrita e a existência de línguas não suportadas por um alfabeto escrito não prova que não haja um sistema de inscrição que as suporta.

Falar implica fonetizar rastros já ali. Escrever supõe de antemão ser capaz de ler signos que interrogam, que colocaremos depois sobre um suporte qualquer. Sobre o próprio suporte deles.

---

[2] Panofsky, *La perspective comme forme symbolique*, Éd. de Minuit, pp. 25 a 159.

O fato de os lingüistas cuidarem da língua e dos discursos não pode ser, para o analista, um motivo suficiente para não cuidar da fala e de suas condições de emergência, o que não é precisamente o objeto da lingüística, mas do âmbito, desta vez, da psicanálise.

A linguagem não possui em si mesma as operações e os operadores que lhe permitem reproduzir-se na fala de cada um dos seres *a priori* capazes de falar.

É dessa hiância entre linguagem e fala, de que a lingüística não pode fazer seu objeto, que a psicanálise cuida.

No coração dessa hiância, o corpo.

Para o lingüista, a *glossolalia* é uma emissão de sons que não reproduzem os sons de nenhuma língua conhecida. Ela é um fenômeno marginal tocante a crianças (*infans*), a certas afecções psíquicas ou ainda certas práticas religiosas que comemoram o milagre de Pentecostes, quando, visitados pelo Espírito Santo, os apóstolos se puseram a "falar em línguas" – glossolalia – a todos os que estavam em Jerusalém naquele dia.

Pensamos, ao contrário, que, sem essa emissão de sons que ainda não são fonemas de uma língua, sem o investimento das cordas vocais, da laringe, da glote, de todo o aparelho fonador, e sobretudo da emissão de ar, nenhum recém-nascido jamais poderia "adquirir" a fala.

Para essa aquisição, há com efeito uma exigência prévia: uma atividade que seja originariamente produtora, a partir de nada, de um gozo sonoro antes que o sentido desempenhe um papel discriminatório. Bem mais, os sons só vão ter um sentido (de linguagem codificada) se a criança dentro de si encontrar para eles um "sentido" antes de ser capaz de discriminá-los do ponto de vista da sensorialidade.

Assim, o milagre de Pentecostes acontece todos os dias para os seres falantes. Exceto que "esquecemos", já que ele pertence ao real, o momento em que isso aconteceu. Mais que a uma efusão do Espírito Santo, é possível pensar que esse esquecimento é imputável a uma perda de gozo do corpo, perda necessária para saber que ele é mortal.

A criança autista não é glossolálica. Seus gritos roucos, seus sons, ela os produz num *só-depois* como sinal de terror, de furor ou de alegria, jamais como a produção gozosa de um objeto.

É essa atividade glossolálica, comparável estruturalmente a chupar o dedo, que faz com que, para o ser falante, os sons da língua não sejam apenas uma materialidade simplesmente física ou físico-fisiológica, mas um objeto de pulsão.

Se nos virarmos agora para o lado da fala, somos levados a estabelecer um postulado e a formular uma questão.

O primeiro diz: "É porque há endereçamento ao Outro antes de toda fala que no lugar cavado por essa demanda haverá um sujeito da enunciação".

A segunda: "O que está *escrito na fala* antes de toda 'escrita'?".

Poderíamos responder assim, como se se tratasse de uma prova pelo absurdo: se não houvesse escrita na emissão sonora articulada, ela seria irrealizável.

Essa escrita que é o arcabouço de toda língua tem por característica ser a-semântica.

A condição para que uma criança invista o conjunto dos traços distintivos, prosódicos, de entonação, de contorno que fazem a singularidade da língua é que ela se interesse pelos conjuntos de oposições binárias que estruturam a fala e a tornam possível. Esse interesse provém do fato de ela tirar prazer do vazio e não apenas do pleno, o que lhe permite bem cedo registrar que o vazio não é uma carência a ser preenchida, mas jogo de oposições, de diferenças e de repetições. Esse investimento encontra a sua fonte não na alegria da presença oposta à ausência, pois a presença sozinha é aniquiladora, mas da presença sempre emoldurada em e pela ausência.

A oposição estrutural primeira é, portanto, de quatro termos: ausência de uma presença, presença na ausência. Essa estrutura é a que permite que as oposições da língua sejam gozosas.

Se tivéssemos apenas uma oposição de dois termos, presença/ausência, uma destruiria a outra, e é o que a criança psicótica nos mostra: ela segmenta as oposições, não as tolera: entre estridente/mate, grave/agudo, sonoro/surdo, nasalizado/não nasalizado, ela não pode passar de um ao outro e ancora-se num único elemento, e para sempre.

As crianças reconhecem os traços distintivos e todas as oposições binárias da língua antes de poder respeitá-los, e ainda que tenham decidido não respeitá-los. Se um adulto reproduz um fonema que foi explorado pela criança, ele se verá lembrado à ordem imediatamente por um gesto ou uma fala que lhe dirá secamente que não é assim.

Quando uma criança substitui de maneira permanente um fonema da língua por um som que ela inventa, a razão disso não é nunca uma dificuldade qualquer no nível fonador. Exceção feita, naturalmente, das dificuldades próprias de cada língua e que se explicam, para todos os que estão se tornando locutores, pela tensão que existe sempre entre leis fônicas diferentes. A razão dessa substituição é uma rejeição seletiva na língua tomada como um objeto que lhe vem do Outro. As letras não asseguram plenamente sua função de limite ao gozo e lhes é oposta uma criação glossolálica *a minima* que, como realização alucinatória, assegura o lugar do sujeito.

Quando dizemos que o arcabouço da língua é sua estrutura a-semântica, isso quer dizer que ela não é da ordem da significação, mas do sentido.

Esse sentido está presente em toda emissão sonora escandida num ritmo situável, em toda frase que respeite a sintaxe da língua, ainda que as palavras utilizadas nada queiram dizer uma em relação à outra. O "nonsensical" é, segundo isto, a inscrição do sentido, servindo de parapeito em seu extremo limite.

As vozes das crianças autistas ou que se tornaram psicóticas ou falsamente débeis arrastam-se, pastosas, ou elevam-se, estridentes, trombando de maneira desajeitada nas bordas de uma língua que não articula, não consente em ser utilizada em sua prodigiosa capacidade instrumental. O que não foi dado a essas crianças realizar é a liberação da voz para além de sua substância como massa inerte, e sua reprodução, por conseguinte, como reflexo de uma oposição na outra.

Elas não puderam tirar prazer até o riso frouxo, como as crianças "normais", da criação insensata dos nomes que preside a passagem do *infans* à criança: a onomatopéia.

Esta está ligada ao efeito da operação da metáfora originária: $S\ (\frac{1}{s})$, significação ao sujeito. Como se diz ela? Lacan resume isso de maneira sucinta e magnífica: "Gato fazer auau, cachorro fazer miau" (*Écrits*, p. 859).

É o jogo com o insensato que permite à criança que passou pelo efeito da metáfora incorporar a estrutura do sentido, pois com este ela pode brincar e, se for o caso, ser também amável.

Como o excesso de sentido para ela é esmagador, a criança autista se proíbe qualquer fonação.

A letra como traçado do signo que faz traço

Quando uma criança normal, ou até psicótica, quer mostrar que gostou da série de televisão "Zorro", ela representa seu personagem, se fantasia com a máscara e a capa, desenha a marca que seu personagem deixa como lembrança de sua passagem ou signo anunciador de sua volta justiceira.

Fabian, quatro meses depois de as imagens cessarem sua estada no não-ser para se tornarem reais, desenhará dois *Z* de grandeza diferente e em lugares diferentes. No verso de uma folha, um Z que a preenche e a barra ao mesmo tempo. Na frente, um pequeno *z* num lado, quase perdido e invisível.

Um grande Z e um pequeno *z* são o mesmo *z*. A grandeza relativa dos dois em nada altera a sua identidade de letra.

Mas "um grande Z", por exemplo o de Zorro, não é igual a um "pequeno *z*", por exemplo o de Fabian. Existe de fato uma diferença, ainda que os dois *Z* fossem idênticos, já que há um *z* e outro *z*.

Voltemos um instante ao Zorro e a seu signo. Não, bem entendido, o signo lingüístico, mas o signo de "ele faz signo", igualmente presente numa fórmula como "está assinado...".

O signo, seu signo, Zorro o traça com a ponta da espada sobre um pano, na areia, na pele de um inimigo, numa rocha.

Para uma criança hispanófona (Zorro é mexicano), seu nome significa raposa e, em todos os países dessa área lingüística, esse nome é um adjetivo muito comum e valorizador, sinônimo de astúcia. Para uma criança grega, o *z* que anuncia sempre sua volta pode significar "viver", já que o *z* é a primeira letra de Zetheîn. Para um francês, o *z* não pode deixar de se associar, grande ou pequeno... ao pipi [*zizi*].

Mas, enquanto tal, esse signo traçado com um movimento preciso da mão, tal uma caligrafia, é o traço que representa seu autor junto a todos os outros e o faz diferente deles, sejam quais forem: personagens da série ou crianças e/ou adultos que olham.

Ao desenhar um grande Z num lado da folha e um pequeno *z* do outro, Fabian nos mostra que chegou ao conceito que assegura a identidade entre rastro e traço, a identidade na diferença. É porque há um grande Z que barra toda a página, ou toda a tela-página, que pequenos *z* podem se escrever em seu avesso.

Fabian, feito um raio, assinala que, ao traçar duas vezes o *z*, ele chegou a produzir a distinção entre o Um e o Outro. Um Um que não é o Outro e um Um que o é.

Por isso, traçando-o mais fino ou mais grosso, mais inclinado, ao avesso, direito, com volutas ou arabescos, ele descobre que, na repetição do que é comum para todos, há a borda para marcar o que é singular.

Mas não sabemos se ele produziu isso para ele e para nós, ou só para nós, nem a que axioma de escolha ele recorrerá para dar ao Um e ao Outro uma sintaxe. Não vai acontecer o mesmo, no caso, se ele escolher "o Um, não o Outro" ou "não o Um sem o Outro". Isso ignoramos.

A insatisfação fundadora, a intricação pulsional e a foraclusão originária

Estabelecemos a hipótese de que não há, entre os autistas, processos primários governados pelo princípio de prazer. Estes só vão começar a existir se as condições de instauração de um tratamento – demanda dos pais, extrema juventude da criança, disponibilidade do analista – surgirem. Aliás, podemos afirmar que o tratamento começa quando esse par processos primários/princípio de prazer começa a existir de fato.

No campo analítico, estamos no entanto longe de ter uma definição comum desses princípios.

Como Freud os havia definido?

> "A tendência maior à qual esses processos primários obedecem [...], nós a designamos como princípio do prazer-desprazer. Esses processos tendem a obter um ganho de gozo; é de atos como esses, capazes de despertar desprazer, que a atividade psíquica se retira[3] (Recalque)".

---

[3] A tradução francesa, modificada por nós, figura em *Résultats, idées, problèmes*, I, Paris, PUF, p. 136. "Die oberste Tendenz, welcher diese primäre Vorgänge gehorchen [...]; sie wird als das Lust-Unlust-Prinzip bezeichnet. Diese Vorgänge streben danach Lust zu gewinnen; von solchen Akten welche Unlust erregen können, zieht sich die psychische Tätigkeit zurück (*Verdrängung*)" (Freud, *Formulierung über die zwei Prinzipien der psychoanalytischen Geschichte*, SA, Band III, p. 118, Fischer Verlag).

Há, portanto, esta noção fundamental: os processos primários são atos que buscam um *ganho* de gozo. O princípio de prazer, que comanda o recalque, é disso uma inibição ativa – daí o fato de Lacan o chamar "princípio do mínimo prazer" – de que uma das vertentes é fisiológica. É aí que se enraíza a linguagem.

Freud continua assim:

> "Primeiramente, a falta da satisfação esperada, a decepção, teve como seqüência que essa tentativa de satisfação por vias alucinatórias foi abandonada[4]" (*ibid.*, p. 136).
> "A insatisfação resultante é ela mesma um fragmento de realidade[5]" (*ibid.*, p. 140).

O fato de a satisfação esperada fazer falta não quer dizer que não haja satisfação nenhuma, e sim que a satisfação esperada não é aquela que foi obtida.

É a própria satisfação, em razão de sua realização, que produz um menos, um limite inatingível pelo fato mesmo de ser atingido.

O alemão "*ausbleiben*" pode ser traduzido tanto por "fazer falta" quanto por "faltar", assim como por "ficar fora". Ponhamos, pois, lado a lado:

A satisfação esperada fica fora.

A insatisfação resultante é um fragmento de realidade.

Esse "fora" que é um sinônimo da falta, do defeito constitutivo do gozo, não é preexistente, e sim fundado pela presença de uma espera que resulta, não da frustração, e sim da satisfação em si mesma. Satisfação que faz limite, horizonte, situando-se tanto como o além invisível desse horizonte quanto como o avesso do aquém, como seu suporte.

Sem essa espera, sem essa *Erwartung*, não só não haveria uma reserva de satisfação, uma *outra* satisfação a ser explorada, mas, mais grave, o aparecimento do "fora" como um sucedâneo (idêntico e diferente a um só tempo) do "dentro" estaria comprometido.

Esse defeito constitutivo da satisfação pode não se realizar. Então, o

---

4 "Erst das Ausbleiben der erwarteten Befriedigung, die Enttäuschung, hatte zur Folge, dass dieser Versuch der Befriedigung auf halluzinatorischem Wege aufgegeben wurde" (*ibid.*, p. 18).

5 "[...] resultierende Unzufriednheit selbst ein Stück der Realität ist" (*ibid.*, p. 23).

real da vida vai ficar profundamente perturbado com isso. Pois a falta na própria satisfação é o que Freud chama "*Not des Lebens*", a urgência da vida, que impede que o sujeito morra na satisfação do gozo. É porque a própria alucinação é insatisfatória que a criança pode, mesmo dormindo, chorar e acordar.

Sem esse furo fundador, não há urgência da vida, a vida não se opondo ao gozo. E a criança vai estar permanentemente tanto adormecida quanto acordada, nenhuma fronteira temporal podendo ser estabelecida entre os dois.

Essa insatisfação no cerne mesmo do gozo, que é o fato da vida, cria a antinomia real que vai permitir o enquadramento de um espaço apto à inscrição de diferenças.

A insatisfação é do lado do objeto o que é a angústia real do lado do Outro. Dessa distância se origina a demanda.

Sem uma satisfação esperada que falta, não há espaço para que o objeto que supostamente pode fazê-la atingir seja pedido a um Outro. É por estar presente que essa satisfação esperada faltante permite, no caso, a simbolização do fora.

Lacan, em 1976, emitiu a hipótese de uma foraclusão originária mais fundamental que a do Nome-do-Pai, que ele chamou foraclusão do sentido pelo real.

Freud, em 1925, em "A denegação", postulava uma rejeição (*Werfung*) do mau, utilizando a mesma raiz verbal que a do "mecanismo" das psicoses para dar conta da função do real.

Pensamos que o autista está em falta de foraclusão originária, em falta de uma perda fundamental que põe em movimento a auto-reprodução da estrutura cujas modalidades são contingentes.

Melanie Klein tentou dar conta dessa operação, chamando-a "*deflection of the death instinct*".

Quando essa foraclusão do sentido não for efetuada, impedindo assim a identificação primária com o pai primordial, a segunda foraclusão, que atinge o pai da metáfora, também será a do filho, que continua a rejeitar tudo o que lhe é estranho.

Só podemos formular, para compreender, esta explicação:

– a primeira foraclusão, a do sentido, refere-se a um gozo não sexual que, sozinho, uma vez posto para fora, pode deixar o lugar à constituição da sexualidade pulsional. Ela é fundadora da estrutura;

– a segunda foraclusão é aqui não só aquela que *espera* o sujeito no Outro e que o precede – sendo a chave das psicoses adultas –, mas também a resposta de um filho, que não pôde efetuar a primeira e que impede a instituição da metáfora pelo fato de se opor ao gozo fálico do pai. Como resposta – isto é, como defesa –, ela opera numa confusão de registros entre gozo e função e se revela própria à psicose que começa desde a infância.

Uma vez efetuado o vazio constituinte, a alucinação que o envolve ainda não tem fonte pulsional mas se origina num corpo que é a um só tempo superfície visual – tátil – olfativa – auditiva – quinestésica.

O corte pulsional vai dar à tela alucinatória um quadro e é esse quadro que permite pensar o que é a intricação pulsional.

Com efeito, o que queria dizer Freud quando falava dessa misteriosa *Triebmischung*? Que sem uma justificação simbólica da intricação é inútil falar da desintricação como efeito – como monstração – da própria essência da pulsão: pulsão de morte.

Intricação quer dizer, para nós, que uma pulsão se sustenta da outra e que, graças a essa sustentação, a demanda é articulável.

No que diz respeito à voz, diremos que ela pode fazer furo, apoiada num sinal do olhar do Outro que a torna legível.

Quanto ao olhar, ele é enquadrado pela voz que lhe dá: Veja!

É só porque podemos procurar com os olhos uma voz que podemos ser chamados pelo olhar.

As pulsões, por serem o alicerce da fantasia, são, quando o tratamento o impõe, isoláveis como demandas. Mas o que distingue o funcionamento delas é o fato de se significarem. Assim, da mesma maneira que os pacientes psicóticos, por estarem fora do discurso, nos questionam sobre o nosso enraizamento na estrutura e, se lhes permitimos, fazem disso a teoria – colocando-nos todas as vezes em questão –, as crianças autistas nos dão uma luz rasante e uma ampliação deformadora, mas verdadeira ponto a ponto, do que foi para nós nosso apego a um real de que não sentimos saudade já que ainda o sentimos atraente.

O que os autistas nos ensinam da fala A foraclusão do sentido

Jérôme, Fabian e Jessica revisitados

Jérôme

Uns vinte anos depois de começar a atender crianças autistas no hospital e em consulta privada, a questão sobre o que fez com que alguns tenham conseguido falar e outros não[1] ainda continua para mim enigmática, obrigando-me a voltar ao relato de seus tratamentos, até mesmo à distância teórica que poderia ter-se aprofundado entre a maneira que era outrora a minha de ler o que lá se passava e a maneira de hoje.

Ao reler as notas do primeiro ano de tratamento com Jérôme, e sobretudo as primeiras sessões[2], o enigma permanece inteiro. Como uma criança de três anos que não falava – exceto emitindo alguns sons desarticulados que não pertenciam à língua[3] –, não andava – exceto se arrastando de quatro –, pôde de repente ter êxito, ao fim de um único mês de entrevistas com a mãe e o pai, em que ele estava presente:

---

[1] Cf. capítulo 1.

[2] Cf. capítulo 2.

[3] Esses sons desarticulados serviam, decerto, para chamar o Outro, mas, como não formavam oposições, não o faziam mudar de registro e, como não pertenciam à língua, eram sem utilidade alguma para que um deles permitisse incorporá-la como tal.

– em pôr três bonecos de madeira numa cama;

– em pôr a própria cama num quarto da casa – jogo de construir encontrando-se na mesa de jogo do consultório do analista;

– e, sobretudo, uma vez acabado, rir disso às gargalhadas, erguendo-se, pela primeira vez com toda a sua altura, para conquistar, incontinente, sua estatura humana?

A primeira surpresa foi esse próprio acontecimento. A segunda, que perdura hoje ainda como enigma, as articulações que ele criou. Como uma criança, antes de falar, de dizer tudo o que os bebês e em seguida as crianças bem jovens dizem até o momento em que contam, como essa criança, nas condições em que se encontrava, tinha podido contar até três[4]? E não se tratava apenas de contar, pois, esses três, ele os tinha posto na cama! Certo, a mãe me falava dele e, mesmo que ela não tenha dito, foi provavelmente durante essas sessões que, pela primeira vez, ela falou de seu filho, em voz alta, a alguém que ela investira – que ela supunha ser detentor de um saber sobre ele.

A primeira conclusão que devemos tirar é que Jérôme, durante esse primeiro mês de trabalho, *leu*, de uma hora para a outra, o aparecimento de algo que aparentemente não existira antes: que ele contava para sua mãe, pois ela contava a um Outro o que ele fazia ou não fazia em casa, no jardim de infância ou na casa da babá.

O que também nos obriga, por nossa vez, a nos perguntar se a mãe alguma vez contara ao pai esses pequenos fatos da vida cotidiana ou se, mesmo que fosse o caso, o lugar que o pai ocupava em sua fala como destinatário desta era suficiente para que o filho registrasse essas trocas como algo que dizia respeito a ele mesmo. Se fala havia, esta não devia nomeá-lo. Embora a mãe falasse com o pai, a qualidade deste enquanto tal não devia resultar da emissão sonora, embora esta fosse perfeitamente sensata para seu destinatário. Algumas vezes, nas trocas domésticas, o lugar nomeante do nome é

[4] Isso coloca igualmente uma questão – temível: o que é uma contagem real antes que haja uma noção de conta 1, 2, 3...? Que pelo menos, é o que Jérôme nos mostrou, que pelo menos até três, e talvez "o seguinte", o gozo pode contar, sem que haja de antemão noção aprendida. E isto antes mesmo do estádio do espelho. O que indicaria, hipoteticamente, que essa contagem "real" preexiste a ele.

profundamente ignorado, inexistente ou esmagado a vida inteira[5]. Evidentemente, não se trata de saber isso para criar esse lugar e reconhecê-lo, pois só o amor, e em certas condições, pode fazer com que ele exista.

Entretanto, tampouco podemos dizer que, antes do início do tratamento, Jérôme não contava para sua mãe. Seria tanto injusto para com os sentimentos que ela tinha por ele quanto aproximativo em relação a nossa própria exigência teórica. A questão a ser feita, no que diz respeito a esse primeiro mês de sessões, seria antes: qual fora a mudança, no próprio registro da fala, no que a comanda à sua revelia, para que seu próprio advento ocorresse, a saber, que a fala do Outro desse lugar à fala do sujeito?

Ora, uma vez conquistada a fala, ainda estamos na ignorância, continuamos sem saber por que esse atraso ou esse adiamento dos tempos regrados de antemão, para que esse dom e esse domínio se tornem efetivos, vai se mostrar tão inexorável. Em outras palavras, por que o fato de contar para a mãe não contava para ele? Por que ele era fora de conta, o fora-de-conta como tal?

A semelhança com o mal-entendido do diálogo amoroso não é fortuita. Um pode contar para o outro, mas ou ele não sabe disso ou então não espera que uma marca lhe permita levá-lo em conta.

Foi Jérôme quem nos indicou o acontecimento que nos levou a escrever, pois no momento mesmo de se saber contando para o Outro, ele contou três, fazendo o vazio – furando o Outro – em seu corpo.

Por isso, nossa questão será saber o que pudemos acrescentar, sem saber, para que isso fosse possível, o que pudemos subtrair ao impedimento radical no qual se encontrava a função do pai[6]?

---

[5] Quantas vezes devemos intervir, junto aos pais de uma criança para a qual pedimos uma análise, e lhes dizer, para responder às suas interrogações sobre as precedências, que a igualdade social e política entre o homem e a mulher não é forçosamente isomorfa às suas funções de pai e mãe. A igualdade dos sexos, sendo quase sempre entendida como ausência de diferença, não facilita aos filhos separar-se da mãe. Nossa época será aquela em que teremos conhecido – e isso só faz começar – a mais violenta revolta contra a diferença dos sexos como referência real dos sujeitos. E é bem possível que essa revolta constitua o pedestal de uma outra forma histórica de defesa contra o mal-estar na civilização.

[6] O que não dá como resolvida a questão da foraclusão.

Dois meses depois, brincando de comidinha, Jérôme se aproximou do analista que falava com sua mãe, fingindo engolir o boneco azul que ele tinha colocado na xícara de café.

Mas, embora ele tivesse nomeado o boneco "papai[7]" e que fosse esse jogo, com toda certeza, que lhe tivesse permitido se apossar da linguagem, o primeiro nome que Jérôme vai pronunciar não será o dele, mas o do analista. É esse nome que vai lhe servir para se diferenciar de seus amiguinhos do jardim de infância. Mais tarde, ele dirá a esse respeito: "Os outros não vêm ver o Dr. Y".

Além disso, a transferência da mãe, que possibilitou a atenção que de imediato Jérôme nos deu, não permitiu a ela recriar um vínculo com o marido – nem a este com sua mulher –, que no caso jamais existira, o que teve por conseqüência que a passagem do analista ao pai nunca pôde ser esboçada.

Foi *a posteriori* – uns dez anos depois – que pudemos ler a inscrição dessa cena, em que o nome do analista foi o primeiro nome pronunciado, durante um gesto silencioso que lhe deu todo o seu alcance e esclareceu a posição na qual o analista tinha ficado enclausurado.

Um dia, saindo do consultório, Jérôme de repente descobriu na porta a placa com o meu nome e, com o olhar brilhando – toda a expressão de seu rosto o acompanhando num gesto de deslumbramento –, assinalou esse nome com o indicador apontando para cima, manifestamente em intenção de sua mãe que, percebendo, o envolveu com seu olhar, sorrindo a um só tempo ao filho e àquele que trazia esse nome – e a mim mesmo que observava a cena.

Parece-nos que na análise de crianças – e, nelas, os tratamentos com crianças ditas autistas só fazem sublinhar fortemente os traços – a relação com o analista do pai que pede o tratamento provoca remanejamentos na economia libidinal da família, revelando elementos constitutivos que só a transferência pode mostrar.

A mãe de Jérôme encontrou na transferência, de modo imediato, "natural", o que era o próprio alicerce de seu ser: o amor pelo Nome. Foi esse amor, no qual as intervenções do analista não contavam para nada[8],

[7] É evidente que tudo foi tentado para que o pai pudesse ter a melhor relação possível com o filho, apesar da oposição selvagem deste último.

[8] Só contou, evidentemente, este fato espantoso e inesperado: Jérôme falava!

que permitiu a seu filho, de modo tão rápido e tão surpreendente, tomar em si o osso da linguagem, ou seja, o que a torna boa de ser comida. De qualquer modo, do lado da mãe, o nome enquanto tal não estava duplicado com o que o torna apto a criar não só o vivo, mas o amor sexual. Esse amor pelo puro nome, neste caso o do analista, não podia deixar de repercutir sobre o pai de seu filho, experimentado que era, tanto pelo fato de ter um filho homem, o herdeiro do nome, quanto por sua certeza, verdadeira mas impensável a um só tempo, de que este nunca poderia de fato portá-lo. Curiosamente, sua mulher encontrou no filho um aliado inesperado, um intérprete para além de toda esperança na tarefa que era a sua, pesada e silenciosa, de manter a todo custo a cisão entre Nome e Falo. Com efeito, Jérôme se opôs selvagemente a toda incidência do gozo de seu pai no campo frescamente conquistado de sua relação com a mãe, e isso antes mesmo que algumas mancadas do pai o pusessem contra ele. Beneficiando-se de modo apenas muito fraco de um investimento fálico por parte de sua mulher, sua fala não devia ter muito um valor *normativo* – ou seja, *legitimador* – para seu filho. E ele mesmo não estava em condição de impor uma orientação fálica que lhe faltava, aquém daquela que sua mulher poderia ter-lhe atribuído, limitando-se a exigir do analista, sem notar seu próprio mal-estar e sua palidez angustiada, que lhe curasse rápido o filho, pois temia que este – na idade de três anos – o apunhalasse. Ilustração atordoante do lugar que uma criança bem pequena que ainda não fala pode tomar como próximo de um homem em quem a função fálica não está inteiramente duplicada[9] da metáfora paterna.

O que havia tornado possível a fala foi também o limite encontrado por Jérôme para que um segundo tempo inscrevesse metaforicamente o que o analista havia aberto como tempo "primordial" de escrita do real.

A transferência da mãe para com o analista – ainda que apenas como Nome – furou o Outro, esvaziando-o (de uma parte) do Gozo que lhe é próprio. Isto bastou para que falo, Φ, acontecesse para o filho, cessando de não se escrever. Foi esse acontecimento que abriu todo o desenrolar do

---

[9] Duplicada querendo dizer também que a metáfora paterna se escreve uma primeira vez como função fálica.

tratamento, nos esclarecendo, pensando bem e *a posteriori*, sobre a identidade entre Falo e furo[10] que só o ato está apto a realizar. O que permite afirmar, COM provas em apoio, que é unicamente em e pela falta no Outro que há Outro.

Talvez a análise de Jérôme pudesse ter chegado à legitimação de sua fala[11] se o analista tivesse podido persuadir seus pais de que só há efetivamente lei da fala quando ela se exerce sob a primazia – a *Bedeutung* – do falo. Ou seja, que ele deve ser atribuído àquele que traz o Nome-do-Pai.

Os quatro desenhos

Durante o que insistimos em chamar a primeira sessão, um segundo acontecimento viu o dia após aquele dos três bonecos colocados na cama e esta num quarto da casa.

Jérôme se aproximou da escrivaninha, pegou cores, três, e fez um primeiro desenho. Ele fará dois outros nas sessões seguintes e não fará mais desenhos dessa ordem durante dois anos. Durante esse tempo, brincamos essencialmente de comidinha[12] e, se usou as cores para desenhar, foi para rasurar, depois, conscienciosamente, tudo o que poderia precisamente parecer com um desenho, de modo que eu não pudesse nunca gozar dessa imagem, nem lhe dar sentido.

Esse primeiro desenho foi feito às pressas, num raio, da mesma forma que os dois seguintes, com as canetas hidrocor empunhadas e o

[10] Como mostra, em seu livro *Clínica dos fracassos da fantasia*, inédito em francês, Silvia Amigo, psiquiatra e psicanalista argentina, essa identidade nodal se escreve em Lacan Φ para o furo do real, S_1 para o simbólico e $-\varphi$ para o imaginário. As três letras correspondendo às três identificações freudianas.

[11] Isto também se coloca em tratamentos clássicos de adulto e em análises didáticas. O que indica que a relação entre lei e fala se coloca em todas as estruturas, não só no sentido da entronização da lei, mas da dificuldade de que esta se efetive a um só tempo como interdição *e* legitimação, essa segunda modalidade sendo bem mais difícil de fazer existir.

[12] Depois de ter nomeado “Papai” um boneco azul que ele fingira engolir, tendo-o colocado numa xícara de café.

rosto feliz, um grito saindo da garganta. O gesto foi preciso e os traços longos e seguros[13].

Assim, pode-se ver, à direita, um longo traçado – o mais grosso – que esboça uma cabeça e um corpo composto de uma cabeça e de um abdome. Um outro traço faz uma segunda cabeça e um outro abdome que envolve a figura menor. Há, pois, ou dois corpos ou então um único redobrado que guarda em seu ventre um pequeno, de homem. A cabeça e o rosto estão inclinados sobre o ventre. A criança é feita com o mesmo traço que divide em dois a primeira figura. Há um olho por cima deles.

Embaixo, à esquerda da folha, uma cabeça com duas grandes orelhas e quatro traços horizontais.

O que foi surpreendente quando Jérôme executou esse desenho continua sendo hoje, a saber, que, no caso, é impensável, examinando com atenção, que sua mão não tenha sido guiada por uma forma preexistente ao cumprimento realizado.

A questão muda colocada no desenho por Jérôme era a do estatuto dessa forma e do saber que nela se representava.

Uma mulher grávida que se inclina sobre seu ventre contendo um bebê, feito com o mesmo traço que a outra figura que se encontra atrás das costas da mãe...

Esse desenho era efetivamente espantoso por parte de uma criança que se erguia pela primeira vez aos três anos e não falava. O que não sabíamos naquele momento (e não podíamos efetivamente saber) é que essa cena e esses desenhos não só anunciavam, mas produziam efetivamente a incorporação da fala em Jérôme.

Anos mais tarde, outras crianças autistas anunciarão a entrada e a inscrição da fala e da voz nelas pelo mesmo tipo de desenho: uma mulher grávida com um bebê no ventre.

Esse primeiro desenho – os seguintes, interessantes decerto, não acrescentarão muitos elementos teóricos diferentes – leva a pensar, com uma

[13] Os originais foram perdidos durante a publicação do primeiro resumo na revista *Patio*, nº 12, em abril de 1989, o que nos impede para sempre de saber como as cores diferenciavam as pessoas e o objeto que apareciam claramente desenhados.

certa certeza, numa apercepção do corpo da mãe contendo a criança. Se pode desenhá-los, um e Outro, é porque nesse momento Jérôme está abandonando o interior do corpo materno, porque ele já o deixou. Deixando dele um rastro através de seu desenho, ele não vai mais saber. Nele se representar é o memorial para sempre perdido, o saber para sempre selado de sua estada *ali dentro*.

Como o pássaro de Minerva em seu vôo, a anunciação de que Jérôme se faz o agente assinala tanto a noite de sua estada intra-uterina quanto a manhã de seu nascimento para o Outro. A representação[14] não é tanto o porta-voz do presente, como seu sentido etimológico pode nos fazer crer, *prae est ens*, mas, bem antes, pelo fato de sua própria efetuação, vetor puxado para o futuro. Representar não é, se seguirmos o que ele nos deixa aprender, instalar o que está sob o dia da presença a si, mas, bem antes, despedir um irrepresentável absoluto para, ao cair com ele, dar lugar a uma existência até ali inantecipável.

O desenho também é percorrido por vetores mais ou menos verticais que não têm função figurativa – o que não significa muito que o que pode ser dito figurativo o seja a esse título apenas –, mas marcam a conquista, que acaba de se fazer, da posição de pé, da eretilidade do corpo como tal.

Não faltam desenhos de criança dando essa representação delas mesmas no corpo da mãe. O que é singular nos de Jérôme é a concomitância

---

[14] Embora Freud tenha utilizado essa palavra, que pertence ao vocabulário da metafísica moderna, particularmente do idealismo transcendental, o uso que ele faz dela está em desnível em relação às definições que fixam seu emprego em filosofia. Aqui, não a tomamos por algo que se passa entre o sujeito e a Coisa, como modalidade de presença do objeto – *Vor*: diante/*Stellung*: posição – mas como ex-posição, posição a partir da qual um (novo, se for o caso) sujeito verá o dia. Essa representação não se passa "diante" de um sujeito prévio, mas, bem antes, ela é representância diante do Outro, figuração desnivelada de um tempo que se encerra. Aqui, não se trata tanto do encerramento da representação, no sentido derrideano, que impede o acesso ao real, como com bastante justeza se assinalou a respeito da metafísica, mas de uma representação que, pelo fato mesmo de encerrar, abre. Trata-se, então, de um saber – não subjetivado – figurável se e apenas se for função da letra. Não se trata tanto de uma imagem, mas de uma nodulação: um saber no real que se torna figurável – *dargestellt*.

entre a contagem das três pessoas, o ato de colocá-las numa cama, de colocar-se ele mesmo de pé e de rir disso, e de pegar em seguida três cores para desenhar os três personagens.

O que mostraria, como o olho que está por cima nos sugere, que foi a voz do Outro referindo-se a ele endereçada de um terceiro que permitiu que um olhar se desprendesse e o grafismo assinou com seu selo não só a constituição de uma primeira imagem de si, como os dois outros desenhos tenderiam a mostrar, mas ainda que esse grafismo já era da ordem de uma *literalização* dessa imagem[15].

O segundo desenho representa um corpo filiforme, em traço grosso, que se desprende de um outro, sentado, como se saísse de seu colo. Ao lado, uma cabeça de pássaro sai de seu ovo[16]. O caráter humano da terceira figura fica bem claro e podemos ver também, no interior, uma cabeça de perfil.

Jérôme nos deu a entender o que uma criança "normal" não tem de cumprir: a representação de seu saber de ter estado no corpo do Outro. Pois o falo, ao dar à criança uma imagem tanto real quanto virtual de seu corpo, permite a ela economizar essa representação. Enigma de uma figuração que parece a sombra trazida da incorporação da fala...

Assim fazendo, Jérôme nos permitiu um ganho de saber válido para qualquer sujeito, embora para ele isso tenha advindo um pouco tardia-

---

[15] Essa literalização é a única possibilidade para a imagem se inscrever, como letra, o que quer dizer, graças à significação fálica, nova, de que ela é objeto. O que mostra que os cuidados dados ao corpo da criança podem, se for o caso, não ser "sedutores", isto é, não constituir um investimento suficiente de seu corpo, tendo uma significação fálica vindo do Outro. Quando, no Outro, há somente um gozo Outro nas relações com a criança, o investimento fálico pode advir, mas, infelizmente!, não tendo significação, seu destino será ser expulso.

[16] Seus pais e ele moravam numa casa com jardim num subúrbio residencial e iam com freqüência ao clube de tênis e ao haras. Não verifiquei para Jérôme, mas o interesse das crianças nessa idade pelos pintinhos que saem do ovo não precisa ser demonstrado. O que é marcante é o fato de representar assim o acesso à fala e à motricidade voluntária. De onde se conclui que não basta realmente que a mielinização dos feixes piramidais tenha ocorrido para que o acesso à motilidade aconteça como tal.

mente: que a leitura da fala do Outro, efeito de *só-depois* da significação fálica, permite que a escrita da imagem de si desprenda e ligue a um só tempo voz e olhar como invólucros do objeto. Melhor ainda, ele nos permitiu pensar que toda incorporação da fala põe em jogo, como condição necessária de seu sucesso, não só o objeto olhar, mas o fato de que este tenha sido desprendido pela função de figurabilidade que a "letrificação" torna possível a partir de uma imagem do corpo que não se resume muito à sua aparência visível[17].

Dizíamos que, após esse terceiro desenho, Jérôme não tinha mais desenhado. O que é verdadeiro e falso ao mesmo tempo. Se lhe acontecia fazê-lo, logo depois de me ter visto olhar seu desenho, ele rasurava conscientemente a página inteira de modo a que nada da ordem de uma forma sensata pudesse ser lido por mim, como se ele supusesse que eu – o Outro – gozasse de suas produções e como se ele devesse, para se proteger, me impedir, como se o que ele desenhava fosse realmente seu corpo próprio e não uma simples produção descartável fadada, em suma, a uma perda sem conseqüências.

Assim, não sabemos por que o poder mortífero do olhar se exercia exclusivamente sobre as representações dele mesmo em duas dimensões e não sobre seu corpo mesmo, ainda por longos anos.

A única hipótese que podemos emitir sobre isso é que se tratava de um negativismo anterior à inscrição do símbolo da negação, negativismo atribuível ao "atraso" ocorrido no tempo necessário para que a identificação primordial se constituísse.

---

[17] Essa antecipação da figuração em relação à inscrição do unário nos parece ilustrar, como pode fazê-lo um feixe de luz negra, o que Lacan formulava em 1961, quando fazia seu Seminário sobre a escrita e afirmava que as pinturas de Lascaux eram anteriores às inscrições dos traços verticais, dos unários, sobre pedaços de ossos. Gérard Pommier escreveu sobre isso páginas bem pertinentes em *Naissance et renaissance de l'écriture*, Paris, PUF, 1991. Entretanto, não damos, aqui, exatamente o mesmo sentido que ele ao conceito lacaniano de significação fálica.

Mit allen Augen sieht die Kreatur
Das Offene[18]
Rilke, *Les élegies de Duino, VIII*

[18] "Com todos os seus olhos a criatura vê/no Aberto", tradução de Armel Guerne, ligeiramente modificada, Paris, Le Seuil Littérature, 1974.

Dois anos depois, Jérôme desenhou a lápis uma cabeça de mulher de uma rara beleza, muito surpreendente da mão de um menino de cinco anos para que eu lhe dissesse isso. Ele fez sim com a cabeça e desenhou, incontinente, sorrindo com muito prazer e uma grande placidez, uma criança a seu lado. Depois disso, rasurou uma última vez todo o desenho e, recusando-se a andar e a descer da escada, fez-se transportar nos braços da mãe e ficou doente a semana inteira. Como se o desenho dele mesmo separado da mãe o tivesse mergulhado num luto que nenhuma função paterna, nem mesmo a presença do analista – durante a sua ausência entre duas sessões – era forte o bastante para impedi-lo de lá sucumbir. A doença física foi a saída provisória, mas não a única, dessa carência.

De fato, seus três primeiros desenhos são letras, que marcam a passagem do falo real entre a linguagem e seu corpo. Mas, sujeito emergente que começava a se desenhar, não legitimado pelo fato da ausência de metáfora paterna, Jérôme vai exercer por si mesmo uma rejeição fundamental: essas letras, rastros e traços que marcavam uma perda de gozo do Outro real, ou da Coisa, esboçando uma primeira divisão, também não podiam nem deviam ser preenchidos com gozo.

Sabemos, desde *O homem dos lobos*, que um sonho pode funcionar, *nachträglich*, *a posteriori*, como cena traumática. Da mesma forma, para Jérôme, seus desenhos eram reais: estes representavam, como tais, separar-se da mãe como Outro real, mas nada podia advir nesse lugar para legitimar o Outro em seu caráter simbólico. O que corresponde, na lógica do sujeito, a poder começar a contar a inexistência como Um.

Por isso os progressos do tratamento eram pontuados por passagens no vazio, durante as quais ele recusava se mexer, falar, ficava doente; depois disso seu manejo da fala, tanto em sua vertente gramatical quanto no uso de novas expressões, conhecia um novo salto.

Quando a escola exigir dele – assim como de numerosas crianças que acompanhamos – que a escrita dê conta da fala, o obstáculo da letra vai no entanto se afigurar intransponível.

Como se a impossibilidade de fazer passar o traço da letra do real pelo imaginário barrasse para sempre não só a aprendizagem da escrita alfabética, mas impedisse a existência da letra simplesmente, que outorga um lugar de identidade ao turbilhão da diferença, pois é este o lugar do significante na fala[19]. Por não ter essa função, que faz passar do real do rastro ao traçado imaginário *através da contagem simbólica*, o vazio que o atraía no início do tratamento não terá à sua borda as letras que asseguram cada um dos três registros.

Para que uma forma guie a mão, sem que o sujeito saiba nada dessa relação, essa forma precisa ser suficientemente investida. Uma vez cumprida a aprendizagem da escrita, poucas pessoas continuam a desenhar, o que mostra não só o caráter recalcador desta, mas também seu parentesco necessário, e perdido, com a imagem de si e a do Outro. Imagens que o pintor continua a encontrar e a construir mesmo na mais abstrata das composições.

Jérôme nos ensinou que, bem antes da do espelho plano, essa primeira imagem do olhar desprendido do corpo, unida à eretilidade deste e ao traçado de suas bordas, entrava nas condições fálicas da escrita. A mão que pega o lápis pressupõe e separa a um só tempo o olhar desta, olhar que enquadra a cena onde ele pode, por esse olho, ver-se visto no ventre materno, e de lá sair.

Seus desenhos foram uma escrita contemporânea à emergência da fala e fazem parte de sua própria trama: tanto são efeitos de sua capacidade de significação quanto pontos de apoio internos à sua efetuação.

Uma anamorfose singular

Por isso, um outro traço do tratamento não cessou de ocupar nossa mente, sob a forma de um fenômeno e de um ato cuja relação permaneceu para nós por muito tempo obscura. O fenômeno consistiu numa mudança progressiva de expressão que se desenrolou lenta mas inexoravelmente, sob os nossos olhos, e que culminou em que de um rosto de criança pequena iluminado pela alegria, pelo riso, pelo bom humor, e sem nenhuma marca

---

[19] Como é tratado no capítulo "O que é um conceito em psicanálise...?", as letras incisas graças ao Falo não adquirem estabilidade, nem mesmo representabilidade sem que o Um, efeito da metáfora paterna, tanto significante separado dos outros quanto diferença, lhes assegure consistência de alfabeto.

aparente da afecção com a qual trabalhávamos, Jérôme acabou ficando – após a conquista da fala articulada e de um uso correto dos pronomes pessoais – com uma máscara primeiramente colada nesse rosto, que depois o substituiu por completo. Levamos um certo tempo para nos dar conta de que essa expressão de debilidade era produzida pelo exagero das pequenas mímicas inconscientes de seus pais.

Se ela apareceu quando suas dificuldades na escola lhe pareceram insuperáveis (impedindo a identificação com os semelhantes de sua idade), a simetria de cada um de seus gestos e de seus tiques dismorfos com aqueles – embora neles inteiramente imperceptíveis – do rosto dos pais mostra que temos que procurar as causas disso em outra parte.

Nossa primeira surpresa foi constatar essa nova identidade que revelava, notavelmente, que o ato de incorporação de fato tinha acontecido. Mas isso não explicava inteiramente a mudança completa de expressão e de rosto. Ora, ele não havia *exagerado* um pouco as mímicas dos pais, o que teria bastado para indicar a identificação, mas, bem antes, as havia *esticado* de maneira quase monstruosa no tempo e no espaço, fazendo com que se parecessem, sem querer, como os gestos de um palhaço.

Esse esticamento deformante com uma correspondência ponto por ponto de repente nos surgiu como uma imagem num espelho esférico, dando a ver, à letra, como o Outro materno não pudera estar, nem mesmo *a minima*, em posição de espelho plano, o que lhe teria permitido identificar-se com sua imagem virtual e, assim fazendo, identificar-se ele mesmo, graças a esta, como sendo *um* corpo. Sem isso, só o espelho esférico fornece à criança o instrumento para formar a imagem do outro com o qual ela se identifica. Daí essa apresentação *anamórfica* de si mesma.

A estrutura da identificação imaginária faz com que todos os sujeitos falantes tragam uma imagem deformada de si mesmos, que serve, a contragosto, de pedestal identificatório não reconhecível, de suporte de evidência às injunções superegóicas e aos sentimentos de desvalorização de que qualquer um sofre de modo temporário ou permanente.

Mas essa imagem deformada e deformante não é acessível à representação, exceto em momentos privilegiados da neurose ou da análise, pois ela foi tornada invisível pela função imaginária da mãe simbólica, representada no esquema lacaniano pelo espelho plano[20].

A mãe tem primeiramente uma função simbólica, de que ela pode ser o agente com a condição de ter uma falta e que esta seja presentificada de maneira tal que objeto algum possa ser aparafusado em suas bordas. O que quer dizer que, se primeiramente a criança vem preenchê-la, é seu não ajustamento que a lançará à descoberta do que ela é para o Outro, pois nada a assegura inteiramente de seu ser.

A imagem do espelho plano é um efeito do furo, em outras palavras, de uma separação real que, por permitir a alienação primordial e o desdobramento do imaginário, assegura em seguida a separação simbólica.

A atração comum pelos monstros, mais ou menos cruzada com um horror indo da rejeição pura e simples à fascinação erotizada sem jamais fixar-se na indiferença, é o memorial dessa imagem anamórfica no espelho esférico, de que não temos, cada um, lembrança, mas que insiste sempre pesadamente em nosso sentimento de impotência, de burrice ou de feiúra. Talvez seja apenas para fugir dela que tantas pessoas colam tão perto na imagem do outro ideal, não deixando brecha alguma entre os dois.

A máscara de debilidade com a qual se identificou Jérôme foi o resultado da impossível conquista *a minima* de um eu [*moi*] ideal, junto à percepção muito clara de sua diferença, pelo menos no que diz respeito às suas aptidões intelectuais, com as crianças de sua faixa etária. A identificação com o nome do analista não foi suficiente para que este conseguisse substituir um desejo materno que nunca tivera as mínimas relações com o falo, fracassando por isso em lhe dar uma orientação no gozo.

[20] No vocabulário nodal, pelo imaginário do simbólico, o que quer dizer pelo valor imaginário dos significantes que, tanto por não saber e igualmente sabendo, nos constituem. Esses significantes são tanto essas palavras que nos foram endereçadas quanto aquelas que nós mesmos criamos como leitura dos signos que nos vinham do Outro. Mas não sabemos bem distingui-los. Não é tanto por uma simples leitura, mas por uma reescrita que teremos a chance de "alterar" ou de "outrificar" o sentido.

O falo, a motricidade, a fala

Já contamos em detalhes como Jérôme chegou em nosso consultório e as mudanças sucessivas que ele conheceu ao longo dos primeiros anos de tratamento. Mas devemos aqui refazer um breve recorrido para mostrar outro aspecto disso que se situa nos limites da psicanálise e que, por esse fato, situa a sua própria fundação.

Jérôme, portanto, só avançava se arrastando no chão, não deslocava a cabeça no sentido rotatório, não mexia os olhos, não articulava fonema algum; só um som rouco podia sair de sua boca.

Podemos resumir sua situação dizendo que os exames neurológicos que ele fizera mostravam que, embora o anel córtico-bulbo-espinhal estivesse mielinizado, nenhum dos pares cranianos que passam pelo bulbo occipital lhe servia nem para se erguer em sua estatura humana, nem para a motricidade voluntária, nem para a articulação da fala.

O que é digno de ser notado é o movimento ordenado pelo qual, a posição de pé começando a ser adquirida e o andar cada vez mais bem afirmado, eles foram seguidos dos movimentos rotatórios da cabeça para dizer não, dos movimentos dos olhos e, ao longo desse processo, a partir da quarta entrevista, apareceu o início dos movimentos da glote e da língua, regulados por pares cranianos que também passam pelo bulbo.

No momento em que a fala era adquirida e em que brincávamos de comidinha, ele mudou por vontade própria o regime alimentar, rejeitando certo dia a papa – único alimento que lhe servia de comida – para pedir de modo imperioso para mastigar carne, algo a que ele até ali se opusera firmemente. Seu corpo, como é normal, mudou em pouco tempo, ganhou músculos, afinou-se e cresceu de acordo com as normas de sua idade. O que poderia querer dizer que os aferentes sensitivos da boca, que pertencem ao mesmo contingente, transmitindo-lhe sensações que não existiam antes, tinham permitido investir os trigêmeos, os nervos mastigatórios.

Esse processo, a que assistimos com muitas crianças, mas jamais com a clareza usada por Jérôme, serve para uma interpretação maior no que diz respeito à primazia nas relações entre linguagem e córtex.

Há uma "complacência" do corpo humano com a linguagem, que é outra, e sem comum medida com a complacência que podemos encontrar entre os mamíferos superiores. A descoberta da psicanálise ver-se-ia, paradoxalmente, reforçada, se a genética encontrasse de maneira formal o grupo dos genes que tornam o córtex apto à linguagem, pois o fato de que pequenos autistas tomados bem cedo em tratamento tenham podido falar sem defeito algum nas estruturas sintáxicas e na construção semântica das frases mostraria que essa aptidão biológica para a linguagem não se basta por si mesma, tendo necessidade de outros articuladores que aqueles que estão presentes na própria linguagem e no corpo.

Melhor ainda, o trabalho com Jérôme e outras crianças indicaria que sem o encontro feliz entre o soma e a linguagem, por um amor criador de gozo, uma grande parte da atividade cortical se acha reduzida a uma ínfima parte de suas possibilidades.

Em outras palavras, talvez possamos num dia próximo, ou em vinte anos, assistir à escrita de um breve ensaio que permitiria separar os autismos de causalidade genérica daqueles de que cuidamos aqui, psicogênicos.

Essa diferença vai constituir, da mesma forma que em 1893-1896, o pedestal pelo qual a psicanálise, embora permaneça extremamente ligada ao progresso científico, e sustentando-se dele, vai mostrar de novo não só a legitimidade de seu âmbito mas vai assinalar de novo que *o Inconsciente é a condição* – na ausência de qualquer doença infecciosa, neurológica ou genética – *do pleno funcionamento do córtex.*

Da mesma forma, o fato de a linguagem presidir ao nascimento da motricidade voluntária reafirma a via primeira traçada por Freud a partir de 1895.

Se é bem verdade que em 1932, nas *Novas conferências de introdução à psicanálise*, ele se mostrou extremamente atento aos progressos da neurologia, não afastando a descoberta de um substrato químico da libido, pois o caráter secretor do neurônio acabava de ser demonstrado, a colheita das descobertas que se seguem há trinta anos em torno dos neurotransmissores não parece – pelo menos para os analistas hoje – questionar que a criação primeira do gozo específico ao homem, não o do corpo, vem do veículo de amor trazido pela fala do Outro.

A homenagem que a humanidade presta ao Falo, até em seus desabonos, é o memorial não tanto da potência masculina, mas do achado da eretilidade do corpo que, dando um sentido ao amor, o dá também à morte.

Fabian[21]

A mãe de Fabian não falava. Ela se limitava a responder brevemente. Onde quer que fosse: em casa, com o analista, com quem quer que fosse. Foi só após uma longa série de pedidos de nossa parte que ela aceitou nos contar, uma única vez e nunca mais, sua própria história infantil, seus pensamentos relativos a eles, ela e o filho, as circunstâncias do parto.

Mais além das peripécias dramáticas de sua vida de criança e de sua adolescência, mais além de seu sofrimento bem real e das provas que ela teve de suportar e que teriam merecido – ela nunca teve como pensar em pedir isso – que se beneficiasse de uma análise, o que nos interessou e que não deixa de ter relação, longe disso, com essas circunstâncias foi esta frase, pronunciada do fundo de seu coração no instante em que, durante uma comunhão solene, o pai, com quem ela não morava mais há alguns anos, passava diante dela sem reconhecê-la: "Não tenho pai, jamais tive". Frase que, dali por diante, marcou a sua vida com uma certeza inabalável.

Essa mesma frase nos foi dita várias vezes por mulheres de estrutura e de origem diferentes, em análise ou em entrevista, e que tinham todas tido um filho autista. E sempre a ouvimos não como a confissão de uma inexistência do pai referente à existência dele enquanto ser vivo ou como a difícil prova de realidade que somos obrigados a enfrentar quando se trata de seu desaparecimento, mas, bem antes, como a conclusão desencantada e sem apelo do que foi sua carência relativa à sua função de investi-las, por seu desejo de pai, enquanto filhas tornando-se mulheres. Marca que nenhuma identificação com a mãe pode substituir na serena identidade do mesmo.

Essa frase assim pronunciada, sem ênfase nem meias palavras, "Não tive pai", não fora para elas o reconhecimento de uma falta que as teria convocado, bem antes do momento de seu proferimento, a lhe procurar um substituto na figura de um homem, fosse ele ou não da idade do pai carente. Ela tampouco tivera como efeito o aparecimento de uma fobia ou de um outro sintoma que teria servido para sustentar a função de um pai distraído quanto ao que seu sexo e sua função lhe impõem como servidão e dívida de seu gozo.

---

[21] Ver páginas 57 a 87.

O "Eu não tive pai" tinha sido desconhecido, mas de um desconhecimento particular e que nos convida a pensá-lo a partir apenas do efeito, identificável no sujeito, constituído pelo nascimento de um filho, que aliás não tem de ser o primeiro, e de onde, então, a vida de todos faz uma báscula para o enigma. Desconhecimento proveniente do fato de que a frase não fora recalcada com seu corolário de busca – assegurar, por repetição, a perenidade da função –, mas de fato deixada de lado, com essa conseqüência assegurada de que o homem escolhido para ser o pai do filho não trará em si o traço paterno que permite a transmissão da função do falo e sua própria legitimação na relação com seu filho. Assim é que esse homem se tornará, no melhor e na falta, o Outro materno do filho para evitar a carência que o aflige. Mas, como não tem disso tudo nenhum saber, será afetado. Além disso, como não foi investido pela mãe de seu filho do traço paterno, ele nunca vai adquirir a legitimidade no uso do cetro. Por mais desejado que fosse esse filho.

Assim, ao pensar a respeito do filho, ao nascer, e embora o pai da criança não estivesse presente, "Ele sabe tudo sobre mim"..., a mãe de Fabian reencontrava aquilo que uma vez, nem que uma só, ela pudera pensar – como toda criança – a respeito de seu próprio pai, antes que a indignidade deste, por um retorno de desabono, a fizesse renegar alguma vez tê-lo tido.

Essa frase, que pode ser delirante, mas não o é necessariamente, assinala a que ponto o desejo dito edipiano – tão desacreditado por alguns hoje – é o alicerce sem o qual o amor por um homem, o amor de um homem podem ficar sem um solo que os sustente.

Durante a sessão em que ela aceitou contar-me sua vida e seus pensamentos relativos ao filho, este brincava na sala de espera separada do consultório por um longo corredor. Na semana seguinte, o pai vai me contar que em casa Fabian havia, pela primeira vez, proferido palavras. Uma semana mais tarde, começará a fazê-lo em sessão. Como se o fato de dar sua história e, mais ainda, seus pensamentos delirantes ao analista não só tivera como efeito aliviá-la – conforme suas próprias palavras – de um peso de indignidade que ela não agüentava mais carregar, mas ainda havia aberto, pela primeira vez, uma via entre ela e seu filho, como mostravam o fluxo de falas e as cifras.

A mãe de Fabian, como outras mães de crianças autistas, não falava com o filho, não por desafeição ou falta de amor, mas mais radicalmente porque o fato de manter uma relação de fala com um bebê que ainda não fala lhe parecia incongruente.

São as conseqüências dessa apreensão tão singular da estrutura que se farão sentir muito rápido na criança, pois o que essas mães exprimem é a não congruência, *vivida como tal*, da relação entre o Um (o 1) – o instrumento de medida por excelência – e o objeto, entre a fala e a criança. Elas não podem crer que haja uma relação entre uma e outra, entre o Um e o Outro, e essa descrença radical, para a qual o pão é o pão e o vinho, o vinho, arrasa antes do acontecimento a potência criadora da fala. Sem unidade de medida, o gozo que a criança representa é incomensurável e absorve a vida pulsional da mãe.

O que essas mães nos terão permitido compreender é que a mãe não ocupa, nem de fato nem de direito, o lugar do Outro: ela deve criá-lo. Sem essa criação de alteridade que tem a ver, num dado tempo, com a função mágica do significante, não haverá, na criança, incorporação da voz. Há um lugar para o Outro apenas se a mãe acreditar nisso, se, para uma criança, ela se acreditar nisso. Sem essa criação, sua ausência não incitará muito a criança no trabalho de domínio simbolizante por intermédio do objeto, pois essa ausência não terá significação alguma.

Quando Fabian conseguiu em sessão desenhar um seis e nomeá-lo, ele descobriu, em pouco tempo, a série infinita dos inteiros naturais, situando sem dificuldade o princípio dos lugares que a regem: unidades, dezenas, centenas, etc. Nesse momento, ele pôde pronunciar instantaneamente todos os fonemas da língua sem hesitação, embora com uma voz metálica e quase não humana, como a voz sintética de um computador.

Jessica

Jessica, aos sete anos, só vira ou ouvira seu pai uma ou duas vezes, e mesmo assim adormecida, alguns meses apenas após o nascimento, quando este último veio, em vão, encontrar sua mãe, tentando reatar. Como pôde ela reconhecer a sua voz[22] vindo de uma padaria quando ela e a mãe andavam na rua numa noite de outono, no meio do nevoeiro?

---

22 Tratar-se-ia, portanto, de voltar à serpente do mar do *experimentum crucis*, outrora tão em voga, mas hoje abandonado para sempre no armário dos brinquedos ideais de uma epistemologia vencida? Nada seria menos seguro, pois não se trata aqui de validação ou de verificação de uma teoria, mas da experiência da vinda de um sujeito ao que o funda.

Ela[23] nos deixou uma questão, para além dos avatares de uma análise que foi exemplar, embora tenha parado cedo demais, marcando para sempre nossa prática. Pois, ao nos mergulhar na própria experiência da radicalidade com a qual a questão do pai foi, sem falas, colocada, ela nos confrontou brutalmente com o *factum* mesmo da questão de uma maneira para nós até ali desconhecida.

Se a leitura de Freud afronta de certa maneira aquele que o lê com o real da análise, como toda leitura, ela não pode deixar de sofrer – por mais determinado que seja o leitor em sua crença no Inconsciente – os efeitos algo deletérios de um desabono sorrateiro ao menos quanto à referência daquilo que a sua letra indica: a saber, a existência do Pai enquanto, segundo Freud, originário[24].

Explicar como um rastro da voz de um genitor desconhecido, jamais visto nem nomeado, pôde permanecer em Jessica nos permitiria avançar em nossas análises e teoricamente mais do que pudemos até aqui.

Ora, a dúvida quanto à existência desse rastro não é mais permitida quando se sabe que, ao escutar o relato que sua mãe fazia ao analista desse acontecimento – acrescentado a seu comentário quanto à sua determinação de não mais revê-lo –, Jessica se aproximou desta para beliscá-la bem forte e, deitando-se na escrivaninha, partir num estado de ausência sonhadora.

Jessica conhecia a palavra "pai", pois ia regularmente à casa dos avós. Sabendo que seu avô era o pai de sua mãe, ela evidentemente se colocara a

---

[23] Ver páginas 15 a 41.

[24] Seguir o ensino de Lacan, parece-nos, não consiste tanto em recusar a existência do originário quanto em não o confinar no reduto empirista do inatingível *porque* muito longínquo no tempo. Em Freud, o valor da palavra *Ur* – o originário, na medida em que acompanha o tempo todo o aparelho que ele faz nascer – não se confunde necessariamente com o valor da palavra *früh* – o que acontece muito cedo, *early*. Essa confusão o confinaria finalmente ao irracional. Lacan mostrou que o originário, ao contrário, era uma lógica, que ele era a estrutura como tal. Uma de suas fórmulas preferidas para dar conta disso sendo: "O que é articulado mas não articulável". O fato de Lacan ter construído uma lógica, com os nós e os matemas, não significa que ela o substitua pura e simplesmente, nem que se economize a enunciação que só pode permitir seu manejo. Com um certo ganho no entanto: tirar o *Ur* do pendor religioso que o confundia com o arcaico.

questão do estatuto do pai dela. Considerações que seriam francamente ociosas para uma criança pequena que fala, mas não o são forçosamente quando pensamos que se tratava de uma menina pequena que nunca havia articulado um único fonema, que se balançava o tempo todo, sobretudo quando sentia uma tensão libidinal, e que não fora, de fato, até ali, capaz de nenhuma aquisição intelectual. Sua mãe estava certa de que jamais a existência de seu genitor fora evocada em sua presença.

Só o trabalho analítico e o lugar que Jessica pôde dar ao analista é que podem explicar as condições de produção de um mais-de-gozar investindo-se no rastro da voz do pai.

De qualquer modo, exceto o fato de que guardar o rastro da voz de um genitor que nunca vimos seja algo realmente notável, esse rastro – esse signo de percepção[25] – não é um significante, não tendo nunca sido rasurado ou apagado. É preciso no entanto considerar que a própria Jessica podia pensar e tirar conclusões, o que mostraria que, na ausência do significante fálico, que não fora incorporado, gozo fálico no entanto existia, e que o gozo raciocina.

Por outro lado, um outro detalhe – articulado certamente ao rastro da voz do genitor – nos torna esse tratamento singular e permite ligá-lo formalmente a outros tratamentos de crianças autistas. Quando a mãe, para lhe proibir o *rocking*, lhe faz o gesto de *Polegar!*, Jessica não faz nada até que esse gesto ocorra em sessão. Quando isso acontece, ela responde exibindo, com um gesto decidido, até mesmo provocador, seus *dois* polegares. É esse gesto inesperado que deve ser interrogado. Ao dizer "Não uma!", sua mãe está se referindo ao *rocking*, ao passo que Jessica, ao mostrar os dois polegares, nega a negação da mãe e de maneira imajada nos significa "Sim, ao menos uma!".

Isto mostra várias articulações bem surpreendentes:

– ela conta: um, dois;

– ao afirmar esse dois, ela nega, mas sem o significante da negação;

– ela interpreta no gesto da mãe uma negação de sua própria existência;

– ela responde contando-se.

---

[25] Em seu Seminário *A ética*, Lacan formulou uma definição do significante fazendo-o equivaler aos *Wahrnemungszeichen* da carta 52 a Fliess. Mais tarde, ele vai preferir, em *Mais, ainda*, falar de rastros aluviais.

De onde nem por isso se pode concluir que ela tenha podido realizar a equação 0 = 1, que é a operação fundadora do sujeito. No momento em que ela deveria ter feito a descoberta da falta no Outro, no momento de ter identificado essa falta e ter localizado, graças ao objeto, um rastro para nele se representar, sua mãe não pôde lhe permitir isso, ocupada que estava por uma perturbação que a acorrentava à hebetude e que a impedia de prestar-se a que a criança simbolize o furo de sua ausência. Não lhe faltava nada, sobretudo não lhe faltava a filha. Seis meses depois, era a filha que não tinha falta dela.

Assim, por seu gesto, Jessica nos esclareceu retroativamente sobre *a identidade da conta e da fala*. Com discernimento, ela utilizou o analista para chegar ao dois, mas, ao recusar contá-lo, incluir em sua conta o que lhe permitia responder *dois!* à mãe, ela se proibiu para sempre a apreensão que permitiu a Jérôme falar: contar o três e incluir o terceiro como o que permite a contagem. Fabian, por sua vez, tinha começado pelo seis e chegara bem rápido à série infinita.

As crianças autistas nos ensinam, graças à análise, a existência de uma função que é articulada, mas não articulável por nenhum sujeito constituído na estrutura neurótica: bem antes da aprendizagem dos números e da adição, só pelo fato de ser capaz de falar, ainda que fosse só começar a fazê-lo, ele conta. Até quatro, até seis, como Lacan começava a teorizar em 1976. O que é certo é que a fala é homeomorfa a uma noção de conjunto em que função do zero e as do mais um ou menos um já estão inscritas.

Aqueles de nossos pacientes que puderam fazer essa apreensão falaram e saíram do autismo. Os outros adquiriram capacidades de relação com o outro que lhes faltava e nos mostram, na falta, a identidade conjuntista entre fala e contagem.

Sobre o enodamento do nó

Um dos efeitos, e não dos menores, do ensino dado por Lacan de seu nó borromeano foi a opinião, mais ou menos difundida nos meios lacanianos refratários aos instrumentos formais, que ele não acrescentava nada ao que já se sabia. Que era ou impossível ou inútil interrogar a própria enodação do nó. E isto apesar do cuidado, tomado pelo próprio Lacan, de precisar onde ele trazia os elementos necessários *a minima* para contar com uma teoria da enodação que pudesse ir eventualmente mais longe que o trilhamento por ele começado. Essa crença tenaz na idéia de que se tratava ali de uma submissão ao empirismo lógico[26] arruinava seu esforço para propor uma escrita do real que a análise tem de enfrentar e explicar assim as modalidades da estrutura que os instrumentos que ele havia antes utilizado não lhe tinham permitido levar em conta. E fornecia para isso uma ferramenta que ele queria capaz de escrever casos clínicos específicos.

Tentemos, portanto, seguir a pista de alguns elementos que permitam fornecer um exemplo que não seja uma simples petição de princípio em que a simples apresentação de um nó ou de uma cadeia suporia em suma bem-sucedidos os esforços para dar-lhe uma tradução conceitual analítica. Sem o estabelecimento de uma tradução – o que supõe nomear a passagem da letra ao nó –, esse procedimento[27] que consiste em desenhar nós talvez tenha algo a ver com a magia. Assim, pensamos que é necessário construir um procedimento que estabeleça relação entre o instrumento formal[28], o significante do discurso e a pontuação de um tratamento.

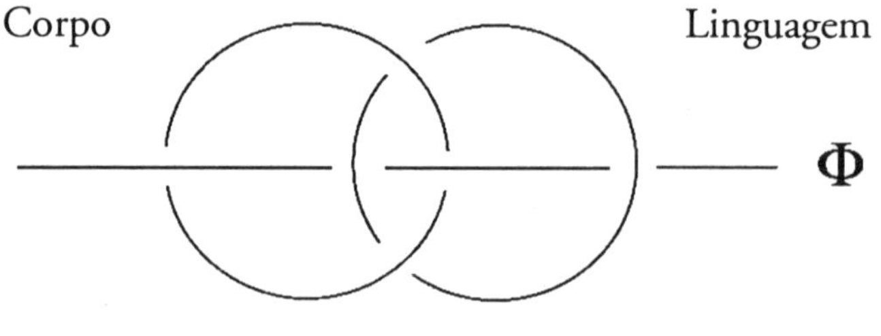

[26] Na realidade, não só Lacan formulou as críticas mais fortes e mais bem fundadas, em análise, isto é, do interior, contra o empirismo lógico, mas, com os matemas e o nó, ele reintroduz na lógica um realismo conceitualista cujas conseqüências ninguém até hoje trabalhou.

[27] Para qualquer outro que Lacan, bem entendido. Pois ele, quando apresentava os nós, estava ao mesmo tempo os criando em seu uso analítico. E o fazia de maneira tal que também nos obriga a lê-los, a decifrá-los enquanto letras.

[28] O único que pode explicar um real que, embora sendo efeito de linguagem, não se deixa apreender pela simples fala.

Se tomarmos um a um os três anéis que constituem o nó, antes que sejam enodados, podemos empilhar dois sem que se enodem. Como mostra a primeira figura *supra*, onde um dos dois passa duas vezes sobre o outro. Mas, nesse *momento lógico* preciso, "antes" do nó, esses dois anéis se chamam simplesmente "Corpo" e "Linguagem" e não "Imaginário" e "Simbólico", sendo a referência perfeitamente empírica. O terceiro anel, na construção que nos ocupa, pode ser substituído por uma reta infinita – tal como a geometria de Desargues, citada por Lacan[29], nos ensina –, reta infinita fazendo furo de tudo o que está em volta, e que passa pelo empilhamento dos dois anéis prévios. Se ela efetivamente passar por baixo e por cima, e somente assim, entre os anéis, e, conforme ela mesma se enodar por cima ou por baixo, eles serão enodados ou não de maneira borromeana.

Se o enodamento foi assim feito tal que tenhamos como resultado o nó que é monstração da estrutura, então sim, poderemos nomear dois desses anéis, "Imaginário" e "Simbólico", mas não antes.

Essa reta infinita é *nomeada* por Lacan, em cada um dos seminários em que ele a trabalha, tanto "identificação primordial" quanto "recalque originário", estabelecendo assim, entre esses dois conceitos freudianos, uma identidade referencial explicitada na letra que ele toma cuidado de escrever ao lado: Φ. É, com efeito, uma indicação importante, ele só escreve a letra e não uma palavra ou um nome.

Ora, quais são as conseqüências, ao menos as primeiras, dessa escrita? À primeira vista, a enodação do nó com suas três consistências não é o resultado da simples adição de "corpo", "linguagem" e "falo". As transformações não são simples, uma a uma, como se poderia pensar, pois se "corpo" se tornasse simplesmente "imaginário" e "linguagem", por sua vez, "simbólica", então só restaria a "falo" tornar-se "real", o que, não sendo falso, seria pelo menos excessivamente redutor e empobrecedor e não explicaria a complexidade da operação.

---

[29] Aliás, ele não só o cita, mas lhe dá novamente o lugar eminente que é o seu na história da matemática, injustamente esquecido pelo fato do lugar tomado pela geometria analítica cartesiana. Ver o volume que reedita suas obras, com uma longa introdução histórica e matemática, "Desargues en son temps", sob a direção de J. Dhombres e J. Sakarovitch, Librairie scientifique A. Blanchard, Paris, 1994.

Se é verdade que "corpo" e "linguagem", no entanto, se tornam "imaginário" e "simbólico", é privados de uma parte deles mesmos, perda imputável à "copulação" comum com um falo que é a razão da mudança de estatuto. Assim, podemos afirmar, seguindo passo a passo a operação de enodamento borromeano, que "corpo" e "linguagem" adquirem seu estatuto nodal apenas em razão da perda que o falo Φ lhes causa.

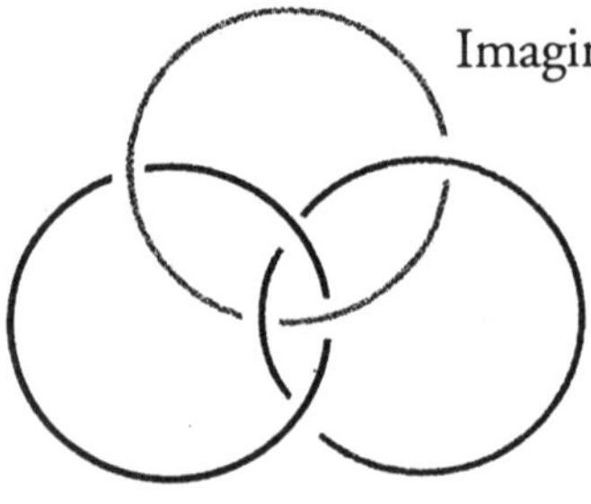

Então, e somente então, é possível concluir com razão que não há estatuto simbólico da linguagem sem a incorporação do falo pelo corpo, que não há estatuto imaginário do corpo sem que a linguagem tenha se tornado simbólica. Que o imaginário se enoda ao simbólico contanto que o corpo tenha perdido radicalmente uma parte de si mesmo, que reencontramos sem saber no real, e que o simbólico funciona como tal contanto que a linguagem tenha perdido de sua substância, que também reencontraremos, sem saber, no real. Simbólico, imaginário e real são, portanto, o que eles são na medida em que integram o falo, o primeiro em sua existência, o segundo em sua consistência, o terceiro em seu furo. Finalmente, Lacan nos permite aqui ver que o real, ao menos aquele de que a análise cuida, longe de ser um dado primitivo, enodado aos outros antes da origem de toda coisa, como uma idéia platônica, é um produto do enodamento e que é graças a esse enodamento que poderemos num tratamento, talvez, ter disso alguma idéia. Assim, ele não é apenas um limite inatingível – único aspecto retido por uma certa transmissão da análise –, pois é engendrado e não originário.

A escrita nodal, ao explicar as condições do enodamento, nos permite imajar em que não basta de modo algum, para o nascimento de um ser falante, que haja, para esse corpo, um "banho" de linguagem ou que ele seja nela simplesmente "imerso". Pois os dois sozinhos, corpo e linguagem, fazem apenas se empilhar. Para que o corpo se torne falante, para que esse "mistério" consiga se cumprir, é preciso explicar o que é essa intervenção de Φ. Intervenção que deve se repetir ao menos duas vezes nos tempos da vida de um sujeito. Da mesma forma, se convém lembrar que há um "antes" lógico do nó, o fato de contar (com) esses três – *corpo, linguagem, falo* – nos convida a nos interrogar sobre a significação desse terceiro termo, ali onde ele cumpre a sua operação de enodação. O fato de que o Falo seja, como tal, *a significação* nos obriga, com efeito, bem antes, a lhe dar transcrições que nos informam sobre a sua posição como letra. Pois, inacessível como singularidade, ele pode se ler num conjunto.

Ao passar pelos dois anéis empilhados, ele produz uma série de furos[30] (quatro) que se dizem de várias maneiras: *Interdito do incesto*, *Nomeação, Não relação sexual, a*. Essa passagem da reta infinita enodando corpo e linguagem representa a operação freudiana da identificação primordial que Lacan nomeia *Identificação real com o Outro real*, ou seja, a incorporação, por amor, do Nome do Pai[31].

Essa incorporação, como operação real, é a da linguagem como tal, o falo real representando-a por inteiro[32].

Conclusões

Quais conclusões provisórias podemos tirar do que acaba de ser formulado?

1. Que a operação de verificação[33] realizada pelo falo Φ pode vir a faltar, pois ele é um efeito de metáfora. O fato de que o Outro enquanto

---

[30] Lacan, "La troisième" (Lettres de l'École freudienne, nº 16, 1975).

[31] Lacan, RSI, seminário de 18 de março de 1975.

[32] Foi graças ao diálogo com Silvia Amigo que desenvolvemos essa leitura do autismo com a teoria nodal.

[33] Em Freud, é o aparecimento do real da adolescência que verifica as aquisições da sexualidade infantil, como é a própria neurose do Homem dos lobos que verifica a cena traumática da infância. Em Lacan, é o Falo que verifica o falso furo de dois anéis que não estão enodados entre si, mas somente um sobre o outro. Encontramos essa construção, diferentemente, em *RSI* e *O sinthoma*.

sujeito esteja estruturado como efeito da metáfora não assegura que esta se transmita todas as vezes para os sujeitos a vir[34]. A operação de verificação tem, com efeito, valor fundador e não simplesmente produtor de sintoma.

2. A significação fálica, sendo ela também efeito de metáfora, sobretudo paterna, deve, pois, ser concebida tanto como um significante da estrutura quanto como um ato que a relance, cuja modalidade – impossível ou necessário, possível ou contingente –, não-conhecível antes, depende do próprio caráter do falo: ser uma função. Em outras palavras, o falo que já foi incorporado não pode passar sem a obrigação de novamente ser significado. De novamente se significar.

3. A incorporação de Φ[35] que não aconteceu no autista é o que visamos em nosso trabalho com eles. Para isso, é necessário que, no Outro, essa *letra* seja nomeada pelo único *nome* que pode fazê-lo. Ou então, o que é um sinônimo, que o objeto como real possa ser, graças ao nome, mordido pelo simbólico.

4. As crianças que falaram graças à análise o fizeram na medida em que puderam contar ao menos até três. Entretanto, ter podido contar 1, 2, 3..., isto é, ter estabelecido uma seqüência de cardinais, não indica que elas tenham podido inscrever uma seqüência de ordinais de onde a função do zero como conjunto pudesse ter sido deduzida.

5. É o fato de que a *linguagem* se torna simbólica para a criança que permite que ela seja *sugada* pelo sujeito a vir, *sendo o seio a face visível dessa operação.*

6. Na psicose, a foraclusão no Outro do Nome do Pai não comporta, longe disso, um não-investimento da criança. Muito pelo contrário. No autismo, a ausência de copulação do falo com corpo e linguagem impede a criança de acabar como produto, no lugar de *a*, como *mais-de-gozar* para a mãe.

7. A ausência de incorporação do falo é um fato enigmático, mas que esclarece em negativo o fato – sobre o qual não se colocam questões – de que

---

[34] Ver a este respeito o capítulo "A função materna", páginas 245 a 249.

[35] Por essa teoria, Lacan substitui o que ele havia exposto em seu seminário "A identificação" e os seguintes em que o Um era primeiro, traço primeiro da identificação primordial, em que a incorporação era a do objeto voz (no seminário "A angústia").

ela ocorra. É corrente pensarmos que o filho para o qual essa operação não consegue se efetuar foi colocado pela mãe em posição real. De ausência de toda representação relativa a ele, de pedaço de corpo. Estamos de acordo, exceto que isso também pode explicar o que é designado como "psicoses infantis". Para o autismo, sustentamos que a criança, não podendo ser *significada* pelo falo, *o é*, mas de maneira tão radical que a mãe não pode recuperar para si a mínima parcela desse gozo.

8. Que "*a*" *enquanto mais-de-gozar* seja o *único* lugar para o *infans* se estruturar no discurso marca claramente que os lugares em que não deve são tanto grande Φ quanto *a* como real.

9. O mais-de-gozar (*prêmio de prazer* na tradução francesa de Freud) implica que há um *ganho* – tal como a sua escrita freudiana indica, *Lustgewinn* – de gozo tirado sobre o gozo do Outro, graças à intermediação do Falo como significação, o que é bem outra coisa (e até antinômica) que querer este como gozo[36] ou ainda desaprová-lo como tal.

---

[36] Que o mais-de-gozar possa ser extorquido ao Gozo do Outro somente graças ao Falo, enquanto significante, e não como instrumento, já foi demonstrado por Freud com o chiste, e em geral com todas as formações do inconsciente. Ele não julgou no entanto necessário diferenciar esse gozo, substancialmente, do fálico. Por isso só pode haver produção de "a" pela intromissão do gozo fálico, seja ou não ele alcançável. Toda a distância, mas também a íntima comunhão entre o *Vorlust*, o prazer preliminar, e o prazer sublimado ali se encontram desenhados. Ao passo que, na nossa opinião, o conceito lacaniano de *Outro Gozo* implica, no que diz respeito ao do corpo, que o Nome do Pai é colocado em posição de grande Outro, mas desarticulado do Falo. As diferenças entre o misticismo masculino e o feminino encontrariam razão entre um Pai sem Falo e um Pai que é ele mesmo, como significante *invocado*, puro Nome, Falo como tal. O misticismo, quando está fora de discurso, é fonte de um sofrimento nem sempre transformável em sublimação produtiva. Por isso, nessas duas vertentes a um só tempo, masculina e feminina, ele diz uma modalidade, contingente, da estrutura em geral: a de nunca aceitar, de recusar, custe o que custar, que o Pai seja um *e* dois. Tanto o de Sören quanto o de Régine (cf. Lacan, *Encore*, Paris, Le Seuil, p. 71), tanto Aton quanto Yahvé. Ver, a este respeito, a tripla leitura do Moisés de Freud feita por Brigitte Lémerer, François Balmès e Solal Rabinovich. Respectivamente: *Les deux Moïse de Freud*, *Le nom, la loi, la voix* e *Écritures du meurtre*, Toulouse, Érès, 1997.

10. É extremamente difícil para alguém produzir esse *prêmio de gozo* que dá sentido à existência quando o falo não está em posição de primazia (*Bedeutung*).

11. A experiência de assistir ao nascimento da fala e à sua adequação a uma língua, tanto com crianças normais quanto com autistas, nos ensina que esta só é possível pela redução e pela perda que isso acarreta de (quase) todas as possibilidades fonadoras da laringe que não correspondem de maneira isomorfa à língua falada pela mãe.

12. Para o analista, ao contrário do lingüista, o som é sensato. Se a lingüística como ciência fundou-se sobre a noção fundamental de dupla articulação, fonemática e semântica, a prática da análise, por outro lado, é baseada no caráter sensato de toda emissão fônica, de todos os traços fônicos permanentes ou ocasionais de um sujeito, que indicam o gozo do corpo na emissão da voz, ainda que estes não façam parte dos traços pertinentes que participam do arcabouço fonemático da língua.

13. O período das lalações e do falar entaramelado, cujo suporte real reside na incapacidade anatômica da laringe do bebê de articular[37], é mesmo assim o período durante o qual a voz se forma como objeto. Lalações e falas entarameladas estão para a voz como a sucção está para o seio.

14. A voz é feita, como o Outro, de oposições e de diferenças. O que permite afirmar que o Falo, enquanto significante – causa do Gozo[38] –, é aqui o significante da fonação[39].

15. Se o bebê, ao começar a emitir lalações, é potencialmente capaz de falar qualquer língua[40], bem rápido ele perde, ao se acomodar na língua da mãe, e em geral para sempre, a possibilidade de falar outras. Seu ouvido não percebe mais certos sons que ele antes podia discriminar e sua laringe se torna

---

[37] Ver nota 21.

[38] Lacan (entre outros lugares), *Mais, ainda*, seminário de 20 de março de 1973.

[39] Lacan, *O sinthoma*, seminário de 16 de março de 1976.

[40] Ver, a este respeito, o livro notável de Bénédicte de Boisson-Bardies, *Comment la parole vient aux enfants*, Paris, Odile Jacob, 1996. E, com respeito à dupla articulação, entre outros: "Six leçons sur le son et le sens", "Langage enfantin et aphasie" e "La charpente phonique du langage", Roman Jakobson, nas Éditions de Minuit.

fortemente incapaz de articulá-los, muito embora sua anatomia o tivesse preparado para essa possibilidade.

16. É essa perda radical que faz com que o eu [*je*] da fala se forme no gozo de *alíngua*, o que Freud nomeava o *Lustich*. Que haverá coalescência entre esse eu e o eu [*moi*] como instância[41].

17. Essa perda, Lacan a chama, nas últimas passagens do seminário sobre Joyce, *foraclusão do sentido*[42]. É com isso que se faz o objeto *a*[43].

---

[41] De resto, não existem muitas línguas em que se diferencie, como em francês, o "je" do "moi". Em alemão, como se sabe, é *Ich* para os dois, da mesma forma que em espanhol ou em italiano. Essa riqueza do francês que Lacan utilizou obriga a pensar as razões que fazem com que ela falte em línguas próximas (indo-européias).

[42] Lacan, *Le sinthome*, seminário de 16 de março de 1976.

[43] Lacan, ... *Ou pior*, seminário de 9 de fevereiro de 1972. Não é, bem entendido, uma foraclusão de "todo" o sentido, pois o que dele resta acaba, sobre a borda de "*a*", produzido pelo encontro entre imaginário e simbólico.

Bubble-Dee
Palavras de morte. Letras de vida[1]

Nur wer mit Toten vom Mohn
aß, von dem ihren,
wird nicht den leisesten ton
wieder verlieren[2]*.*
Rilke, *Os sonetos a Orfeu.*

A demanda de análise me foi endereçada pessoalmente no hospital onde eu trabalhava então, mas o tratamento só se desenrolou lá por um tempo. No início, todas as sessões lá aconteciam, depois, bem rápido, Geneviève me pediu para pagar ao menos uma sessão particular e, quando pudemos, um e outro, ou seja, bem mais tarde, os três encontros semanais se fizeram em meu consultório.

Algumas semanas antes, ela ainda usava bengalas para andar e começava apenas a se recuperar após longos meses de quimioterapia. Seu rosto estava então todo enrugado e seu andar pesado. Ela me fixava sem pestanejar e a rigidez de seu andar era ainda acentuada por um corte de cabelos mais ou menos em escova.

O fato de essa demanda ter acontecido no hospital devia-se simplesmente ao fato de que ela não considerava sensato pagar para si mesma. Devia-se, primeiramente, a seu câncer nos ossos, pois Geneviève prometera a si

---

[1] A escrita desta história clínica foi suscitada, em grande parte, pela exposição feita em outubro de 1995, durante o Lacanian Clinical Group, na Austen Riggs Clinic, em Stockbridge, Massachusetts, graças ao convite feito por seus coordenadores, o Dr. J. Muller e a Dra. Bentolila.

[2] "Só aquele que comeu com os mortos / de sua própria papoula / nunca mais vai perder / o mais leve som", Paris, Le Seuil-Littérature, tradução de Armel Guerne, modificada por nós.

mesma empreender uma análise caso a quimioterapia lhe desse esperanças, mas também a um enigma que ela trazia desde a juventude: sem razão conhecida ou aparente, ela caía. Caía na rua ou em casa, e desmaiava, ou não. E isso acontecia de maneira tal que, por causa dessas quedas, ela havia perdido, grávida, dois filhos. Hospitalizações e exames não haviam descoberto nem doença nem sinal neurológico, e nenhuma hipótese médica viera dar qualquer explicação para essas quedas que haviam motivado em sua infância, além das consultas habituais, sessões de descarrego, não tão raras em seu país natal.

Desde as primeiras sessões, ela começou a trazer sonhos, às vezes vários numa só, ao menos durante o período em que elas se desenrolavam unicamente no hospital.

Ela está presa debaixo de um sino de vidro, não se pode ouvi-la. Ela segue um longo caminho que margeia, cheio de obstáculos, um rio. Depois de um túnel e de ter passado por muitas dificuldades, ela pode entrever, ao longe, o mar.

Dirige-se para uma casa onde está acontecendo uma festa estranha. Seu pai (vivo durante todo o desenrolar do tratamento) se levanta de um caixão, ela pega uma arma, mata-o e come-o.

Ela dá à luz pedras. Todas as espécies de objetos. Bonecas. Ela nota que, nesses sonhos (haverá dezenas praticamente semelhantes), nunca há cordão umbilical. No embalo, anuncia-me que está se separando do marido. Vai assumir, doravante por inteiro, os filhos.

Mas também, ao mesmo tempo, meus olhos se tornam botões ou pedras. Não sou humano, ela me chama "a máquina" e começa a me escrever, numa língua notável, cartas que consistem em apenas algumas palavras, como Haïku[3] , em que ela diz o seu sofrimento.

---

[2] A importância de suas cartas, tanto em si mesmas, do ponto de vista literário, quanto de um ponto de vista clínico, bem cedo me levou a não mudar meu hábito de nunca tomar notas das análises em curso, nem em sessão, nem depois, e a deixar a eventual possibilidade de relatá-las por um trabalho a ser feito uma vez terminada a análise. Só infringi isto uma vez, uns oito anos após o começo de um tratamento, e quatro anos antes de seu fim, em que redigi umas dezenas de folhas resumindo os momentos essenciais. Ora, neste caso, mais que a força e a

O agravamento de seu estado não se fez esperar. Calmamente, mas com uma angústia que transparecia em sua voz, ela começou a me comunicar a intenção de degolar os filhos e se matar depois. A criança visada em primeiro lugar era aquela que havia crescido em seu corpo ao mesmo tempo que o câncer. Alucinações visuais, cenestésicas e auditivas viam o dia tanto em sessão quanto em casa, nunca no trabalho. Por isso guardaremos uma, para nosso propósito, cuja importância ultrapassa amplamente seu caráter de "sintoma" no sentido médico do termo, pois contém, *in nuce*, as premissas lógicas do desfecho do tratamento: ela ouve uma voz grave, pensa que esta a nomeia[4].

---

pertinência desse hábito, o que me guiou foi a convicção de que o ato de escrever e os efeitos da escrita situando-se de seu lado, o analista devia limitar-se a ficar entre fala e silêncio. Muito tempo depois de ter tomado essa decisão, eu soube que não só ela me escrevia, mas ainda que ela mantinha um registro minucioso das sessões. Esse registro escrito cessou, não sem uma intervenção de minha parte, quando, viajando profissionalmente, ela assistiu a uma reunião em que devia falar diante do quadro administrativo e de alguns analistas. Quando ela tirou o dossiê do qual queria falar, grande foi a sua estupefação ao ver que ele continha não o relatório em questão, mas o histórico de suas sessões. Da mesma forma, as cartas [*lettres*] como tais assim estavam ao duplo título de seus dois *sentidos*. Eram missivas endereçadas ao analista assim como caligrafias em que o cuidado do movimento da mão ia junto com o ritmo, o som, os acentos das palavras combinadas. Houve até que consistiam num simples envelope, vazio, mas com o selo, com meu nome e endereço indicados. Se o que lá estava imajado fazia referência a seu corpo, o ato de que elas eram oriundas produzia, à sua revelia, o lugar da *significação* como tal. Essas cartas [*lettres*] nunca foram – de minha parte – objeto de um trabalho em sessão, pois o alcance delas não devia de modo algum ser enquadrável apenas no "setting" analítico. Só as "entre li" para, delas tomando conhecimento, devolvê-las ao lugar do Outro e permitir que a carta [*lettre*] e seu efeito pudessem ser esquecidos.

4 Ela me falou de outras alucinações, por exemplo que uma faca se plantava em seu púbis. Por um lado, a dor cenestésica reproduzia a dor causada pelo tumor, que se situava um pouco acima da zona incriminada. Mas a faca era uma *interpretação*: ela significava qual era para ela o verdadeiro objeto da ablação. Porque se tratava de uma castração impossível, pois nem ela nem mulher alguma têm de ser castradas de um falo real, a alucinação indicava que era disso mesmo que se tratava. Assim, as alucinações podem ser pensadas como abreviações e curtos-circuitos da própria análise. São resumos da tarefa analisante, indicadores do impasse que impede o trabalho de se fazer, vetores que assinalam a direção e a natureza do objeto. Elas também informam sobre a confusão entre o objeto e o corpo, o segundo sendo colocado no lugar do primeiro.

Entretanto, durante esse longo primeiro período que durou todo o tempo das sessões no hospital, ela sonhou que, caindo a pique da encosta de uma montanha, tem sua queda parada por minha agenda, na qual ela supõe que seu nome está escrito. Pergunta-me sobre isso. Respondo que de fato seu nome figura na minha agenda. Esse apoio, confirmado para lhe permitir não cair, não impediu, mas, bem antes, permitiu o sonho que veio depois: "Estou numa cidade não conhecida. De repente, uma fossa comum se abre, a perder de vista casas destruídas, crateras, cadáveres. Nada pára o que estou vendo[5]".

Em outra sessão, falou-me de seu interesse, desde a infância, por vermes, sua curiosidade sendo atiçada pelo fato de que eles se reproduzem por cissiparidade. E explicou-me em detalhes como, se cortarmos uma parte, no fim de um certo tempo, ela se regenera e... um outro verme nasceu! Ou melhor, ele não morre nunca. "Quando eu era criança, eu pensava que com a mãe e a filha acontecia assim".

Só então, graças a essa lembrança, é que Geneviève começou a relatar as pancadas, as feridas, as queimaduras recebidas de sua mãe durante a infância. Punições em geral por nada, sem motivação alguma. Quando começou a cair, a mãe lhe disse, após cada queda, "Não foi nada", frase que ela se ouviu dizer, disse a si mesma após cada corretivo. Foi só adulta, baseada nas radiografias das pernas e na interpretação do radiologista, ao ver um calo na tíbia, que ela teve uma prova material dos golpes recebidos. Mesmo assim, *a certeza sempre lhe faltou.*

Assim, durante anos, ela temeu tanto a ameaça que ela me endereçava, de me fazer encontrar sua mãe a fim de que ela me aniquilasse com seu olhar, quanto o fato de que eu a encontrasse "de verdade" e adquirisse definitivamente os seus poderes. Até o dia em que, diante desses temores mil vezes repetidos, responderei que, de fato, eu encontrava a mãe dela regularmente,

[5] Mais que seu conteúdo em imagens, neste sonho, a ausência de enquadramento da imagem onírica parece importante. Isto constituiu um guia para todo o tratamento, pois não se trata apenas de "colocar juntos" elementos, se fizermos uma variação sobre a palavra "setting", para fazer um quadro, mas de poder reunir quatro, de maneira permanente.

três vezes por semana... Durante um longo momento, ela acreditou no que eu dizia a ponto de o espanto ter-lhe coberto o rosto. Depois disso, uma certa confiança nasceu, pelo menos no que dizia respeito às possíveis relações entre a mãe e eu.

Durante anos, no final de cada ano, o estado de Geneviève piorava severamente sem que fosse possível sabe o porquê, e isto embora o trabalho de rememoração, de repetição no próprio tratamento e os efeitos sublimatórios fossem importantes. No entanto, estava claro que as ameaças contra ela mesma e as pessoas à sua volta estavam ligadas a esse período da infância. A razão permaneceu obscura até que ela me comunicasse que sua data de nascimento era, efetivamente, bem no fim do ano. Durante muito tempo ela hesitou antes de me contar o que as pessoas à volta lhe haviam permitido reconstituir. Seu pai tinha voltado do cativeiro, conforme o que dizia a sua mãe, no fim do mês de junho daquele ano, o que queria dizer que transcorreram seis meses apenas até o seu nascimento[6]. Mas, uma vez comunicada essa informação, ela vai passar anos a desfiar, em sessão, as mil e uma maneiras que o pai tivera de não nomeá-la nunca, de nunca olhá-la, nem de assinar seu boletim escolar nem repreendê-la após uma bobagem, para finalmente lhe outorgar automaticamente a maioridade quando ela fez dezesseis anos. Por outro lado, de sua parte, a mãe a deixava regularmente na casa de vizinhas, esquecendo com freqüência de ir buscá-la.

Escutando-a, a questão que pouco a pouco se formara em mim dizia respeito às razões da simples sobrevivência. O que é que lhe permitira não morrer? A que objeto ela se agarrara para preservar a vida, continuar os estudos, ter o sentimento da língua que era o dela?

---

[6] Ela acreditava se lembrar de que, nos relatos de sua infância, na noite da volta do pai havia fogos nas ruas, o que corresponde, efetivamente, às festas de São João. Mas uma outra lembrança veio, ao mesmo tempo que confirmá-la, negar parcialmente a significação desse detalhe como tal, pois ele devia ter voltado para o sanatório nessa data para se restabelecer das conseqüências dos cinco anos de *stalag* [campo de prisioneiros na Alemanha]. Infelizmente!, pai e mãe estando sempre presos nessa questão, naquele momento da análise, foi impossível para ela voltar a isso, mesmo de maneira indireta.

Ela costumava ficar na casa de uma velha senhora que já havia, em outra época, recolhido sua mãe, menina órfã. Anos depois, mãe adotiva e filha adotiva não se falavam mais, o que fazia que, sempre que não havia ninguém em casa para tomar conta dela ou que simplesmente queriam livrar-se dela, Geneviève fosse deixada à sua porta sem bater nem chamar. Num dia de inverno particularmente frio, a mesma história se repetira, tendo por única variação o fato de que sua babá, que não estava em casa quando elas chegaram, não voltou. Geneviève dormiu na casinha do cachorro, literalmente abraçada a ele, a noite inteira.

A reconstituição de sua história – sob certos aspectos uma criação, em seu sentido mais forte, no que diz respeito à verdade – implicava um aprofundamento das razões que a incitavam a querer desaparecer, sustentada pela certeza de que devia levar os filhos consigo[7]. Começaram as chamadas telefônicas tarde da noite, aos sábados inclusive, para me dizer e redizer que os filhos dormiam e que ela ia morrer com eles.

Num primeiro tempo, escolhi não falar disso para não dar consistência às ameaças. Tivesse ela alguma vez sentido que eu acreditava naquilo, que eu acreditava nela – teria sido visível em qualquer manifestação de angústia da minha parte –, não é impossível pensar que estas não teriam tardado a se

---

[7] Quando alguém interroga as razões que pode ter para viver, ele questiona, sem saber, o desejo do Outro real, na origem de sua vida, pondo-se, infelizmente!, sob sua dependência exclusiva, sem que nada – ao menos durante um certo tempo – possa fazer corte. As ameaças de morte que ela proferia, certamente verdadeiras, não eram tanto, para mim, naquele momento, uma colocação à prova da solidez do vínculo analítico ou dos "attacks on linking" (Bion), quanto fenômenos devidos a essa solidez, percebida claramente como tal. Mas, em momentos como aqueles que aqui descrevo, o paciente, em geral, *não pode crer nisso.* O conflito entre o saber que ele traz em si, que se efetiva dramaticamente na transferência, e o novo saber produzido pelo tratamento, cujo desnível tem a ver com o desejo do analista, costuma ser difícil de resolver. Essa dificuldade é essencialmente devida à modalidade de funcionamento da certeza inconsciente, que, tendo sido estruturalmente separada de seu vínculo com a fala e clivada dos sinais vindos do real, se liga de maneira quase exclusiva aos fenômenos produzidos pela criação de um saber no real. Minha paciente se debateu durante muito tempo contra o sentimento de que eu não podia – nem devia – dar crédito ao que ela me contava (exceto as ameaças de morte). Pior, ela temia as razões que podiam me levar a crer.

cumprir. Mas a minha calma, seja qual for a fonte onde eu podia buscá-la, não era, infelizmente!, muito suficiente. Mais ou menos regularmente, suas sessões eram preenchidas com esses projetos de morte, assim como meus fins-de-semana e férias (eu lhe havia dado o meu endereço).

Um dia, aproveitando que Geneviève tinha problemas de guarda dos filhos nas horas das sessões, sugeri a ela vir com eles, que poderiam ficar na sala de espera com papel e lápis... Eles não se limitaram a desenhar. Quando ela me contou na sessão seguinte que eles tinham ido à cozinha e pegado biscoitos, o que eu não havia notado, um início de pensamento me veio: que, talvez, no que lhes dizia respeito, o combate tinha sido vencido. A mãe me confirmou isso posteriormente de maneira bem mais precisa, dizendo-me que uma mudança completa acontecera quando ela me vira olhá-los.

Foi uma vitória incontestável mas de curta duração, que ia necessariamente produzir seu revide lógico.

Algum tempo depois, ela havia acertado todas as suas dívidas, arrumado os papéis, significado o fim do contrato e encontrado uma casa para cada um dos filhos, isto só depois que eu lhe disse que não os atenderia, como ela me sugeria.

Nessa época, ela costumava ir dormir na beira de uma falésia, deixando ao acaso o cuidado de decidir se sim ou não, e como, ela iria encontrar o mar. Ou então, vendo o quadro das marés, ela ficava deitada numa praia o tempo suficiente para permitir ao mar não lhe deixar nenhuma escapatória, todo o seu interesse despertado pelo fato de saber se ia ou não ser levada como um seixo[8]. Isto ocupava todas as sessões e eu não era, na época, outra coisa senão puro saber desumano[9].

---

[8] Um dia em que a ameaça de passagem ao ato não era o motivo dominante da sessão, ela me havia contado que, desde a infância, pensava ser escumalha, isto é, o resíduo vítreo da combustão da hulha retirado do forno. Ao que eu havia dado assentimento, pois é bem por esse mineral, resíduo mas não escória, que ela podia constituir um estrato do objeto como núcleo de seu ser.

[9] Durante muito tempo ela me anunciou que ia me deixar uma marca indelével no rosto para que eu não pudesse nunca esquecê-la. É evidente que o que era perigoso não era muito o ataque à minha própria integridade física, mas que a mínima ferida, uma simples unhada que ela poderia ter me infligido, teria significado a

Porém, apesar do horror que ela sentia, e de que é certo que eu não podia dele me subtrair, minha capacidade de estar ali, com ela, em silêncio ou em falas, não fora muito maltratada. Naturalmente, eu acreditava naquilo, sobretudo no que ela não acreditava. Não que dessas premissas só pudesse decorrer uma só e única conclusão; é claro, pensando que era nessa divisão do analista que a análise tinha uma chance de prosseguir. Mas, sem que ela soubesse, um dos tratamentos que ela se infligiu ameaçou pesadamente fazer virar o sentimento que eu tinha de estar presente.

Ela parara de tomar banho e de se lavar. Totalmente. Ao fim de algum tempo, o cheiro que se desprendia dela não era apenas um fedor além do imaginável, mas ela me esvaziava de qualquer pensamento, de qualquer associação, do sentir como tal ser eu mesmo e estar em presença de alguém, embora sabendo pertinentemente que, mais que qualquer intervenção, mais que qualquer interpretação ou construção, naquele momento, o tratamento só se sustentava e sua vida só dependia do fino fio do que, na falta de melhor, chamamos o sentimento de estar presente para si e para o outro[10]. O qual não é outra coisa senão o modo como a certeza nos afeta. Decidi trazer comigo uma pequena amostra de perfume para passar no nariz e em meu consultório, à minha esquerda, ao lado do telefone, eu havia disposto uma boa

---

realização de seu voto, que uma marca em mim a representasse para sempre, permitindo-lhe, ao mesmo tempo, para valer, cair. Essa lógica, demoníaca e inevitável de um lado, não só me surpreendia por sua justeza teórica, pois ela reclamava por atos a construção do inconsciente, mas me deixava ter a esperança de que essa marca pudesse se constituir num outro espaço, numa outra dimensão que a de meu rosto. Alguns anos depois, através de um encontro espantoso, ela encontrará o nome próprio significando essa falta que ela queria, custasse o que custasse, produzir no Outro, cujo efeito buscado devia ser separar o Outro e o saber, que ela sempre pensara como continente e conteúdo, um no outro. Todo o tempo em que dominou o pensamento de que essa via era inexistente, a única operação imaginável para causar falta era a sua perda.

[10] Este sentimento não assinala de modo algum o caráter analítico de um tratamento e não é a garantia de seu êxito. Por outro lado, sua não-existência é com certeza causa de seu fracasso.

quantidade dele. Não sei se Geneviève alguma vez sentiu o cheiro do que me servia de fina camada de proteção, ela nunca me falou disso.

Ora, se por um lado esse uso do perfume assinalava uma inversão de posições no tratamento, denunciando de maneira excessivamente manifesta que ela conseguira se colocar realmente como objeto, confinando-me de modo totalmente ridículo na posição do sujeito, por outro lado ela havia feito nascer um modo de intervenção que eu não havia buscado e nunca mesmo imaginado até ali num tratamento como aquele e cuja especificidade e cujo alcance só me apareceram muito tempo depois: a do gesto silencioso.

Embora fossem de uma gravidade inconteste, esses episódios clínicos não estavam menos articulados a uma questão cuja resposta, em ato, ela declarava não ter. Essa questão não era muito a de seu sexo, nem a de estar viva ou morta, embora fosse nesses termos que mais tarde ela seria reformulada. Sua questão era a do *nome próprio*: "Que nome pode me nomear?". Em conseqüência disso, ela me pedia – exigia, até – para estabelecer dela um diagnóstico que seria para ela um *verdadeiro nome*, pois pensava não ter. Assim, toda a primeira parte do tratamento poderia ser entendida não só como a encenação das demandas não formuladas de sua infância, mas também como um *acting* permanente destinado a se fazer hospitalizar ali mesmo onde ainda trabalhávamos. Esse nome que a nomearia de uma vez por todas a tranqüilizaria para sempre, retirando-lhe toda responsabilidade para consigo mesma e os outros, secando de um golpe a angústia nascida de não saber onde capturar um ponto de solidez para se dizer, com um mínimo de certeza, *eu sou*, aquém de qualquer outra consideração, pois o próprio do objeto sobre o qual essa asserção pode eventualmente tomar lugar é desaparecer quando ela é pronunciada.

É evidente que sempre recusei, em silêncio ou não, fornecer uma resposta qualquer a essa exigência e não me privei de lhe dizer que ela aspirava extorquir-me um nome que, servindo-lhe de mordaça, a impediria para sempre de falar. Ela buscava, por meu intermédio, o desse saber não humano, o nome derradeiro que viria talhar, ali onde o gesto paterno o havia por sua esquiva deixado virgem, esse lugar que só existe no *só-depois* de seu entalhe, pela perda de gozo – do Outro – que ele produz. Mas também a sua exigência estava sustentada pela necessidade de fazer existir um nome comum que não só se tornaria nome próprio e lhe faria as vezes, aniquilando-o no ato mesmo de o criar, mas asseguraria sozinho a existência de uma significação plena produzida pela sua presença, isolado de todos os outros nomes.

Será minha recusa tão firme quanto polida à sua exigência[11]? Fato é que ela me comunicou, bem cedo no tratamento, que havia utilizado letras do meu nome para construir um nome de escritor com o qual assinar os manuscritos que ela começava a enviar para os concursos literários.

Só seu investimento da letra e a determinação com a qual ela se dedicava a seu trabalho de ensino, em cujo contexto ninguém suspeitava da intensidade de seu sofrimento, eram as pedras angulares onde a análise podia encontrar um ponto de apoio, justamente pelo fato de que só raramente eram evocados. Mas estavam presentes em minha mente quando ela dizia ser uma bola de borracha cheia de ácido a ponto de explodir que destruiria tudo ao se derramar, isto para me comunicar que ela sabia o que seu cheiro queria significar. E, para se assegurar disso, proibia-me de abrir a janela em certas tardes de verão quando o calor chegava ao máximo.

Num desses dias, a vidraça de meu consultório estava entreaberta de um centímetro apenas. Pela primeira vez desde o início da análise, ela se calou ao fim de alguns minutos e ficou silenciosa uma boa meia hora, apesar dos discretos estímulos de minha parte, surpreso com aquela mudança inopinada. Quando declarei o fim da sessão, seu rosto de repente se tornou um ricto de cólera e, um segundo depois, duas plantas verdes colocadas na ponta do divã rodavam em volta de sua cabeça para serem em seguida jogadas contra a parede de onde caíram, com os vasos estilhaçados. Agarrando-a pela cintura e sacudindo-a para poder lhe falar, mais que inquieto pelas conseqüências que o retorno de seu ato podia produzir, pude apenas lhe dizer: "As plantas não se vingam!".

---

[11] Essa recusa era teoricamente evidente, mas não fácil de assegurar, quando foi preciso gerir hospitalizações, fora da psiquiatria, mas com um acompanhamento psiquiátrico mínimo tanto durante as minhas férias quanto em outros momentos, ali onde um diagnóstico emitido tanto por um médico clínico quanto por um psiquiatra teria sido colocado em minha conta e na da análise. Por outro lado, o fato de estabelecer ou não estabelecer diagnóstico não é, em análise, um princípio ético absoluto, mas uma questão de direção do tratamento.

Ela de repente acordou. Recobrada e assustada, perguntou-me o que tinha acontecido. Foi marcado encontro para o fim do dia. Algumas horas mais tarde, Geneviève me dirá que, se não tinha percebido o tempo passar, havia perfeitamente notado, ao entrar, a fresta da janela aberta, ao lado da minha poltrona. Fresta por onde ela deslizara, não parando de cair, folha morta levada ao sabor do vento, a dar prazerosamente cambalhotas sem nunca chegar ao chão. Embora soubesse há anos que as sessões em minha casa nunca eram curtas, ela achara, ao me ouvir, que eu a estava expulsando, embora a sessão mal acabasse de começar. Sentira-se, então, frustrada em sua curiosidade, furiosa por ter sido interrompida na delícia da descida, mas, sobretudo, por não ter podido saber onde finalmente o vento a deixaria[12].

Ora, essa sessão das plantas jogadas contra a parede fora precedida de outra em que plantas não estiveram em questão, mas o analista. Durante esse período, em que tínhamos apenas uma sessão por semana em meu consultório, a única hora possível era no meio da tarde e – eu havia assim decidido naquele momento, para modificá-lo depois, quando pudemos ter três, até mesmo quatro sessões – era bem longa. O que mesmo assim nunca produzira, de sua parte, um único, mesmo mínimo, momento de silêncio, pois ela tendia, com a fala, a preencher todos os instantes do tempo. Eu havia então começado a conhecer breves períodos de leve adormecimento que não passaram despercebidos. Seu comentário fora que ela buscava me adormecer para poder assim me matar com o canivete automático que ela carregava na bolsa. Apesar da ameaça, esses ligeiros adormecimentos não cessaram e certa tarde adormeci de verdade.

Um ou dois minutos depois, seu riso me acordava. Um riso franco e sem hostilidade alguma. Ela me disse que, por ter-me assim entregado a ela, sem medo, significava não só que eu tinha confiança nela, mas também que ela não era tão temível quanto até ali havia imaginado.

---

[12] Apesar da crise clástica e da força alucinatória do episódio, é forçoso constatar seu caráter perlaborativo. A datar desse episódio, oposições começaram a estar presentes: peso/leveza, seixo/folha, cair a pique/ser levada ao sabor do vento. O aparecimento do binário denotando, por mais leve que seja, a presença de um entalhe no qual a divisão do sujeito pode, eventualmente, ser construída.

Sua mãe ameaçara se suicidar durante toda a sua infância. Fugindo de casa para só voltar, no melhor dos casos, ao cair da noite ou depois, a mãe obrigava o pai a ir procurá-la na natureza, nos lugares onde ela poderia ter-se jogado. Nas primeiras vezes, a menina tivera muito medo de que essas ameaças fossem executadas. Depois esse medo havia cessado, acompanhado de profundas reprovações contra si mesma, que não podiam, é claro, ser reconhecidas. O resultado desse movimento foi que ela se convenceu de que a mãe era não só indestrutível, mas imortal. Imortal no sentido de que, mesmo após a sua morte, ela estava segura e certa de que esta voltaria para assustá-la, assim como fazia enquanto viva[13].

Ela já havia dado um destino a cada filho. Cada um, sem saber, tinha um novo lar, seria acolhido por outra família que, por sua vez, ignorava igualmente que não se trataria de uma curta estada. Para me calar, embora até ali eu não tivesse intervindo no que dizia respeito a seu projeto, ela me proibiu de lhe fazer interpretações, pois, dizia, elas seriam apenas manifestações de minha própria resistência, já que o que ela ia fazer era para mim intolerável.

Tudo estava arrumado e aquele fim-de-semana era o último. Ela não me disse "até logo" ao partir, tendo-me significado durante a sessão que era a última. Após ter ficado em silêncio durante essa meia hora, dirigi-lhe, mesmo assim, e de maneira um pouquinho mais forte que de hábito: "Até segunda!".

Para minha grande surpresa, na segunda seguinte, sem uma palavra sobre o fim-de-semana, ela começou a desfiar as relações, não só antigas e profundas, mas sobretudo ternas e cúmplices que ela mantinha com a morte. Há muito tempo, com efeito, ela não se lembrava exatamente quando, diante de todos os momentos penosos que até ali ela tivera de suportar, a

[13] A questão das ameaças e de seu alcance me permite ter um acesso mais amplo à borda em que se mantém o analista na transferência. É um produto lógico que pode ser escrito "Crer nisso e não crer nisso", sendo não só ser lançado de um a outro, mas estar também ao mesmo tempo nos dois. Pode-se aliás imaginar escrevê-lo: "Nem crer nem não crer", estando entendido que cada um dos membros do cálculo exige que nele estejamos até o fim. O tempo do tratamento é ritmado pelos movimentos de lançamento de uma posição à outra, que, se respeitam, a ele se opondo, o tempo do paciente, têm, mesmo no silêncio, valor de interpretação.

cada infortúnio pequeno ou grande, nas conversas loucas de sua mãe, nos problemas no trabalho, nas recusas do pai de seus filhos em ajudá-la, ela dizia a si mesma num gesto leve que aquilo afinal não tinha importância alguma, pois... ela se mataria. Assim, feridas de orgulho como perdas vitais, nada estava em condição de realmente atingi-la.

Depois de ter longamente desenvolvido as relações privilegiadas que mantinha com aquela estranha companheira de quem jamais falara nada, pude então lhe dizer que ela tinha uma amiga, querida e ó quanto próxima, que era a mais certa e a mais forte das aliadas. Nenhum obstáculo, nenhuma perda tinha força contra ela, pois, pelo fato de somente pensar nela, tudo o que a entristecia cessava de existir, todos os que a feriam estando reduzidos a pó. Com a sua ajuda, ela havia vencido todos os combates. Mas agora que não havia mais nada para dar sumiço[14], essa amiga tão próxima e fiel, convocável a qualquer instante, de repente se tornara uma inimiga que reclamava o que lhe era devido.

Matar-se era uma palavra dada, um compromisso de honra, sua própria estima dependia disso. Como poderia ela ter-se olhado todos os dias sem um sentimento agudo de vergonha por ter faltado à palavra? Sua integridade moral e seu orgulho estavam comprometidos naquilo. Matar-se não era apenas um procedimento de libertação e o ponto final de uma vingança; era, antes de tudo, paradoxalmente, o cumprimento de seu ser.

Estávamos, uma vez mais, no fim de dezembro e já tínhamos trabalhado juntos durante cinco anos. Sem esperar por aquilo, ouvi-me dizer-lhe: "Você não está procurando morrer. O que você está procurando é uma vida imortal no corpo de cada um dos seus filhos, tornado o seu túmulo vivo. Procurando desaparecer desse jeito, você aposta que eles todos só vão poder viver com a lembrança inapagável da maneira como você os terá deixado".

---

[14] Inversamente também, pois a análise desfazia o que a morte havia construído, um depósito de seres e de questões deixado de lado, mas não recalcado, seres e questões cuja nota comum era terem sido privados de existência, mas não de "representação psíquica". Paradoxalmente, era o retorno deles à vida que ameaçava, em contrapartida, a dela.

Ela me respondeu, algumas sessões depois, sucintamente, com um sonho, que ela retrabalhou, posteriormente, várias vezes: "Acontece no necrotério. O senhor está presente. Trazem meu corpo nu. O senhor está vestido como os inspetores[15] dos matadouros. Quando lhe apresentam o meu corpo, o senhor recusa colocar o carimbo que atesta que os corpos estão efetivamente mortos".

Depois dessa sessão, o tratamento ainda a arrastou, posteriormente, para períodos de luto, mas nunca mais para momentos em que a sua vida estivesse em perigo[16].

Um ano mais tarde, no momento em que ainda abordávamos esse fim de ano, tornado a encruzilhada de nosso trabalho, Geneviève me contou um pensamento que ela tivera escutando *France Musique*. Durante um programa dedicado a Manuel de Falla[17], ela ficou sabendo ou lembrou que ele tinha morrido na Argentina pouco tempo antes de seu próprio nascimento. Pensou que essa morte não era para ela como outras mortes que agarram aquele que fica em vida para levá-lo, que ela não era uma morte que arrasta a vida consigo, mas, ao contrário, aquela que a torna possível. Uma frase de Lacan veio a mim, em silêncio: "Há uma morte *trazida* pela vida, e uma outra que a *traz*[18]". E Geneviève acrescenta: como para as civilizações ditas primitivas em que o morto dá o lugar a um vivo.

---

[15] O pai dela fora açougueiro.

[16] Não é impossível pensar que foi nesse momento do tratamento que pôde se fazer uma separação entre o gozo e o corpo; corpo que, na falta de objeto, era inteiramente o suporte do trabalho de simbolização que é, como tal, da ordem do assassinato. Pois, *exceto o nosso*, não havia nada que permitisse estabelecer uma distância entre seu corpo e a Coisa. Durante todos esses anos, a única cepa da vida foi a letra, frágil caniço para nele se prender, diante da violência desencadeada por uma fala constantemente pulsional.

[17] Ela também me comunicou um pensamento estranho que a assaltara, a saber, que a morte de Manuel de Falla tinha relação com seu analista. Essa relação era indireta, mas verdadeira, e a justeza inaudita desse pensamento lhe foi confirmada. Ora, bem mais importante que a verdade material – incerta – que surgia na transferência, o fato era que ela nomeava, finalmente, essa *falha* que ela tinha de produzir, mas sem lá cortar pelo atalho da passagem ao ato.

[18] Ver J. Lacan, "Subversion du sujet et dialectique du désir dans l'inconscient freudien", em *Écrits*, Paris, Le Seuil, col. "Le champ freudien", 1966, p. 810.

Ao longo desses anos, ela havia vagamente evocado a existência em seu corpo de uma prótese metálica destinada a remediar a ausência de um pedaço de osso do quadril retirado durante sua operação. Depois do desaparecimento do que se deve bem chamar a sua *volúpia suicida*[19], uma idéia começou a surgir em sessões: que o pedaço de metal que ela trazia, que ligava duas partes de seus quadris, estava inscrito com signos, legíveis em alguma língua conhecida dela, que de fato representavam seu nome[20].

Essa prótese era bem a prova de que uma operação acontecera, pelo menos sete anos antes, e que tivera êxito sem deixar seqüelas. Ora, seus médicos começaram a lhe propor retirá-la e de maneira mais ou menos urgente, pois temiam que esta rompesse suas ligações, com o perigo que isso supunha. A preparação para essa nova operação se fez numa calma que me surpreendeu; melhor, ela sentia até uma certa felicidade em voltar às salas de cirurgia apesar da dificuldade previsível da operação. Geneviève contou-me a razão dessa aceitação serena: ela desejava que eu estivesse em seu quarto de hospital antes de sua volta da sala de cirurgia a fim de que, na hora em que ela

[19] Seria preciso distinguir, nessa *Wollust*, nessa vontade de gozo na morte, estratos diferentes: o primeiro, que tem nomeadamente a ver com o desejo do Outro real; o segundo, em que o desprendimento que a análise permite operar em relação a esse Outro aumenta, em contrapartida, a força desse desejo em jogo, transvestido, em geral para sempre, em imperativo do gozo. O fato é que a análise não parou nessa posição que não era portanto de estrutura, mas efeito de uma introjeção "in the making". Por outro lado, contrariamente ao que supúnhamos em início de tratamento, o fato de se apoderar do falo imaginário (suposto ao analista) não foi, e isto é verdadeiro para qualquer tratamento, uma garantia de estabilização nem dos circuitos pulsionais, nem da transferência. A incorporação fálica, trate-se de mulheres ou de homens, não parece conhecer descanso. Essa via revela-se, pois, inoperante para amansar o supereu. A questão pertinente seria bem diferente: o que permitiria uma (relativa) desidentificação com as exigências deste último, isto é, não tanto não sofrê-las quanto poder a elas responder como ausente?

[20] De modo sempre incidente, ela me dissera, uma ou duas vezes, que pensava que eu lia o jornal começando sempre pela última página, isto é, da direita para a esquerda.

acordasse, eu a nomeasse[21]. Propuseram-lhe dois meses de licença no trabalho para que convalescesse, quinze dias depois ela vinha, ajudada pelas bengalas, dirigindo o carro, às sessões.

Mas o tempo de trabalho antes da operação havia permitido que a placa de metal fosse comparada a um cartucho contendo hieróglifos que representavam seu nome. Por isso Geneviève se fazia a seguinte pergunta: uma vez extirpado o metal, seríamos capazes de decifrá-lo? Eu, no caso, pois ela não achava que fosse conseguir isso.

Assim, um duplo movimento se esboçou a partir daí, movimento que modificou por completo o desenrolar da análise. Por um lado, a perlaboração da operação afigurou-se primeiramente difícil, pois ela conservou consigo a placa de metal que lhe fora devolvida pelo cirurgião, colocando-a numa gaveta da cômoda, cercada de roupas e sobretudo de algodão e gaze[22], "para que

[21] O que eu efetivamente fiz. Naquele dia, dei um telefonema para a responsável pelo setor de cirurgia para saber a hora em que a operação estaria terminada e, no momento do despertar, lhe fiz um sinal de saudação. Quando um ligeiro movimento de sua cabeça me deu a entender que ela me havia reconhecido, parti. Isto mudou radicalmente nossos lugares na análise. Não só porque sua demanda era recebível, e responder a ela, da ordem de um "Müßen", de um instante em que a análise acontece num "ou vai ou racha", mas também porque, longe de esmagar o desejo, a resposta do analista era seu reconhecimento. Ora, nomear, dando voz, teria sido, sim, encarnar o que há de real no pai. Aí fazer signo, *a contrario*, constituiu o assentimento dado à formulação de um desejo que inscrevia no real a função cuja necessidade ele reconhecia. Necessidade igualmente de um tempo segundo para ser introduzida como rastro (como unário) e não diretamente como nome, no sujeito. Por outro lado, o gesto silencioso, o fazer signo, cumpre sua tarefa de ato quando a uma demanda formulada no registro da pulsão invocante resposta lhe é dada no registro da pulsão escópica. É nessa distância entre os dois que se situa a ponta mesma do ato, permitindo, em contrapartida, que se intrinquem.

[22] Contaram-lhe inúmeras vezes que, quando nasceu, ela era tão pequena que a colocaram numa caixa de sapatos, cercada de algodão e gazes para esquentá-la. Mas a idéia de prematuridade era, como tal, na boca daquela que contava, uma confissão de "legitimidade" quanto à identidade de seu pai. Por outro lado, a "dúvida" de numerosos homens quanto à paternidade me foi várias vezes comunicada em análise por diferentes pacientes, surpreendidos por ouvi-la trans-

ela não sinta frio". A prótese estava viva, ela a sentia respirar, sentia que ela tinha frio. Ela, por outro lado, ocupava um lugar crescente na casa, a ponto de ressurgirem suas idéias de pular pela janela. Aproximando-se as férias, pedi-lhe que me trouxesse o pedaço de metal e quando ela o me entregou, simplesmente para que eu o visse e verificasse que um número de fato estava escrito (em números árabes, correntes), anunciei-lhe, para sua grande surpresa primeiramente, e que logo virou indignação, que eu ia ficar com ele. Como ela me negou qualquer direito de propriedade sobre o objeto, exigindo-o para si, como se lhe pertencesse, pois tinha feito parte de seu corpo, eu lhe disse que, já que se tratava de um dejeto, ela não tinha mais o direito de tê-lo. Assegurei-a no entanto de que ele seria conservado por meus cuidados. Ela aceitou apesar da raiva. Ao voltar das férias longas que seguiram de perto esse episódio, e para a quais eu não lhe havia dado o meu endereço, tive a surpresa de ouvi-la dizer que elas tinham sido boas e, pela primeira vez desde o início do tratamento, passadas na companhia de um homem que, me dirá ela mais tarde, a *nomeava*. Não fez menção alguma ao pedaço de metal... nem naquele momento, nem daqui ao fim de sua análise.

Provavelmente foi depois disso que a perlaboração de seu câncer terminou realmente, ou seja, bem mais tarde que a aquisição da certeza de que não haveria recidiva. Pois o que estava em questão não dizia respeito apenas à ferida física, considerável e traumática em si, mas ao fato de ter engendrado sozinha, em si mesma, um corpo estranho, feito de suas próprias células, *o que era a confirmação em ato de sua teoria sexual infantil.*

Ela havia identificado o neoplasma, as células tumorais – tão vivas que ameaçavam sua própria vida – fabricadas naquele interior inacessível a ela

mitida a seus próprios pais, embora já fosses adultos e nada permitisse pensar que houvera outro homem na vida de suas mães, pelo menos no que diz respeito precisamente à paternidade. Essa "não-crença", mais que dúvida, tem a ver com o fato de que esses homens conhecem uma disjunção entre o falo e o Nome do Pai. Não conseguindo crer que foram eles mesmos que engendraram, não só biologicamente, mas também por seu desejo, eles não têm outro recurso senão imputar – quase sempre *in petto* – um tal escândalo à mulher. O fato é que eles pensam que o lugar de pai pode ser ocupado por qualquer um, exceto por eles mesmos.

mesma, ao pedaço de metal trazendo uma escrita que ligava os dois pedaços do osso de seu quadril. A extração da placa metálica fora interpretada por Geneviève não só como sendo, uma segunda vez, a ablação do câncer[23], as duas cenas acabando engavetadas numa só, mas também como o que permitiria "lê-lo", saber o que ele era como ocupando lugar do nome próprio. Daí sua melhora tão rápida, pois foi essa segunda operação que lhe permitiu estar certa de que não tinha mais em si aquele corpo tão profundamente próprio quanto absolutamente estranho.

Essa maneira, afinal tão singular, de conceber o tumor dependia desta idéia: de que o falo materno, tanto de sua mãe quanto seu, assim como de

---

[23] Depois dessa segunda operação, para minha grande surpresa, as rugas que percorriam seu rosto de repente desapareceram, sua própria tez mudando de cor. Uma pele que era enrugada e de tez amarelada tornou-se bruscamente viva, rosa e transparente (aliás, ela começava, de vez em quando, a sorrir, o que nunca fizera antes). Essa transformação, que a fez rejuvenescer a olhos vistos, força a concluir que, se o corpo vive da mortificação produzida pela linguagem, por outro lado, o objeto, por não estar radicalmente perdido, o cadaveriza. A placa câncer retinha nela, como numa estase, a circulação do gozo no corpo, impedindo o funcionamento dos percursos pulsionais, exceto de modo irregular. Esse desaparecimento do ravinamento do rosto permite estabelecer a hipótese de que havia aparecido uma outra dimensão, invisível a olho nu, em que podiam se inscrever e ser depositados os rastros aluviais de um gozo doravante preso à letra. Em três dos cinco quadros (o da National Gallery em Londres, do St. Louis Art City Museum, da coleção Arango vistos na exposição organizada pelo Grand Palais em janeiro de 1988) que Zurbaran dedicou a São Francisco de Assis, o grande místico aparece em êxtase, sempre com uma caveira entre as mãos, mas também com uma rigidez cadavérica em seu corpo. Quando procuramos ler as legendas, nesses quadros, o pintor a representou viva. No último, o do museu de Beaux Arts de Lyon, o santo para quem as plantas e os animais eram os irmãos do homem nos é mostrado com um corpo vivificado e o rosto imperceptivelmente tenso pela presença de um Outro, que não está representado. Se, para o espectador não prevenido, ele lá está bem vivo, pois orando de pé, no escuro, com o olhar virado para o céu, aureolado talvez por essa luz que envolve por cima os santos no momento mesmo de receber a graça, ele se engana, São Francisco lá está pintado morto. Ao pintar esse quadro, Zurbaran representou uma velha lenda, saída de um relato do papa Nicolau V que, depois de ter visitado a sepultura do santo, em 1449, teria contado ter encontrado o corpo do santo não

toda a gente feminina, era indissociável de sua carne, de seu funcionamento fisiológico. Também é essa idéia que era geradora do paradoxo no qual ela estava prisioneira, tanto em relação a essa doença quanto à maternidade como tal, pois fora estabelecida uma identidade entre uma e outra[24].

Pouco tempo depois, ela ia visitar os pais, de bom grado, e interrogava o pai, pela primeira vez na vida, sobre a sua vida no *stalag* e sua volta à França. Para sua grande surpresa, ele respondeu com interesse às suas questões e declarou, entre outras coisas, sem dar a isso a mínima importância, que voltara à França antes da data que sempre haviam indicado a ela. Mostrou-lhe alguns objetos que guardara da época e decidiu, pela primeira vez em mais de quarenta anos, retornar à Alemanha e rever o campo onde passara a guerra inteira. Durante a conversa, a mãe se atarefava preparando o café e acompanhava da cozinha a conversa. Até que um barulho de louça quebrada fizesse entender a que ponto aquele simples fato de o pai falar com a filha a desconcertava

---

corrompido, "intacto e de pé", arrebatado no êxtase para além da morte (ver catálogo da exposição, *Réunion des musées de France*). Seu gênio permitiu a Zurbaran representar nesses quadros dois gozos, dos quais um cadaveriza o corpo do vivo, ao passo que o outro o vivifica para além de seu ser mortal, o que representa uma aquisição cultural inestimável. Mas seria necessário notar que essa presença cadavérica, que não é homóloga da introdução da *segunda morte* no corpo, não é tanto um efeito do simbólico (ou do falo) quanto a conseqüência de um não acabamento da foraclusão do objeto. Por outro lado, *nem toda* abordagem do Outro gozo a faz, imediatamente, idêntica ao gozo da morte, *exceto aí se mantendo*. O fino fio que os separa deveria ser sempre mantido ou recriado. O judaísmo e o budismo zen, à guisa de exemplo, e de maneira bem diferente para cada um, proíbem e combatem qualquer confusão entre um e outro. O fato é que a análise deve chegar a esses lugares para aí permanecer até que uma inversão de tendência possa ser produzida.

[24] Talvez a essa concepção de um falo, real, mas não ligado à fala e à linguagem, presente paradoxalmente em alguém tão dotado para a escrita, corresponderia bem a idéia heracliteana de (o arco) "... τον τοξο δε ονμα βτοσ, θανατου εργων", ou seja: (o arco) "teu nome é vida, tua obra, morte". A passagem do real ao simbólico só pode ser feita porque letras, lugares do real e lugares no real, vêm inscrever como nomeado e nomeável um real que escapava à nomeação. Em que o trabalho feito pelo analista é da ordem da nomeação, mas sem passar forçosamente pela voz, ou seja, sem pesar sobre a função paterna. É nisso que a análise se distingue de qualquer religião. O analista produz função paterna, mas somente no registro do unário, não falando nunca *a partir* dela.

e a deixava pasmada por aquele acontecimento propriamente inaudito. Ela deixara cair das mãos sua porcelana mais preciosa. Ela a largara.

Não soubemos, em análise, se a data errônea da volta do pai era somente obra da mãe, pois, nesse caso, por que o pai se prestara a dar crédito à suspeita subjacente ao equívoco? A casa fora ocupada num certo período por um ou alguns oficiais alemães e, no sótão, houvera, depois, um oficial inglês. Também é certo que um outro homem existira durante aqueles anos, homem cujo estatuto sempre permaneceu incerto. Por outro lado, seu pai era oficialmente prisioneiro num lugar conhecido e não podia haver dúvida alguma quanto ao fato de que estava vivo. O pouco caso que ele fez da filha não constituía de modo algum a prova da sua não-paternidade, mas antes o sinal de que sabia que a mãe realmente havia amado um outro. No caso da mãe, o não-amor pela filha foi conseqüência do fato de ela ser filha de um homem que ela não amava mais e não a prova de uma infidelidade qualquer. Sua culpa, o efeito não de uma "falta", mas de não poder ter deixado o homem que voltava de cinco anos de *stalag*[25].

Essa mãe voltará a habitar a sua mente durante anos ainda, sua figura indo até tomar o relevo dos homens que passavam em sua vida, dando aquele suplemento de machucados a relações que nunca podem ser pacíficas. Mas o riso que Geneviève pudera então se permitir, pontuando o mau jeito com a louça de café, desenhou uma linha imperceptível que sua mãe, dali por diante, não estava mais em condição de transgredir.

Da mesma forma, nessa época, a filha de Geneviève, que ganhara um concurso de poesia, decidiu fazer um ano de colégio na Alemanha, depois de lá ficar para ter tanto o 2º grau alemão quanto o francês. *In loco*, aproveitou para pedir e conseguir fazer uma análise em alemão. Durante a primeira viagem para visitar a filha, Geneviève descobriu, no trem, que havia deixado na França seus documentos: carteira de identidade, passaporte, ela não tinha nem a carteira de motorista. Finalmente vai ser graças a uma carteira de Previdência Social[26] e após longas negociações que a polícia de fronteiras a deixará passar.

[25] Enquanto católica e patriota – da mesma forma que seu marido –, qualquer outra saída devia ser para ela impossível.

[26] Ela mesma assinalou, em sessão, a repetição da consoante no início de cada uma das duas palavras [em francês, *Sécurité sociale* – *SS*. (NT)].

Na volta, contou-me que o caminho mais curto que levava ao ginásio de sua filha era uma trilha escarpada, gelada no inverno, ladeada, por essa razão, de uma placa em alemão, "Proibido passar" (foi a filha quem lhe traduziu). Ela sonhou que é esse caminho, escarpado e proibido, que ela toma para chegar... a meu consultório, que ocupa em seu sonho o lugar do local do colégio. Em suma, tudo se passou como se a cena analítica lhe tivesse permitido constituir sua *cena primária* ali onde seu pai fora desprovido de tudo, talvez até de seu nome, e isso, é verdade, antes de seu nascimento, mas já ausente do Outro. O fato de sua própria filha fazer da língua alemã uma língua de amor permitia não uma transgressão, mas de fato, para ela, a constituição do interdito, pois foi em alemão que seu pai fora demitido de sua função.

Sua língua de eleição, por outro lado, era o inglês, cultivado desde a quinta série com o sentimento de ter ali um instrumento que lhe permitiria ter pensamentos seus que não fossem suscetíveis de ser conhecidos de sua mãe, *apesar* do fato, mas também *por causa* do fato de que esta encontrara uma família inglesa. Sabendo disso, e, como ela estava confrontada durante uma sessão com uma ambigüidade em francês que eu desejava fazer desaparecer, dirigi-me a ela, brevemente, em inglês.

Incontinente, ela pôde voltar a uma palavra estranha de que já me falara há muito tempo, que se tornara um ritornelo e uma fonte de enigma tanto ela se encontrava na impossibilidade de decifrá-la. Era pronunciada de maneira ritual desde a adolescência, mas o momento em que se tornara um rébus insensato fora esquecido. Nessa época, ela começava a aprender inglês e impunha-se, em sala, poder a um só tempo tomar nota, com uma das mãos, da aula do dia, fosse ela de francês, matemática ou outra, e, simultaneamente, com a outra mão, escrever um texto para ela que não tivesse nenhuma relação nem cruzamento com o que se passava em sala.

Uma palavra assim lhe voltava continuamente à cabeça: "Bubble-Dee!". A via dos chicletes americanos, do "double-bubble", dos GI* já havia sido explorada para não chegar a nenhum resultado tangível. Nesse dia, depois de ter-me ouvido lhe falar em inglês, ela disse sem cerimônia, rápido demais

* Assim eram conhecidos na França, em 1945, os soldados do exército americano. (NT)

para ficar surpresa, mas... "Bubble-Dee[27]!" era "Double be!". "Seja duplo!", injunção que estava na origem dos dois textos simultâneos, das duas correntes de pensamento que existiam nela permanentemente.

"Double be!" era uma injunção superegóica na origem de uma clivagem do eu [*moi*]. Mas essa clivagem[28] era uma necessidade vital para tentar fazer, com um pouco de eu, sujeito. Em outras palavras, era preciso alguém que pensasse independentemente de um Outro, mas que não tivesse para fazer isso nenhum objeto que lhe servisse para dele se separar. Um Outro a quem, apesar de suas tentativas de suicídio, nada faltava. Não seria justo, mas sobretudo inexato, dizer que as palavras do francês tinham ficado caducas ou perigosas, porque pertencendo à mãe, da mesma forma que seu corpo, que esta podia ou maltratar, ou abandonar. Mas ela devia se apoderar delas de novo, reconquistá-las a partir do uso cotidiano para lhes dar novamente peso, textura, sonoridade, e *assim* apoderar-se de novo de seu corpo. Ela devia, pois, guardar e dominar uma parte de si mesma ao mantê-la em contradição com a outra parte, aquela que ela abandonava ao Outro como a parte maldita de um sacrifício consentido.

Assumido pelo princípio de prazer, cuja atividade não é apenas *econômica* mas *cifrante*, logo, de fato tópica e a serviço do recalque, o comando tornou-se aqui um *cache* anagramático, volta do recalcado. Tornado insensa-

---

[27] "Bubble", ou seja, "bolha", é no que ela pensava estar resumida, quando, meses sem tomar banho, ela me dizia estar cheia de ácido.

[28] O fato de a "Spaltung" freudiana ter sido traduzida tanto por "clivagem do eu [*moi*]" quanto por "refenda" e "divisão do sujeito" não ajuda a ligar dois conceitos que, embora diferentes, guardam entre si tanto um parentesco de estrutura quanto uma relação de necessidade. Pois as "clivagens" do eu são produzidas quando a divisão do sujeito, entre significante e objeto, não se realizou, ou não se realizou o bastante. O que faz que as primeiras sejam tanto os representantes da inexistência da segunda quanto os obstáculos para encontrá-la e construí-la. Mesmo assim, o mais admirável deve-se ao fato de que, para que isso possa ter sido pensado, foi preciso o alemão de Freud em que a letra se inscreveu, mas em que essa distinção é improvável, sua tradução em inglês que, ao precisar um dos sentidos, o egóico, recalca sua outra vertente, sem que subsista rastro algum de sua operação, e sua retomada em francês por Lacan, que lhe dá seu clinâmen do lado da estrutura. Desse modo, os destinos da letra, no texto e no Inconsciente, afiguram-se homólogos.

to para o sujeito, ele garante, por um lado, sua eficácia, pelo outro, que o eu [*moi*] não sofra um esmigalhamento sem volta.

"Bubble-Dee" era o nome que ela havia dado a um homem avistado por ela uma única vez em casa, numa idade em que ela mal devia começar a falar. Sua mãe nunca lhe havia confirmado essa visita, questionada no entanto numa época em que Geneviève podia dar nome e prenome ao hipotético mas para ela certo visitante. A cifra do desejo do Outro era um Nome do Pai que divergia com o do genitor. O que produziu um impedimento essencial de sua função nomeante, traduzindo-se por certos de seus sintomas.

Assim, muito se falou dos ruídos que ela escutava nas paredes de sua casa certas noites e, mais tarde, em meu consultório, certos dias em que o vento do oeste fazia particularmente bater portas e janelas. Tendo tomado o partido – após várias sessões finalmente ocupadas em apenas escutar essas batidas – de deixar aberta a porta de meu consultório, Geneviève me confessou que, se há pouco os ruídos na parede a aterrorizavam, agora, e sua voz exprimia apaziguamento e satisfação, ela pensava que eles a nomeavam[29].

Anos após a interrupção da análise, tivemos notícias dela, indiretas, por pacientes que trabalhavam episódica ou regularmente com ela, e diretamente, durante um encontro inteiramente fortuito em que Geneviève pôde, em algumas palavras, nos dizer que não só ela mesma ia bem, mas seus filhos também.

---

[29] Da mesma forma que para o episódio da folha morta, sou forçado a constatar, se não quisermos ficar no necessário mas nem sempre suficiente balizamento semiológico, que não se trata de modo algum, aqui, de alucinação verbal em que surgiria o fenômeno primordial, e que é produzida, na maior parte do tempo, a partir de frases truncadas de onde a significação fálica está ausente, ou de insultos – lugar do *percipiens* e, logo, do sujeito –, mas de fato da transformação de um terror infantil, no próprio lugar onde, encontrando-se no desamparo mais absoluto diante do real, esse terror se torna – por intermédio da nomeação que ele recebe – uma experiência de um interesse libidinal certo e, a partir daí, diferentemente agenciável. Há, nesse relato, o eco de um mito que está se construindo: pois, ao receber seu nome de uma "voz grossa" que não está, ainda, ligada a ninguém, o que acontece, na realidade, é que ela está se constituindo.

Post-Scriptum

O achado relativo à morte de Manuel de Falla na Argentina, tomado em seu valor absoluto, pelos efeitos que teve no desenrolar do tratamento, embora esteja articulado aos efeitos de queda e de simbolização produzidos pela operação de restituição, merece ainda a nossa atenção. Com efeito, pode acontecer em outros tratamentos, e ainda que as estruturas dos pacientes sejam diferentes, que associações ou pedaços de fantasia os levem, por acaso, a adivinhar tal ou tal episódio da vida do analista e que, por aí, cheguem a pensamentos contíguos. Não consideramos que esses achados sejam necessariamente patognomônicos de tal ou tal tipo clínico. Achamos, no entanto, que eles constituem momentos-chave do tratamento e que o analista deve, mais tarde e sem exagerar a importância, confirmá-los, pois esses achados assinalam a posição identificatória do paciente em relação ao analista, e a confirmação deles marca justamente os pontos por onde um corte poderá ser efetuado.

Na análise que nos ocupa aqui, nossa paciente não acreditava em seus próprios pensamentos e exigia de nós que não acreditássemos neles. Ao lhe responder que ao menos um de seus pensamentos relativos a mim, bem incrível, de resto, era verdadeiro, não só lhe confirmamos que há uma morte que precede a vida e é até a sua condição, mas ainda, ao lhe dar assentimento – o que, no Outro, vale por um signo de real –, permitimos que ela arrancasse *ao menos um* pensamento da indexação de não-crença à qual *todo* o seu pensamento estava submetido para permitir que ela o ligasse à certeza que lhe era significada, até ali, *apenas* por sua produção alucinatória, à exclusão de qualquer outra. Cada uma dessas operações fez série e permitiu refazer de outra maneira o quiasma entre certeza e não-crença. Crer na enunciação que vem do objeto permite não crer nela ali onde se está certo. Não está aí o sujeito?

Seria decerto possível objetar que, se a coincidência, contingente[30], desconhecida do paciente, entre um pensamento e um acontecimento real, lhe é confirmada, é antes correndo o risco de fazê-lo deslizar ou de acuá-lo na

---

[30] "Contingente" é a tradução de São Tomás, em *Física de Aristóteles*, da τυχη (tukhé), isto é, do encontro ocasional.

vertente do pensamento mágico, próprio a um Outro sem barra. Longe de recusar esse desafio, pensamos que só o caráter "mágico", *id est* eficaz do significante, pode permitir, eventualmente e após corte, dar um lugar ao sujeito, entre o incalculável do encontro e um forçamento do real, consistindo em não mais acreditá-lo *esconderijo de um saber* que se faz conhecer por si mesmo. Mas isso só poderia ser alcançado por intermédio de uma *nomeação em ato*.

Por isso, articular a certeza a um *pensamento contingente* é um ganho sobre a angústia, a qual, não enganando, está absolutamente certa, sim, mas de nada...

LETRA
E
LITERATURA

Medida por medida ou Shakespeare e a superação da tragédia

O drama[1] começa com uma partida e uma investidura. Acaba num retorno e numa destituição. Entre esses dois termos, os personagens dramáticos vão eles mesmos se descobrir outros que eram. Não assistiremos ao desenvolvimento regrado de um combate entre caracteres, mas, muito pelo contrário, ao advento de uma ação em que o encontro entre personagens e discursos vai se resolver numa peripécia que mostra que a repetição, longe de ser antecipável, só existe no inesperado.

O primeiro ato desdobra, em toques sucessivos, não o emaranhamento dos fios em que a ação se urde, mas debates éticos sobre a Dívida, a natureza da linguagem, a origem do sujeito, o gozo como crime, a essência da Lei.

Nem por isso é, e apesar do título, uma moralidade, de estilo medieval; nem um drama cristão, ainda que os debates teológicos do século XVI ressoem na boca dos personagens; não é tampouco um drama político, já que a ação não é nem datada nem situada. Não é, enfim, uma tragédia, embora todos os requisitos nela se achem reunidos. Tentaremos mostrar o porquê dessas afirmações.

---

[1] Texto, amplamente reescrito, de uma conferência dada na Casa da Cultura do Havre, durante a representação de "Medida por medida", encenada por Peter Zadek, com Isabelle Huppert e François Marthouret. Utilizamos, em geral, a excelente tradução de Michel Desprats, e, para o texto inglês, seguimos a edição das *Œuvres complètes* em edição bilíngüe, Le Club français du Livre, que reproduz os textos estabelecidos pela Cambridge University Press [Utilizamos, em português, a tradução de F. Carlos de Almeida Cunha Medeiros e Oscar Mendes, publicada originalmente pela Editora Nova Aguilar S. A., Rio de Janeiro. (NT)].

Numa Viena fora do tempo, seu príncipe, o Duque, deixa o poder e o entrega a Ângelo, seu homem de confiança, dizendo-lhe:

> I.1. – A natureza jamais empresta a menor parcela de sua excelência sem que a deusa econômica reserve para si mesma os privilégios de um credor [...].

Falando claramente, a causa da ação não são as boas obras, mas o pagamento da dívida só pelo fato de ser o que somos. Porém veremos depois que a partida do Duque não é uma verdadeira partida, que os elogios que ele faz a Ângelo não são nem falsos, nem verdadeiros. Só a ação poderá desvendar o sentido das palavras. Nisto, o duque não é a encarnação do príncipe cristão, braço secular da ordem do mundo, mas já o príncipe moderno, no qual a esfera da ética e a da política separam-se entre si e ambas da religião. Durante essa separação abre-se um terreno que uma e outra vão disputar entre si: a sexualidade.

Ao mesmo tempo que os mestres fazem a passagem do poder, três fidalgos, isto é, seus sujeitos, discutem a natureza da graça:

> I.2.4. – *Lúcio* [...] – Estou certo de que jamais te encontraste em lugar algum onde dissessem ação de graças.
> *Segundo fidalgo* – Não? Uma dúzia de vezes pelo menos.
> *Primeiro fidalgo* – Em que ritmo?
> *Lúcio* – Em qualquer um ou em qualquer língua.
> *Primeiro fidalgo* – Não há dúvida, e em qualquer religião.
> *Lúcio* – Ora, por que não? A graça é sempre a graça, apesar de todas as controvérsias; por exemplo: tu mesmo és um rematado patife, a despeito de toda a graça.
> *Primeiro fidalgo* – Bem, um par de tesouras nos cortou da mesma fazenda.

O debate sobre a graça é casado por Shakespeare com a reflexão sobre a origem do sujeito: se há unicidade da graça para além da diversidade das línguas, o que coloca a existência de uma referência exterior à linguagem, essa própria unicidade é a do par de tesouras. Somos o resultado de um golpe de acaso. Assim somos feitos: a um a fazenda, ao outro a barra.

Mas é difícil ficar de acordo quanto ao que cabe a cada um, e esse debate passa pela querela sobre o sentido das palavras, já que aquele que fixa o sentido delas por último é aquele que também decide nos assuntos de valor, de substância.

> I.2.45 – *Primeiro fidalgo* – Vives sempre arranjando doenças para mim, mas estás completamente enganado. Todo meu corpo soa muito bem.
> *(Thou art always figuring diseases in me; but thou art full of error. I am sound.)*
> *Lúcio* – Não há dúvida de que soa; não como coisa sã, mas como coisa oca. Teus ossos estão ocos. A libertinagem fez uma festança dentro de ti.
> *(Nay, not as one would say, healthy; but so sound as things that are hollow; impiety has made a feast of thee.)*

Um utiliza "sound" no sentido de "sólido", o outro lhe retorque ressaltando-o por seu reverso: "oco". O combate não se desenrolando com floretes embotados, este atinge aquele: a libertinagem o esvaziou. Essa luta para impedir que o outro ocupe o lugar da significação nunca é, em Shakespeare, a simples consideração da instabilidade profunda que, tal um terreno móvel, faz vacilar as relações entre fala e linguagem, mas, mais fundamentalmente, a conseqüência do que aconteceu na primeira cena. Um deslocamento no poder: a queda de um príncipe, a entronização de um outro; um deslizamento tectônico entre os discursos que disputam entre si a dominação sobre a linguagem.

É assim, já enquadrada por esse discurso, que a ação vai surgir. E esse puro advento, simples efeito, bem no início, da nova entrada em vigor de uma velha lei, vai carregar um a um os personagens.

Que lei? Aquela segundo a qual será morto todo aquele que tiver gozado sexualmente com uma mulher fora dos sacramentos do casamento.

Logo promulgada, Cláudio, um fidalgo, é condenado à morte e enviado à prisão.

> I.2.74 – *Senhora Overdone* – Está bem. Que foi que ele fez?
> *Pompeu* – Uma mulher.
> *Senhora Overdone* – Mas, que crime cometeu?
> *Pompeu* – Andou pescando trutas num rio particular.

Senhora Overdone – Que houve, então? Fez um filho numa donzela?
Pompeu – Não, mas fez mulher de uma donzela.

Assim conversam a prostituta e o cafetão, vendo passar o condenado à morte e sua mulher grávida, expostos pelos policiais à população. O jovem exclama:

I.2.90 – *Cláudio* – A espada do céu fere quem quer, poupa quem quer. Mesmo assim, é sempre justa [...]
Como os ratos que comem vorazmente o próprio veneno, nossas inclinações correm atrás de um mal de que estão sedentas e, quando bebem, morremos.

Porém Cláudio também pode ser considerado inocente. Não aos nossos olhos, mas por causa do que se entende na época pela lei do casamento: já que ele é casado por contrato privado com Juliette, eles não passaram pela Igreja. O que estava em uso na Inglaterra, segundo o direito canônico, mas que a Igreja contestava.

Cláudio é, pois, um culpado trágico por excelência, já que também é totalmente inocente. Shakespeare consegue nos situar numa contradição trágica em que as próprias noções de pecado e de lei são em si, de dentro, contestáveis.

Cláudio se julga ele mesmo culpado, mas pelo fato *de um julgamento que é anterior à falta*, de uma graça que não se conquista, já que resulta de uma contingência absoluta, preexistente. Ao passo que seu amigo Lúcio, que crê na graça pelas obras, freqüenta prostitutas, ele, que ama uma mulher, não só é punido, mas, numa passagem de sombria beleza, esposa seu castigo de tal modo que ele condena seu desejo, o desejo simplesmente, fazendo dele o igual da vontade má, de um radical querer o mal.

Quando o Duque, no segredo da cela de um convento, confessa ao monge que deixa a Ângelo a preocupação com a repressão que ele repugna em tomar sobre si, ele acrescenta: "[..] mal denota [Ângelo] que o sangue corre por suas veias ou que seu apetite prefere o pão e não a pedra" (I.3.51-52). O Duque se pergunta se a vontade santa de seu mensageiro Ângelo é fingida ou verdade.

O segundo ato verá aparecer Isabel, a jovem irmã de Cláudio, noviça no convento, já prevenida por Lúcio do extremo perigo que corre seu irmão, e encorajada por ele a implorar a clemência de Ângelo.

Mas esse encontro dramático, chave da obra, e que forneceu matéria a três séculos de debates na crítica shakespeareana, é precedido de dois debates sobre a natureza da lei. Num, Ângelo exclama: "Que importa às leis que ladrões condenem ladrões?". Em outras palavras, para ele, pouco importa quem é o agente da lei, já que ela é letra e somente letra que condena sem leitura.

Na segunda cena, o agente de polícia Lecoude traz diante dos juízes o cafetão bufão e seu comparsa para acusá-los de proxenetismo. Como sua própria mulher foi para a casa de tolerância, ele cumpre seu dever prendendo-os, mas diz aos juízes que está trazendo "dois benfeitores notórios *desprovidos* de qualquer profanação do mundo". Para nomear a casa de tolerância, em vez de dizê-la "suspeita", ele fala de uma casa "respeitada". E, quando exclama que a mulher, se tivesse sido dada à castidade, poderia ter sido acusada de fornicação, o cafetão pode lhe retorquir que sua mulher era muito respeitada, por seu esposo... O agente de polícia não pode acusar e mandar punir o cafetão sem perder, ele, sua honra.

Ao dizer "respeitada" em vez de "suspeita", ele deixa pensar que o que é suspeito é respeitado e o que mereceria o respeito é suspeito. Mas esse diálogo cômico, em que a oposição significante é maltratada, nos leva silenciosamente à beira do abismo, já que, sem a oposição significante, precisamente, a ordem humana não é mais possível. Ao equivocar-se, a língua do pobre policial bêbado diz mal o mal, no que ela é o espelho da nova lei. Mal dizer põe a linguagem em perigo, da mesma forma que o mal-uso da lei põe em perigo não só a vida de um homem, mas, através dele, o que o desejo é. O riso provocado pelo diálogo cômico é o único afeto possível diante da presentificação do lugar onde as diferenças são abolidas. Já que o fato de a oposição do dia e da noite preexistir à linguagem não oblitera que esta a assume para fazê-la existir e que cabe ao dizer renovar a cada vez essa separação.

Ângelo parece não entender o pedido de Isabel:

> *Ângelo* – Mas qualquer falta já está condenada antes que seja cometida [...] Se ele fosse meu parente, meu irmão ou meu filho, aconteceria o mesmo com ele [...]
> Vosso irmão está condenado pela lei e vós estais perdendo vossas palavras.

> II.2 – *Isabel* – Quem foi que já pagou esse pecado com a vida? São numerosos os que já o cometeram.
> [....] Penetrai em vosso âmago; batei na porta de vosso coração e perguntai-lhe se não conhece nada que se assemelhe ao pecado de meu irmão; se ele confessar uma tendência natural análoga à dele, que ele não permita que vossa língua exprima um pensamento contra a vida de meu irmão.

Ângelo, contra toda expectativa, está emocionado. Isabel havia começado seu pedido indecisa, não podia, com efeito, jovem noviça, puritana sem o saber, não sê-lo quando implorava o perdão pela vida de um pecador. Ainda que fosse seu irmão. Mas a emoção que ela arranca de Ângelo, sentimento por ele desconhecido, jamais experimentado, vai precipitar o drama.

> II.2.162 – *Ângelo* – Será culpa dele ou minha? A tentadora ou o tentado, qual é o mais culpado? Ah! não é ela quem peca, pois não é ela quem me tenta; sou eu mesmo que [...], em lugar de embalsamar os ares como uma flor, apodreço como carne putrefata sob a influência da estação feliz. [...] Será possível que o candor da mulher seduza mais nossos sentidos do que a leviandade? Quando temos tantos terrenos inúteis, devemos arrasar o santuário para aí instalar nossos vícios? [...]
> Tu a cobiças, sordidamente pelas próprias coisas que a fazem virtuosa? [...] A tentação mais perigosa é aquela que nos conduz ao pecado pelo amor à virtude [...].

Ângelo ordena a Isabel que volte no dia seguinte. Mas ele ficou tocado e sua perturbação não vai lhe dar descanso. Seus pensamentos e suas preces tomam direções diferentes. O céu recebe palavras vazias, sua imaginação ancorada na jovem não entende a sua língua que, em sua boca, mastiga o nome de Deus.

Quando Isabel reaparece, ela ouve como preâmbulo:

> II.4.42. – [...] Seria o mesmo que perdoar aquele que rouba à natureza um homem feito, como livrar esses impudentes voluptuosos que cunham a imagem do céu em espécies que são proibidas.

Ele já lhe confirmou que Cláudio morrerá, sustentando assim seu veredicto. Exceto que... para salvar a vida de seu irmão, que vai ser tomada pela mais justa das leis, ela deverá submeter seu corpo à mesma sujeira voluptuosa que a mulher que ele sujou.

Isabel não compreende de imediato. É evidente que ela não pode pensar um único instante na natureza do que acaba de lhe ser proposto. Ela está em presença de seu Mestre, ainda que ele o seja por delegação. Decerto alguém conhecido por sua inflexibilidade, mas cujo universo ela partilha. Ela não pede um favor apenas porque Cláudio é seu irmão, por simples motivação familiar ou sensível. Ela discute com seu soberano, em nome do direito que sua sujeição lhe outorga sobre a natureza da lei, sobre a distância necessária entre a sua natureza divina e sua aplicação humana. Ela suplica a alguém que ela supõe ter rejeitado dele mesmo, da mesma forma que ela, toda inclinação devida a razões sensíveis ou eróticas.

Isabel é uma irmã de Ofélia, mas, bem mais que a infortunada noiva de Hamlet, a pura encarnação de um gozo não sexual, feito da tentativa infinita de delimitar um Outro com palavras que são apenas louvores, que se dissimula no silêncio.

E, se Ofélia morre em conseqüência do ódio de Hamlet – que na realidade visava sua mãe –, a questão se coloca com toda naturalidade: como Isabel vai poder sobreviver ao ódio que ela desencadeou em Ângelo e que faz nascer nele um desejo cuja causa é a sujeira?

Num primeiro tempo, a ausência de resposta àquele que a rebaixa ao estatuto de ser um corpo, ela que não o tem, obedece a um fato absoluto. Entre uma e outro, não há à primeira vista *nada*. Nada que da ordem do pensamento permita ligá-los. Só um tempo segundo pode, eventualmente, mantendo-os juntos separadamente, fazer surgir o pensamento. Daí a resposta dela:

> II.4.100 – [...] Encontrando-me condenada à morte, eu me enfeitaria com os sulcos sangrentos do chicote que lacera como se fossem rubis e me despiria para entrar no túmulo, como num leito que houvesse cobiçado apaixonadamente, mas não cederia meu corpo ao opróbrio.

Só o gozo masoquista é permitido. Já Ângelo, vendo-se incompreendido, havia claramente insistido:

II.4.53 – Resgatai vosso irmão abandonando vosso corpo a meu desejo.

E Isabel que responde:

II.4.185 – [...] Mais cara do que nosso irmão é nossa castidade.

Por que ela entrega o irmão à morte? Porque aceder à vontade de Ângelo seria pior que a morte na terra. Consentir nisso suporia condenar-se para a eternidade. Ângelo não lhe pede para lhe entregar seu corpo: ele quer sua segunda morte. Shakespeare põe aqui o acento nessa operação tão particular, fundadora do cristianismo, que consiste em tirar o masoquismo do gozo sexual, outorgando-lhe com isso valor de santidade.

Ângelo (ou Ricardo III) é universal em sua singularidade, na medida em que ele goza ao enunciar a lei: "I, now the voice of the recorded law" "Eu, que sou o órgão da lei em vigor" (II.6.61). O que nos permite supor que a lei primeira é instituidora e que, ao deixar a marca da segunda morte, ela abre o sujeito à demanda. Mas isso também nos permite prosseguir: na constituição da estrutura, o fato de o enunciador gozar prejudica gravemente o narcisismo, deixando-o desfalicizado. Por sua vez, o desejo perverso é forçado a repetir essa instituição primeira, gozando do ato de enunciá-lo. O que responde ela a essa enunciação erotizada? "I have no tongue but one!". Só tenho uma língua. Isabel é a presentificação do lugar impossível de um sujeito sem recalque fora de gozo fálico (II.4.139). Seu corpo é o corpo de sua fala, que diz o que ela diz, nem mais nem menos, sem retórica que assinale que ela está dividida com relação a si mesma. Sua referência não está para sempre perdida, ela a delimita o tempo todo no que ela diz. Nela, a questão da verdade não se coloca.

Nesse ínterim, o Duque visita a prisão disfarçado de monge, interroga Cláudio e Juliette e, escondido, ouve Isabel discutir com o irmão, contar-lhe o contrato proposto por Ângelo e sua recusa de a ele ceder. Ele ouve a insustentável discussão entre irmão e irmã e a determinação desta de deixá-lo morrer, sem que nenhuma piedade venha abalar a sua decisão.

Quando Cláudio suplica à irmã que lhe permita viver abandonando-se ao governador, a jovem o amaldiçoa, dizendo-lhe que, se ele devesse renascer por sua vergonha, tratar-se-ia de um incesto, e conclui a conversa fazendo votos de que ele morra o mais rápido possível.

Aqui, Isabel faz, em seu furor, obra de teórica, já que define o gozo sexual, enquanto tal, como incestuoso e criminoso.

Ao mesmo tempo que confirma a Cláudio a decisão de morte, o príncipe urde um estratagema e, *sem se desmascarar*, propõe a Isabel a sua preparação.

Ângelo há pouco estava noivo de uma senhora, Mariana, com a qual o dia das núpcias fora fixado. Mas, quando o dote dela se perdeu no mar no naufrágio do barco de seu irmão, esta se viu repudiada por aquele que devia desposá-la, porque ela não estaria sem mancha.

O Duque propõe à jovem aceitar a proposta de deitar com Ângelo. Como Mariana ainda está apaixonada por ele, ela aceitará trocar de lugar com Isabel no escuro.

Uma vez consumado o fato, Mariana estará vingada – Ângelo devendo casar-se com ela –, o ministro corrupto julgado, Cláudio salvo, a honra da jovem intacta.

Até aqui só havia, para resolver o conflito que reunia os personagens, uma saída trágica. A alternativa colocada pelo Regente como ato de governo era: *ou a morte na terra do irmão ou a morte eterna para a irmã*. A história está cheia desses exemplos e os poetas usaram mais de um como nó trágico.

Por outro lado, o estratagema da substituição de pessoas, jogos de duplos, de cartas marcadas, foi utilizado por Shakespeare em todas as suas comédias, constituindo mesmo uma das forças da comédia nova de Menandro e Terêncio.

O que faz de *Medida por medida* um drama estupeficante por sua construção é que, como o antagonismo que deve conduzir a um desfecho trágico, a introdução *pelo príncipe* de uma *cena-fora-de-cena* muda a causalidade do desenrolar da ação. O que não é visto e não pode ser visto muda o encadeamento do que é visto. Ora, a cena-fora-de-cena só pode ser urdida mascarada, estabelecendo ao mesmo tempo a função do semblante graças à qual um duplo discurso pode ser instaurado. *Two tongues*. Daí emerge que não se deva *necessariamente* pagar com o preço da vida o fato de falar. De desejar.

Em *Hamlet*, a *play-scene*, a cena-na-cena, precipitava o curso da ação, o príncipe podendo *olhar* o efeito da cena de assassinato em seu tio. A montagem em atos do que não podia ser dito precipitava as passagens ao ato em cadeia: a série dos assassinatos. A cena-na-cena é um desencadeador trágico por excelência e fornece aos conflitos o investimento imaginário indispensável ao estopim.

Em *Medida por medida*, ao contrário, a cena-fora-da-cena, inacessível ao olhar já que escondida, condensa e dispersa pela força da farsa uma parte essencial da energia que instantaneamente se dirigia para a morte.

Se o trágico é o encontro entre o sublime e seu duplo, o ódio perverso, que, este, só concebe a erótica como tatuagem indelével da marca do Um sobre o Outro, como lembrança inapagável da comum sujeira deles, o amor sexual, este, no que tem de burlesco, de jamais definitivo, permite sair do trágico, desestabilizando um gozo que nunca tem descanso, erigido que está no infinito, sem volta sobre si mesmo, pela introdução do ritmo e da pulsação.

Acreditou-se ver no estratagema do Duque[2] uma metáfora da Divina Providência, o que devolveria ao príncipe a estatura do Príncipe cristão. Mas já se viu na História a Providência inventar uma cena sexual como resolutiva das contradições aqui na terra?

O fato de a astúcia da razão adotar a *Gestaltung*, a formação da sexualidade, para nela introduzir uma espécie de *Aufhebung*, antes nos afasta do espírito do cristianismo para nos colocar outros problemas que aqueles que puderam nascer em seu solo.

O Duque impede o carrasco de executar Cláudio, tal como uma carta de Ângelo ordenava, e manda substituir seu corpo pelo de alguém que acaba de morrer. Mas, por duas vezes, ele diz a Isabel que seu irmão foi morto.

Durante a cena final do julgamento, ele começa por absolver Ângelo e condenar a jovem à prisão, tratando-a de louca, usando alternativamente sua máscara de monge e seu rosto real, o que lhe permite desaprovar como príncipe o que disse como religioso.

Finalmente, ele condena Ângelo à morte e só aceita suspender essa condenação, apesar das súplicas de Mariana, se Isabel – sempre convencida da

---

[2] Ver o prefácio de Ernest Schanzer, nas *Œuvres complètes*, edição citada.

morte do irmão – primeiro lhe perdoar o crime. Só depois de Isabel ter pronunciado seu perdão ao carrasco de seu irmão, àquele mesmo que queria estuprá-la, é que o Duque manda entrar Cláudio, vivo. Então, ele pede e obtém Isabel por esposa.

Esse fim que intrigou, escandalizou e confundiu a crítica durante três séculos merece certamente que nele nos demoremos, já que coloca vários problemas.

O príncipe de fato funciona como uma potência de superação das contradições. Ele pune o libertino Lúcio – que de qualquer modo é um fidalgo –, casando-o com uma prostituta, e castiga Ângelo, obrigando-o a se casar com uma mulher que ele não ama. Mas ele mente por duas vezes a Isabel para primeiramente obter dela ser perdoado por não ter podido salvar seu irmão. Ele exige, portanto, um amor não só incondicionado, mas ainda tal que o pior não possa ensombrecê-lo. Se Ângelo exigia submissão à sua vontade de gozo, o príncipe, este, extorque obediência a seu amor pacificador.

No que é possível afirmar que o Duque e Ângelo são o duplo um do outro, não duplos por especularidade – concreções imaginárias –, mas pelo significante. Duplos *dissimétricos*.

Com toda certeza, um tal príncipe nunca existiu e nunca poderia ter existido. Mas a figura da superação que ele encarna está longe de ser unívoca: ele usa a astúcia, o falso-semblante, a mentira para chegar a seus fins.

Se ele, apesar de tudo, encarna uma superação comparado à figura de Ângelo, em seus métodos de governo, ele dá corpo a uma *Aufhebung*, que não deixa de ter resto. Se mente a Isabel, é também para ver a sua dor sem fundo virar alegria celeste. Da mesma forma que Ângelo, mas *de outra maneira*, ele persegue no corpo de Isabel o enigma de seu gozo. Votada à santidade, ela certamente teria perecido ao enfrentar o poder obsceno de Ângelo. A mediação do príncipe não faz brotar dessa servidão, assumida num Outro cujo gozo é enigmático, uma sexualidade dela ignorada, mas de fato antes inexistente.

O mentir-verdade do Duque é o caminhar de uma lei que não se enuncia nunca por si mesma enquanto tal. Quando a lei *deve* ser enunciada como estandarte, ideal ou paixão de seu enunciador, ela o é somente por puro capricho, ridícula ou inoperante. Ao passo que a sua verdadeira eficácia repousa no *impossível* que haja palavras para dizê-la. Ou demasiadas ou não suficientes. Quando acontece de se dizer, torna-se máxima erotizada. Daí o fato de as leis serem ou bem escritas, ou bem suportadas por um legislador coletivo.

A cena final também é, de certo modo, uma cena na cena, já que o Duque brinca e brinca com todos os personagens, fazendo subir a tensão em cada um para obter de cada um o afeto que o caracteriza. De onde poderíamos nomeá-la "a catarse como método de governo". Para Shakespeare, a verdade só pode aparecer se as condições ficcionais de sua encenação estiverem reunidas de modo a torná-la patente. E não se trata tanto de dizê-la quanto de fazê-la trabalhar para conduzir o discurso de cada um até seu próprio limite. Mas isso só é possível quando a pele de marta-branca do príncipe vira a batina remendada do capuchinho.

A genialidade de Shakespeare consistiu em refletir nos problemas do poder de seu tempo: a luta entre Roma e a Reforma, entre o cretinismo de uma graça que se compra e a ameaça de um puritanismo que quer instaurar a fogo e a sangue a ordem do céu na terra; entre a ética cristã e a do libertino, entre o espaço do governo civil e do direito privado. Dessa reflexão se extrai, com uma clareza que nenhum outro teve na história, um espaço para colocar a questão dos gozos emaranhados nos discursos.

O imperativo de Ângelo, pura vontade de gozo, é idêntico à sua concepção da lei: pura letra sem leitura, sem ambigüidade, sem equívoco, sem codificação de usos, ela corta, como a máquina de Kafka, diretamente na pele.

Se a tensão extrema entre Isabel e Ângelo pode não se resolver, não se cristalizar, criando um espaço entre os dois, um *entre-dois gozos*, é que esse entre-dois permite que se efetue um outro aparecimento – mediador – da Lei. O que tempera os gozos – e que, se faltar, estes se rivalizam sem limite – e faz cair um manto de esquecimento não só sobre o conflito cujos termos e desafios estão deslocados, mas sobre sua própria intervenção.

Se o enfrentamento não criasse um espaço mediano para esse tempo segundo, Isabel e Ângelo fariam parte, ambos, de um único e mesmo sujeito.

Shakespeare descobriu, inventou nesse drama, que há uma saída para o trágico, que não é impossível infletir o destino. Já que nem tudo está escrito e que o que está pode ser relido. Ele daí tira a sua veia cômica que é a nervura de sua Razão: há mediação. Mas *Medida por medida* não é muito uma comédia, pois o Entendimento shakespeareano é trágico: debaixo das ligações pacificadoras do racional sempre brotam as diferenças irredutíveis, os hiatos em abismo pelos quais cada um dos personagens e o próprio conflito são da natureza do real.

Medida por medida coloca um desafio: que a lei que postula que a régua e o objeto participam da mesma natureza, fazendo assim que se acredite que o gozo pode ser extirpado pelo fato de ser mensurável, seja levada a um outro ponto de referência, onde ela não faz só promulgar a pena, mas estar na própria origem do desejo.

Borges, o leitor

"Copulation and mirrors are abominable".

Gnose e método

Em 1984, dois anos antes de sua morte, Borges escreveu um poema, *Cristo na cruz.*

Cristo na cruz. Os pés tocam a terra.
As três madeiras são do mesmo tamanho
O Cristo não está no meio. Ele é o terceiro
A barba negra cai sobre o peito
O rosto não é o rosto das imagens
Ele é rude e judeu. Não o vejo
e o buscarei até o dia
derradeiro de meus passos na terra
o homem quebrado sofre e se cala
A coroa de espinhos o fere
Ele não é alcançado pelas zombarias da plebe
que viu sua agonia tantas vezes
A sua ou a de um outro. É igual
Cristo na cruz. Ele pensa na desordem
no reino que o espera, talvez
numa mulher que não foi sua
Não lhe é dado ver a teologia

a indecifrável Trindade, os gnósticos
as catedrais, a lâmina de Occam
a púrpura, a mitra, a liturgia,
a conversão de Guthrum pela espada
a Inquisição, o sangue dos mártires,
as atrozes Cruzadas, Joana d'Arc
o Vaticano que benze exércitos
Ele sabe que não há um Deus mas um homem
que morre com o dia. Ele não é atingido.
Ele é atingido pelo duro ferro dos pregos
Ele não é um romano. Não é um grego. Ele geme.
Ele nos deixou metáforas esplêndidas
e uma doutrina do perdão que pode
Anular o passado. (Esta frase
Foi escrita na prisão por um irlandês)
A alma, apressada, procura o fim
A noite cai. Ele já está morto.
Uma mosca flana sobre a carne imóvel.
De que pode bem me servir que esse homem
tenha sofrido, se agora eu sofro[1]?

Esse poema, balanço contrastado e íntimo de uma memória pessoal da origem e da história da civilização católica – que ele trabalhou a vida inteira –, condensa uma preocupação constante, embora ignorada, da produção borgesiana. Ela remonta a seus anos de juventude, desdobrando uma questão que não é apenas religiosa mas também teológica, filosófica e literária, e que guarda, a céu aberto, um "motivo" que ele nunca abandonou: as conseqüências, para a realidade do mundo e para a criação poética, do fracasso da Trindade ou, mais radicalmente, de sua simples inexistência.

---

1 J. L. Borges, *Los Conjurados*, Madrid, Alianza Editorial, 1985, Obras completas, 1975-1985, t. II, p. 453, Emecé, Buenos Aires, 1989 (a partir daqui citadas OC). Todos os fragmentos que não trazem uma nota no pé de página da edição da Plêiade foram traduzidos por nós.

Procedamos passo a passo. O primeiro traço que se impõe ao lê-lo é a força com a qual Borges puxa Jesus para seu lado humano, totalmente humano, aniquilando a sua natureza divina e esfrangalhando assim a sua relação com Deus. O fato de, incontestavelmente, ele fazer referência às Gnoses foi o ponto de partida de nossa pesquisa, pois, de qualquer modo, não é evidente que em nossa época, e ainda que tenha havido ressurgências literárias até o século XIX, um escritor ressuscite, e a que fins, as velhas querelas teológicas dos primeiros séculos de nossa era. Borges por certo se dedicou durante muito tempo ao estudo das Gnoses e redigiu até dois ensaios sobre o assunto, mas por que, jovem escritor oriundo de uma família aristocrática de cristianismo muito temperado – mãe católica mas não praticante assídua, pai agnóstico[2] e ligeiramente anarquista, avó paterna metodista –, fez disso um dos temas maiores de sua obra, percorrendo-a e irrigando-a de um livro a outro?

Esta questão seria típica de um trabalho de "psicobiografia", que recusamos, se não houvesse entre a sua obra dita literária e seus escritos "de juventude", condenados pela crítica ao purgatório dos pecados dessa idade[3], um vínculo que buscaremos delimitar, tanto mais que ele não deu até aqui, a nosso conhecimento, matéria à reflexão nem motivo de questionamento à crítica literária ou aos estudos borgesianos. Por outro lado, buscar na vida de um escritor as causas finais da singularidade de sua obra é um simples paralogismo. Entre uma e outra se abre um abismo que razão psicológica alguma pode preencher.

A contrario, se partirmos da obra, aposta é feita de abrir caminhos podendo levar ao achado dessas singularidades que fazem os nós mais íntimos da vida. Nesse sentido, consideramos que nem todos os testemunhos – aqueles dados pelo próprio poeta sobre a sua vida e a sua obra, livros de memórias publicados por amigos e conhecidos, conversas com escritores e jornalistas – deveriam ser sempre tratados como se pudessem dar a própria

---

[2] Discípulo de Herbert Spencer, filósofo evolucionista inglês do fim do século.

[3] Emir Rodríguez Monegal, seu melhor, mais próximo e confiável biógrafo, os considera "brincadeiras irresponsáveis", em Borges, *Uma biografia literária*, Emir Rodríguez Monegal, FCE, México, 1987, p. 233. Essa biografia pode ser considerada uma das obras de referência sobre Borges em inglês e em espanhol, que recolhe, além disso, toda a bibliografia publicada antes. Nas citações, ERM.

visão da realidade, como se só eles traçassem a borda que, acrescentando relevo à letra, lhe dava a sua dimensão real. Longe disso, consideramos que todos esses documentos, preciosos, devem ter o estatuto dos *parerga* e *paralipomena*, das notas ao lado que fazem parte do *mesmo* texto[4]. O sujeito que perseguimos está em ação nesse texto mesmo.

A ausência, surpreendente, de trabalhos relativos aos escritos teóricos do escritor e ao vínculo deles com a sua produção ulterior (escritos que datam dos anos trinta, sobretudo *Discussão* e *História da eternidade*) simplesmente se deve, infelizmente, ao fato de que não seriam "literários", não respeitando muito as regras de forma, matéria e estilo do que chamam a "Literatura". Por outro lado, esses escritos tratam de gnose e de Cabala, dos paradoxos do infinito, de idealismo filosófico, de questões de tradução e de versão, da relação entre a magia e a arte narrativa, da realidade da realidade e da matéria do tempo, misturando as reflexões de Berkeley e Bertrand Russell, Spinoza e Plotino, Santo Irineu de Lyon e Basilídio, para só nomear estes...

Se se tratasse, nesses escritos, de uma simples exibição de erudição sem a mínima relação com a produção literária propriamente dita, seria fácil compreender o desinteresse da crítica por eles. Mas não só Borges nunca renegou essa parte de sua obra (ele fez isso, por outro lado, e com a última energia, para dois textos anteriores que não fazem parte das *Obras completas* nem na edição argentina, nem na edição de La Pléiade), nunca a reduziu à parte côngrua, mas, ainda, pequeninos fragmentos desses textos ou ínfimas alusões, como anotações aparentemente passageiras, espalham-se aqui e ali em todas as ficções que lhe deram seu lugar no século, como uma malha, ou melhor, como um desenho caprichoso do qual ninguém quis levar em consideração a um só tempo a matéria e o contorno.

Se é próprio da crítica literária "clássica[5]", a que existe e continuará a existir, submeter um *corpus* textual a cortes a fim de delimitar melhor a parte que vai ficar em primeiro plano e deixar na sombra ou na semipenumbra

---

[4] Jacques Derrida escreveu, a esse respeito, considerações a nosso ver definitivas.

[5] "Clássica" no sentido de que ela deve fazer julgamentos estéticos ou de valor, submetidos a um critério de gosto. Há outra crítica, excepcional esta, quando são grandes escritores que intervêm – fazendo obra sobre a dos outros.

tudo o que seria secundário ou não literário – passos em falso ou excursões do autor em domínios que não lhe pertencem de direito –, a questão que se coloca então, a uma leitura analítica do texto literário, é arriscar restabelecer a ordem da letra. Desfazendo compartimentos e clivagens que obedecem a uma axiologia emboscada cujo ideal é uma literatura livre de qualquer referência outra que ela mesma e que rejeita ao encargo da psicologia do autor tudo o que ela nota com sendo estrangeiro ou estranho a esse ideal. Nesse sentido, a "psicobiografia" é a alma danada dessa crítica e dessa idéia do literário, arrastando pelas águas turvas do psicologismo tudo o que seria o não-literário da literatura.

Não se trata mais de propor uma "causa" exterior, um a mais, na lista já longa de causas, sociais, biológicas ou outras, mas de incluir na ordem da letra o exterior dela mesma. Um exterior igualmente íntimo, composto da palha da "história", restos aparentes que não se ordenam conforme o tempo dos cortes cronológicos e que bruscamente se tornam novamente eficazes, sem que nada tivesse podido prevê-lo. A colocação em ato da escrita obedece à necessidade de um ponto de apoio outro que a pura letra. O fato de nada lhe proibir, no entanto, ser para si mesma seu Outro basta, com uma condição: estar organizada num discurso cuja temporalidade e eficácia brincam com as épocas históricas. (O estoicismo do século XVII, o platonismo do século XVI bastariam como exemplo.)

Porém há de qualquer modo um escolho, e muito importante, a uma leitura que teria como projeto assumir os refugos teóricos (filosóficos, teológicos ou outros), os estilhaços subjetivos, a madeira morta de arcabouços gastos: não contribuir, *da mesma maneira*, para o recalque do texto. Pois é o que *toda* uma tradição analítica sempre perseguiu, movida que estava numa busca extrema de sentido e de totalização imaginária, a fim de perfazer dois objetivos complementares: esboçar o diagnóstico psicopatológico do escritor e explicar por suas fantasias e sua biografia as razões de sua genialidade. O primeiro objetivo está em contradição com os preceitos éticos mais fundamentais, que prescrevem que só haja diagnóstico de alguém que pediu uma análise e fala na transferência, tendo por único fim a direção do tratamento, pois, em si, ele não traz nenhum conhecimento do sujeito. O segundo duravelmente ridicularizou a psicanálise – fazendo-a sem razão igualmente temível – pela inanidade de um raciocínio enganoso tendo tanta validade quanto uma teoria que explicaria a criação pela neurologia, pela física fundamental ou pela economia. *O objetivo de uma leitura analítica da obra literária é fazer sobressair e construir os enodamentos e as articulações, na ordem da letra, que a clínica não produziu ou ainda não produziu e que a psicanálise encontra em ação, se tiver humildade para isso, nos textos dos escritores que a antecedem.*

Um pai sem Trindade

> "Impossível definir o Espírito e passar em silêncio a horrível sociedade trina e una de que ele faz parte [...]. Se de repente a imaginarmos (a Trindade), sua concepção de um pai, de um filho e de um espectro, articulados num único organismo, parece um caso de teratologia intelectual, uma deformação que só o horror de um pesadelo pôde fazer nascer [...]. Parece-nos que renunciar à Trindade – ou, pelo menos, à Dualidade – corresponde a fazer de Jesus um delegado ocasional do Senhor, um incidente da história e não o ouvinte imperecível, contínuo de nossas devoções. Se o Filho tampouco for o Pai, a Redenção não é uma obra divina direta; se ele não for eterno, o sacrifício de seu rebaixamento à condição humana e de sua morte na cruz não o será também. [...] O inferno é uma violência puramente física, mas as três pessoas inextricáveis implicam um horror intelectual, uma infinitude abafada, enganosa, como espelhos opostos[6]".

Não só a paixão do filho não reconcilia o pai com o mundo, mas o próprio Espírito é um espectro que representa a comunicação de Deus com cada um de nós. Pensar a identidade do pai e do filho corresponde a produzir um pesadelo, a engendrar um monstro. O fato de Borges orientar o vetor principal e a chave de abóbada irrecusável de sua produção – embora para alguns invisível – contra a doutrina central do cristianismo, de ele voltar às posições dos gnósticos dos primeiros séculos, visando até expressamente o

---

[6] OC, t. I, pp. 209-211, Borges, *Œuvres complètes*, Bibliotèque de La Pléiade, pp. 217-218, a partir daqui, LP.

concílio de Nicéia em *Uma defesa da Cabala*, não é um ato explicável, nem a ser explicado. É um ponto de partida e uma criação *ex nihilo*, um enodamento elementar a partir do qual um trançado se fará, talvez, que não é necessariamente uma reprodução visível desse primeiro nó.

Ao dar ao pai uma transcendência absoluta, sem intercessão alguma, Borges aniquila todo recurso à Providência, ao perdão, à Teodicéia, ao sentido da história. O pai é não só inatingível, mas, além disso, ele em nada participa do que se passa no mundo. Nesse sentido, Borges é o mais radical dos *detentores* da Gnose, e não só alguém que a ela se refere ou que dela faz um tema literário.

No texto seguinte, *Defesa do falacioso Basilídio*, ele resume a doutrina do teólogo do século II ao declarar: "Eu soube que homens desesperados e admiráveis foram os gnósticos [...] A criação como um fato do acaso [...] Tentativa heróica [...] Ao longo dos primeiros séculos de nossa era, os gnósticos debateram com os cristãos. Foram aniquilados, mas não podemos imaginar o que teria sido a sua vitória. Se Alexandria e não Roma tivesse triunfado [...] aforismos como o de Novalis, 'A vida é uma doença do espírito', ou a frase desesperada de Rimbaud, 'A verdadeira vida está ausente: não estamos no mundo' figurariam nos livros canônicos [...] que mais belo dom podemos esperar de seres insignificantes, que maior glória para um Deus que ser absolvido pelo mundo[7]?".

Se a salvação do filho não estava, pois, inscrita em nenhum programa prévio, qual foi a razão de sua salvação? O *conhecimento*[8]. Só o conhecimento no sentido gnóstico do termo lhe permitiu chegar são e salvo até o Pai. O conhecimento como único meio, viático e recurso. Por outro lado, Borges traz, em outro texto, a contribuição de uma idéia própria à consistência de uma Teodicéia, idéia na qual Leibniz não pensou e que ele resume simplesmente assim: *Deus conhece apenas os gêneros, não os indivíduos*[9]. "Um teólogo

---

[7] OC, t. I, p. 221, LP, pp. 219-220.

[8] A *Gnose*.

[9] Silvina Ocampo, irmã caçula de Victoria e uma de suas amigas mais próximas, conta que um dia, tendo perdido seu cão, e após passar muitos dias a procurá-lo, no desespero de nunca mais encontrá-lo, ela ouve Borges dizer: "Por que você não compra outro então?". Ela demorou um ano antes de poder perdoar-lhe essa

dedica toda a sua vida a refutar um heresiarca, vence-o em confusas polêmicas, denuncia-o, envia-o à fogueira. No Céu, descobre que, para Deus, o heresiarca e ele são apenas uma única e mesma pessoa[10]". A identidade dos contrários é abstrata para nós, mas real para Deus.

Se a criação é um fato acidental, obra do acaso, então isso significa que o Pai não desejou o Filho e que é este último sozinho que busca os meios de criar um vínculo com ele, de se aproximar dele, de construir doutrinas que o justifiquem: de seu não-desejo, de sua longínqua e altiva transcendência, de sua ignorância total do que acontece no mundo. Na Gnose, Jesus obtém a salvação graças a seu conhecimento *dos nomes secretos* dos deuses intermediários. Conhecer o nome de alguém, fosse um Deus, nos dá poder sobre este, nos autoriza até a pensar em nos tornarmos seu mestre. "E os que conhecerem a verdade dessa história – conclui a profissão de fé relatada por Irineu – terão consciência de estar livres do poder dos príncipes que edificaram este mundo[11]".

Os ensinamentos e o encontro fracassado

O pai de Borges fica cego quando este é menino ainda, e passa a estar "tacitamente entendido" que o filho deve cumprir o destino literário que as circunstâncias haviam recusado ao primeiro. "Isto foi algo que era evidente (o que é muito mais importante que quando é dito). Eles esperavam que eu

---

tirada, embora soubesse que, para ele, todos os cães ou todos os gatos valiam a mesma coisa; que não existe indivíduo entre os animais. Borges não podia imaginar que os animais domésticos tivessem um imaginário e mantivessem uma relação singular com o dono. Ele considerava seriamente seu gato na Biblioteca Nacional como sendo o de Cleópatra. Silvina Ocampo, *Image de Borges*, Paris, L'Herne, 1964, pp. 26-30. Só o *gênero* era, para ele, *real*. Ele escreve, de maneira bem mais concisa: "a história universal é a de um único homem" ("Le temps circulaire", em *Histoire de l'éternité*, OC, t. I, p. 395; LP, p. 41).

[10] OC, t. I, p. 395, LP, t. I, p. 416.

[11] OC, t. I, p. 214, LP, p. 221. Cf. Irénée de Lyon, *Contre les Hérésies* – Dénonciation et Réfutation de la prétendue Gnose ao Nom Menteur – Paris, Cerf, 1991. Basilídio é tratado no livro II, quinta parte.

me tornasse escritor[12]". A cegueira já se transmitia há quatro gerações. E Borges também sabe, desde a infância, que vai inelutavelmente ficar cego. Quando seu pai, Jorge, nasceu, o próprio pai deste, coronel do exército, acabava de ser morto na batalha de "La Verde" e seu filho só pôde conhecê-lo no relato de sua mãe, Fanny Haslam, de quem o neto aprenderá sua primeira língua, o inglês. O pai órfão introduziu o filho na filosofia desde a mais tenra idade: "com a ajuda de um tabuleiro de xadrez [... nos] paradoxos de Zenon: Aquiles e a tartaruga, o vôo imóvel da flecha, a impossibilidade do movimento. Mais tarde, e sem fazer menção a Berkeley, ele fez o melhor para ensinar-me os rudimentos do idealismo[13]".

Numa idade avançada, no prefácio em inglês de uma antologia publicada em Nova York, Borges conta que seu pai tinha escrito uma tradução, *Para o nada*, um livro de ensaios e um drama do Omar Khayyam, que tinha como tema um pai *decepcionado* com seu filho (*about a man's* disappointement *in his son*[14]).

A passagem é ambígua o bastante para que se colocasse a questão de quem é o pai e quem o filho. Será Jorge, o pai, decepcionado com Jorge Luis? Ou então *o coronel, decepcionado com Jorge*? O significante "pai" deixa-

---

[12] Essais d'autobiographie, p. 278, Paris, Folio Gallimard. Publicado com *Le livre des préfaces*. Para todas as outras citações, EdA. Eles foram na realidade escritos por seu editor americano, baseados em numerosos documentos, por ele cotejados. Borges tendo, evidentemente, aprovado o conjunto.

[13] EdA, p. 273.

[14] Borges traduz ou manda traduzir a palavra inglesa "disappointment" por "disgusto" em espanhol. Se seguíssemos a tradução espanhola, isso também nos forçaria a traduzi-lo em francês por "desilusão". Preferimos, no entanto, a palavra "decepção". Na realidade, como veremos depois, a única tradução possível seria um forçamento literal que daria conta do que está em questão: um encontro fracassado, um não-encontro, um "desencuentro", *a dis/appointment, a defeated appointment, undone by nobody*. Toda tradução é para Borges um véu jogado sobre a verdadeira significação, jazendo na própria letra, e oculta atrás do sentido habitual das palavras. Mas também uma piscada de olho casual a um improvável leitor prevenido. Por isso, esse deslizamento perpétuo entre significação e sentido é a superfície móvel de toda leitura, e da vida simplesmente, pois a significação está, como tal, para sempre perdida.

se totalmente reduzir aos lugares da genealogia ou – e por qual razão – tornou-se ele, ao contrário, totalmente autônomo, independente do regime familiar de designações[15]? Ele existe, sim, como uma estrela no firmamento, na fria fulgurância do Cruzeiro do Sul.

Jorge morre em 1938, mas a cegueira, que o obrigara a antecipar a aposentadoria de seu posto de professor de psicologia (ele dava suas aulas em inglês, na Escola Normal de Línguas Vivas) e o forçara a deixar seu escritório de advogado, era total desde 1914. Dele, Jorge Luis também disse: "era tão modesto que gostaria de ter sido invisível[16]". Em 1938, Borges já tinha publicado *Fervor de Buenos Aires*, *Lua de frente*, *Caderno San Martin*, *Evaristo Carriego*, *Discusion*, *História universal da Infâmia* e dois outros livros que não foram inseridos nas obras completas, *Inquisições* e *A grandeza de minha esperança*. Os trabalhos biográficos e as lembranças dos escritores contemporâneos coincidem na apreciação de que Jorge Luis já era na época, embora desconhecido do grande público, a figura de vanguarda[17], o chefe de fila e a referência dos escritores mais jovens.

Ora, se Jorge não é o pai decepcionado com seu filho, por que Jorge Luis faz disso uma referência significativa em 1970? Quem é o pai decepcionado? Por outro lado, é possível reconstruir o lugar onde ocorreu o desprendimento do significante paterno? Só nos restaria, como única solução, que *Pai* – Jorge Luis sempre o chamava assim – tivesse escrito esse drama pensando em seu próprio pai, o coronel, morto diante das trincheiras inimigas algu-

---

15 Num poema, "The Thing I Am'" publicado no livro *Historia de la Noche* [História da Noite], em 1977, Borges escreve:
– Esqueci meu nome. Não sou Borges
– (Borges morreu em La Verde, na frente das balas)
– [...] Mal sou a sombra que projetam
– Essas íntimas sombras intricadas
– Sou a sua memória, mas sou o outro [...].

16 EdA, p. 278.

17 Só esta lista de livros publicados e os testemunhos de época bastam para tornar inoperante toda interpretação que veria no luto da morte do pai a alavanca, ou o motor, de sua produção literária.

mas semanas antes de seu nascimento[18]. De sua parte, Rodríguez Monegal – ele mesmo escritor reconhecido, e não simples biógrafo, amigo próximo conhecendo Jorge Luis e as pessoas à sua volta – fala de "submissão total à vontade de seu pai[19]".

Borges sabia desde bem pequeno que com seu nome ele havia herdado a cegueira que vinha de sua linhagem inglesa. Também havia herdado a biblioteca, cheia "de numerosos livros ingleses[20]", da qual ele "nunca saiu[21]".

Sua mãe, Leonor Acevedo de Borges, morreu pouco antes de seu centésimo aniversário, em 1975. Pôde assim ver a primeira edição das *Obras completas*[22], que lhe são dedicadas nestes termos: "[...] tu me deste tantas coisas, e tão numerosos são os anos e as lembranças. Pai, Norah, os avós [...][23]". *Mãe, tu me deste tantas coisas...: Pai*[24]...

Um pouco antes da morte deste, em paz, em 1938, Jorge Luis viu-se obrigado, ele que nunca havia "trabalhado", a assumir um posto de bibliotecário num bairro muito afastado. Posto que ele sente, pela insignificância das tarefas a cumprir, pelo meio humano que o cerca, como profundamente vexatório. Um dia, após o falecimento do Pai, ele sai precipitadamente de casa em busca de uma convidada e, descendo as escadas, choca-se contra uma

---

[18] Em seus diálogos com Victoria Ocampo, Borges conta que seu avô, vendo a batalha perdida, montou a cavalo e avançou, vestido de um poncho branco, em direção às trincheiras inimigas, os braços cruzados, e deixou-se matar (LP, p. XXXIII). Assim – conta ele – "os tiros partiram das carabinas Remington, que acabavam de chegar ao país", e acrescenta, *en passant*, que todas as manhãs se barbeia com uma lâmina dessa marca, o que não deixa de provocar nele um sentimento estranho...

[19] ERM, p. 19.

[20] OC, t. I, p. 101, LP, p. 99.

[21] EdA, p. 209. A biblioteca do pai foi em grande parte dispersada em 1914, por ocasião da viagem da família à Europa, que vai durar mais de seis anos.

[22] Na realidade, esse volume contém apenas uma parte das obras escritas até esse momento. Hoje, já existem quatro, sem os livros expurgados pelo próprio Borges, que acabam de ser reeditados, fora da edição completa, e que não mereceriam, longe disso, o inferno ao qual tinham sido condenados.

[23] Sua irmã.

[24] OC, t. I, p. 9, LP, p. LXXXVII.

janela. A ferida, mal cuidada, provocará uma grave septicemia, febre e alucinações que mais tarde lhe serão prazerosamente contadas em detalhe. Quando volta a escrever, adota pela primeira vez a forma do conto fantástico.

Didier Anzieu, num trabalho fino e profundo, pensa que a morte do pai é o acontecimento que, trabalhado pela "regressão criativa", vai dar a Borges a chave de seu estilo[25].

Questão: Quem cuidava da sua educação, quem dava o tom, o estilo, à casa, seu pai ou sua mãe? Resposta: É tão difícil! Não os vejo como sendo distintos[26].

---

[25] Didier Anzieu, "Le corps et le code dans les contes de Borges", em *Nouvelle Revue de psychanalyse*, nº 3, 1971. Anzieu teve o imenso mérito de ser o primeiro analista na França, a nosso conhecimento, a ter dedicado um verdadeiro estudo à análise da narrativa borgesiana. Ele o fez com um cuidado particular para compreender sua especificidade cultural, não tanto no que diz respeito à língua, mas, mais difícil, ao contexto *visual* sem o qual certos contos são incompreensíveis. Ele acaba seu trabalho escrevendo "Borges é o contador da aurora da linguagem" (p. 204) e nós assinamos embaixo. Quanto à significação, *para a obra*, da morte do pai, ela é sem dúvida alguma importante, mas não decisiva. Pois é precedida de outro acontecimento (que será tratado no capítulo seguinte), dez anos antes, e é bem antes este que se trata para Borges de elaborar. É verdade que uma frase de Freud relativa a esse assunto paira sobre nós, mas também é verdade que não é só por sua morte que um pai acaba faltando. Por isso, tal como sublinha Anzieu, a importância do espelho é nele, sem conteste, imensa; mas, na nossa opinião, não basta muito para explicar – ele sozinho – a dominância das referências ao idealismo de Berkeley ou de Schopenhauer. Da mesma forma que Borges não escolheu o espanhol como língua de sua escrita porque vulgar – como afirma D. A. –, contra a de seu pai, o inglês, mais nobre (ele era, criança, perfeitamente bilíngüe e, adulto, poliglota). Ele simplesmente o fez porque, habitando na Argentina e profundamente argentino – descendendo por suas duas linhagens de heróis da Independência, e não dos menores –, ele não podia escolher uma outra se quisesse ser lido. E aos cinco anos ele havia decidido ser escritor! Anzieu entendeu bem que a utilização do simbólico feita por Borges é ditada por sua necessidade de fazer dele corpo, imaginário. E, achando que não haveria em Freud os elementos teóricos indispensáveis para dar conta dessa construção de seu corpo que ele tenta – cujos conflitos não seriam edipianos –, conclui pela necessidade de fazer apelo à grade kleiniana. Entretanto, quando escreve "Se a fala tem um sentido, é de dar sentido ao corpo", somos a ela reconhecidos.

[26] Respostas a A. Carrizo, *Borges, el memorioso*, México, Fondo de Cultura Económica, 1983, citado em ERM.

O espelho paterno. A paternidade dos espelhos

Infinitos, eu os vejo, elementares
Executantes de um antigo pacto
Multiplicar o mundo assim como o ato
Generativo, insones e fatais.
J. L. Borges[27]

"A terra que habitamos é um erro, uma incompetente paródia. Os espelhos e a paternidade são abomináveis, pois eles a multiplicam e a afirmam[28]". "Conheci, criança, diante dos grandes espelhos, esse horror de uma duplicação ou de uma multiplicação espectral da realidade. O funcionamento infalível e contínuo, a perseguição de meus atos, a pantomima cômica eram então, desde o crepúsculo, sobrenaturais. Uma de minhas preces mais insistentes a Deus e a meu anjo guardião era não sonhar com espelhos. Sei que eu os vigiava com inquietude. Às vezes, temi que começassem a divergir da realidade; outras vezes, temi ver neles meu rosto desfigurado por causa de estranhas adversidades. Fiquei sabendo que esse temor está de novo, prodigiosamente, no mundo[29]".

Em 1928, Borges publica um ensaio lingüístico de grande interesse, no qual tenta explicar a distância que se aprofundou entre o espanhol da Espanha e o castelhano falado na Argentina, ou antes, em Buenos Aires. Ele repertoria diferenças sintáxicas, léxicas e fonéticas que permitem afirmar que a distância idiomática entre os dois é uma realidade material. À margem da justeza ou não do ensaio, de sua verdade antecipatória ou de seu fracasso científico, que o levam a nunca mais publicar esse escrito de vanguarda[30], resta que ele acrescenta ao ensaio uma página ínti-

[27] "Les miroirs", em *El Hacedor*, OC, p. 814.
[28] "Histoire universelle de l'infamie", OC, p. 327, LP, p. 339 (tradução modificada).
[29] "Les miroirs voilés", em *El Hacedor*, OC, p. 786.
[30] Esse trabalho, *A língua dos argentinos*, esgotado desde a publicação até 1994, deve ser situado organicamente na obra borgesiana, apesar da recusa do autor. Se, com efeito, o castelhano de Buenos Aires pertence ao continente da língua espanhola, a prosa de Borges tornou-se o monumento estilístico de sua singularidade idiomática, a dimensão de seu gosto e o ponto de referência de sua identidade. Se, em seus sonetos, entre os mais belos de toda a língua espanhola, ele respeita a métrica do Século de Ouro, por sua prosa ele cumpriu o que acreditava encontrar já feito nos anos vinte: dar uma escrita à língua dos argentinos.

ma[31] que ele intitula *Sentirse en muerte*. Antes de traduzir o título, convém assinalar que essa construção é inusual, senão inusitada, a nosso conhecimento, em espanhol e em castelhano de Buenos Aires. Ela existe apenas como estrutura sintáxica de alguns ditados[32], e é possível que o escritor busque, por esse meio, dar-lhe o peso de saber de que gozam os ditados populares: como de uma sabedoria vinda do fundo dos tempos, do tesouro da língua. Mas, curiosamente, esse grande criador de novos sintagmas e usos, inventor fecundo de metáforas adotadas desde então na língua sem sentimento de choque, nunca reutilizou essa construção em outra parte que nesse fragmento. Por outro lado, à margem de sua estrutura formal, essa frase guarda uma contradição "semântica" que brota de um desejo impossível (para todos os homens): explicar a própria morte. Em outras palavras, *obrigar o instante a se tornar duração*. Borges publicou essa página uma outra vez, em 1936, em *História da eternidade*[33], apresentando-a como uma *experiência* (a palavra é dele) mais que como um texto – a palavra revelação não seria excessiva –, como a certeza sensível, auto-escópica de um acontecimento interior que lhe fez conhecer de maneira imediata, direta e irreversível, esse sentimento de eternidade. Objeto que ele trata teoricamente e com

---

[31] Uma questão de lugar se coloca: por que precisamente aí? O que permitia ou comandava que uma reflexão desse gênero encontrasse seu lugar num ensaio lingüístico, cuja ambição era de ordem teórica? As três publicações desse texto tenderiam a assinalar, por sua simples repetição, seu caráter a-tópico.

[32] Por exemplo, "Curarse en salud" (Cuidar-se em boa saúde), ou "Darse los gustos en vida" (Dar-se prazer, ou todos os prazeres em vida). Em espanhol, o uso do infinitivo, com sufixação do reflexivo no fim, sugere fortemente uma idéia que o francês traduz pelo sintagma "ter de" [*avoir à*] + infinitivo. Isto me foi sugerido por Gloria Autino, professora da Universidade de Buenos Aires. O texto da experiência "Sentir-se morto" está publicado em LP, pp. 382 a 384. Traduzido como "A morte vivida", o que faz desaparecer a questão...

[33] E uma terceira, quase idêntica, em sua "Nova refutação do tempo", em *Outras inquisições*, em 1952. Pensamos ser o único exemplo em sua obra em que um mesmo texto tenha sido apresentado em lugares diferentes, em coletâneas diferentes. Não acontece assim com alguns de seus temas e frases preferidos que voltam inevitavelmente ao longo da obra, mas trançados de outra maneira.

toda a distância requerida no resto do livro, apresentando ensaios tanto filosóficos quanto literários (esses textos são, por exemplo, *A metáfora*, *A doutrina dos ciclos*, *O tempo circular*, *Os tradutores das Mil e uma noites*, etc). "*Sentir-se-em-morte*" seria em francês a versão literal. Os acasos da edição o querendo assim, a *História da eternidade* e a *História universal da infâmia*[34] serão publicadas, desde a segunda tiragem, num único volume.

Da experiência que ele conta[35], a impressão é a um só tempo demasiado evanescente e extática para que a chamem aventura, demasiado irracional e sentimental para que a chamem pensamento. Uma tarde qualquer, ele tinha passeado num bairro afastado onde não costumava ir. A noite cai, ele se deixa levar, sem dirigir os passos, evitando apenas as grandes avenidas, aceitando os obscuros convites do acaso. Pára numa esquina "onde o aspecto típico das casas, dos muros, torna-os irreais: as portas pareciam feitas da substância infinita da noite, a rua era de terra primitiva; na terra caótica, um muro rosa parecia não acolher a luz da lua, mas difundir uma luz interior". Ficando a contemplar, ele pensa, certamente em voz alta: "É como *há trinta anos*" (sublinhado por nós). "Estou em mil oitocentos e poucos [...] Senti-me morto, senti que percebia aquele mundo como espectador abstrato; medo indefinível penetrado de saber [...] pensei [...] que estava de posse do sentido oculto ou ausente da inconcebível palavra 'eternidade'". Ele depois definiu o que lhe aconteceu como "uma cena e uma réplica", "réplica que eu já havia dito, mas que não havia vivido até então, ao me entregar a ela plenamente".

Se, em 1928 – tendo nascido em 1899 –, ele remonta trinta anos antes, isso o leva mais ou menos a um ano antes de seu nascimento. Não conhecemos a data exata da experiência. O "pensamento fácil" "Estou em mil oitocentos e pouco" "cessou de ser algumas palavras aproximativas para se tornar realidade profunda". "*Senti-me morto*" (nós é que sublinhamos).

Em seguida, ele pode definir a impressão: "Essa pura representação de fatos homogêneos [...] não é somente *idêntica* àquela que houve nessa mes-

---

[34] O francês não tem o substantivo sobre o qual "infâmia" é construído como antônimo: a palavra latina e espanhola "fama". Em espanhol, é o "renome", sua raiz esclarecendo-se pelo grego "φημι" – dizer.

[35] Toda essa passagem é uma paráfrase do texto comentado.

ma esquina já lá se vão tantos anos [em 1898, logo, antes de nascer]; ela é, sem semelhança nem repetição, *a mesma*[36]".

Seria inútil recorrer à fantasia originária para explicar essa "experiência", uma vez que essa fantasia, servindo de enquadramento ao desejo de viver antes do próprio nascimento e, até, antes de sua própria concepção, faz borda da realidade para o sujeito. A fantasia impede não só de viver o desejo duravelmente, enquanto experiência do irreal com tudo o que ela contém de desaparecimento dos limites do corpo, de percepção de si como sujeito abstrato, de sentimento irrecusável de estar morto, mas ela também exclui radicalmente a possibilidade de cunhar uma expressão inusitada para explicar essa experiência, ou criar a sua teoria.

Borges no entanto tem razão. O reflexo no espelho mostra, com uma brutalidade raramente igualada, que o corpo foi arrancado à mãe. *Nesse sentido*, é bem o espelho que o fez nascer, sem que ninguém estivesse a seu lado para que ele pudesse apreender ele mesmo de outra maneira[37] que em seu reflexo espelhado. O espelho, ao dá-lo como oferenda ao olhar, em vez de lhe fornecer um envelope protetor, não só o desapossa dele mesmo, mas, ao lhe jogar na cara o horror desse pedaço arrancado ao Outro corpo, diz-lhe: "Você não passa do reflexo de *um* outro".

---

[36] Borges não precisa qual é a réplica de que está falando. Podemos formular a hipótese de que ele interpreta a sua experiência como "morte gnóstica", como a perda do envelope corpóreo que precede o conhecimento. Em 1984, durante um programa de rádio, entrevistado por Osvaldo Ferrari, Borges diz: "Acho que a idéia de viver fora do tempo é uma ambição do homem. Mas não sei se isso é possível, ainda que *duas vezes em minha vida* eu tenha me sentido fora do tempo. Mas talvez se tratasse de uma ilusão? Em todo caso, *duas vezes* em minha vida eu me senti fora do tempo, isto é, eterno. É claro que não sei quanto durou essa experiência, já que eu estava fora do tempo. Esse momento, que foi muito bonito, é incomunicável". Qual é a primeira das duas vezes, 1928 ou 1898? Cf. *Borges en dialogue*, entrevistas de J. L. Borges com O. Ferrari, p. 23, Éd. Zoé/Éd. de l'Aube, 1992.

[37] Quando eu era criança, nunca ousei dizer a meus pais que me deixassem num quarto totalmente escuro, para não ter a inquietude [da imagem refletida...]", M. E. Vásquez, *Everness* – Um ensaio sobre Borges, citado por Julio Woscoboïnik, "El Secreto de Borges", Grupo Editor Latinoamericano, Buenos Aires, 1991.

Nesse sentido, há bem uma paternidade dos espelhos, cega e louca, que multiplica infinitamente os seres, sem que nada os pare em seu poder espectral, se não estivermos em condição de achar como fazer calar a silenciosa e ensurdecedora verborragia deles ou de saber tecer as telas que, recobrindo-os, nos devolverão à pesada e tranqüilizante solidão de nós mesmos. Os nomes tampouco, infelizmente!, não são de socorro algum, pois eles também são espelhos onde se reflete a insigne platitude de todos aqueles que os portam.

Todos ou quase todos os grandes temas borgesianos vão começar a aparecer a partir dessa experiência: o duplo e o espelho, o tempo como eternidade, o inverossímil como veículo do relato, a citação voluntariamente enganosa, a ficção fantástica como o fio condutor da trama poética, mas também uma doutrina da metáfora que antecipa em trinta anos as pesquisas estruturais, leituras aprofundadas sobre o transfinito cantoriano em B. Russell e a possibilidade de sua exploração literária, o mundo concebido tanto como alucinação quanto como construção de letras, ou como a via do mal e da corrupção; qualquer outra estando excluída. Depois da morte do pai, ele vai decerto atingir uma maturidade de estilo e um despojamento poético inexistentes antes. As idéias ficcionais vão poder se tornar contos, os temas que ele vai desenvolver já estavam ali. Exceto dois, de grande importância, que vão surgir depois: o encontro no sonho e o Universo como labirinto.

Os dois princípios relativos ao mundo, alucinação/agenciamento de letras, serão sabiamente utilizados, ora em continuidade, ora em oposição. Mas ele nunca vai dar indicação quanto à utilização dos conectores num ou noutro sentido.

Os grandes temas borgesianos, nascidos entre 1928 e 1938, são a um só tempo profundamente originais e enraizados mesmo assim nos ensinamentos prodigalizados pelo pai na infância.

> "Admitamos o que todos os idealistas admitem: o caráter alucinatório do mundo. Façamos o que nenhum idealista fez: busquemos as irrealidades que o confirmam [...] Nós outros – a divindade indivisa operando em nós – sonhamos o mundo. Nós o sonhamos resistente, misterioso, visível, ubíquo no espaço e firme no tempo; mas nós con-

sentimos em sua arquitetura de eternos e tênues interstícios sem razão para saber que ele é falso[38]".

Falar de "submissão[39]" ao pai é uma interpretação que não só dá demasiado sentido à relação de Jorge Luis com Pai, esquerdizando-a de modo errôneo, mas que fica aquém da verdade quando se trata de explicar a fidelidade incomensurável de Borges para com os ensinamentos recebidos. Ensinamentos que são a um só tempo, de acordo com os textos, o arcabouço e o andaime graças aos quais ele terá o apoio e a sustentação necessários para a criação, permitindo que ele tente preencher ao infinito os modelos inculcados por Pai. Assim, cada um dos paradoxos de Zenon será examinado por ele através de toda a história da filosofia, desde Platão e Aristóteles até Russell e Bergson, passando por Descartes e Lewis Carroll. E, se ele mesmo fala desses textos de algumas páginas que guardam tanto saber como de uma *Biografia do infinito*, eles nada têm em comum com as simples entradas da *Encyclopaedia Britannica* – que ele gostava acima de tudo de folhear –, pois, em cada um, ele articula a questão essencial a cada filósofo e ao problema que os reúne. Assim, para Platão, as aporias do Um e do Ser; para Aristóteles, o argumento do terceiro homem utilizado contra a doutrina das Idéias, etc.

É claro que com esse tipo de idéias também é possível dar más aulas de filosofia. Mas foi próprio de sua genialidade inspirar-se nos abismos da história do pensamento, como outros, tão grandes, inspiraram-se nos abismos dos crimes[40]. Ele escreve que "o estilo do desejo é a eternidade", pensando certamente nele, pois seu projeto era *apoderar-se da totalidade do saber*[41].

---

[38] "Avatars de la Tortue", em *Discussion*, OC, p. 258, LP, pp. 259-260.

[39] ERM, *supra*.

[40] Nenhuma ironia aí. Goethe inspirou-se num crime, sabemos, o assassinato de uma mãe pela filha, para criar Gretchen e introduzi-la no *Fausto*.

[41] "Se me pedissem para escolher *o acontecimento* [nós é que sublinhamos] principal da minha vida, eu escolheria a biblioteca de meu pai. Na verdade, costumo achar que nunca me afastei muito dela [...]", EdA, p. 276.

Foi porque Pai quis ser transparente que ele vai se atirar com unhas e dentes sobre seus livros, por não tê-los irritado, e que vai morar em sua biblioteca, como se habita *seu* corpo. Só a felicidade da escrita foi capaz de a um só tempo nutrir e traçar um limite para esse ideal de totalização infinita.

Por isso, ao escrever que a biblioteca do pai *é* o acontecimento principal de sua vida, ele faz do *lugar* a matriz do tempo. Essa escolha primitiva e fundadora vai continuar sendo a razão seminal de um tempo para sempre circunscrito pelo lugar, e cujo limite ele vai por conseguinte ser incapaz de ultrapassar, imposto que esse limite é pelo encerramento que o funda. Uma vez transpostos esses limites, o tempo pode ter existido como duração. De imediato, ele fica prisioneiro da identidade do instante que o fez nascer e da eternidade que lhe é concedida como garantia e ilusão de existência.

As leituras de Cantor e de Russell, entremeadas de uma abordagem fascinada da Cabala, desdobram-se numa doutrina e num uso da letra que constituem a sua marca mais singular.

A letra é o umbigo das palavras e das coisas, e de toda figurabilidade, origem dos universais – já que é ela que permite que cada universo contenha em ato os singulares infinitos – e todas as ficções. Ela não é só isso, não sendo esse umbigo e essa origem somente em si, mas igualmente enquanto ilusão verdadeira de que tudo é compossível como escrita. O mundo não é nada outro.

As palavras, de resto, também não são coisas? Materiais, tendo peso e textura, sonoridade e luz, compostos decomponíveis, compiláveis e desdobráveis. Teríamos a mínima suspeita da existência das coisas, de sua eventual existência como de sua duvidosa realidade, se as letras e as palavras já não estivessem presentes? Afinal, o mundo real só se sustenta de nossa contínua fé nele.

Ora, a fé, embora seja um *factum*, um fato primitivo e fundador da relação entre o sujeito e o Outro, não é – pelo menos – uma esquisitice que pode, eventualmente, não existir em alguns? Pois ela é, de qualquer modo, bem surpreende, ao aceitar, sem trégua e sem suspeita, os infinitos estados do Universo como um estrato simples, liso, derradeiro.

O Outro inatingível

O Universo (que outros chamam Biblioteca)[42].
Nem o livro nem a areia têm começo e fim[43].

O fato de o Universo ser labirinto explica que toda escrita seja enigma. E vice-versa. O que nos leva, logicamente, aos *catálogos* que surgem aqui e ali em seus textos, à doutrina borgesiana da nomeação e da referência ou aos *sonhos* como únicos lugares do real, como únicos lugares do ato, tanto para o encontro quanto para a criação. O que nos leva igualmente ao semblante de intriga policial, à verdadeira maquinação e ao crime, resultados necessários e não ocasionais da estrutura de sua ficção[44], como a uma ética da contingência como única resposta possível à inexistência do tempo. Pois o caráter labiríntico do Universo comporta, em seu centro – isto é, por toda parte e em lugar algum[45] – uma inteligência para a qual todas as partes e todas as combinações já foram calculadas. O único remédio possível, pareceria ele nos propor sem esperança alguma, sendo não imitá-lo.

> "Em Buenos Aires, o zahir é uma moeda corrente, de vinte centavos; marcas de canivete riscam as letras N, T e o número dois; a data que está gravada na face é a de 1929. (Em Guzerat, no fim do século XVIII, um tigre foi zahir; em Java, um cego da mesquita de Surakarta lapidado pelos fiéis; na Pérsia, um astrolábio que Nadir Shah mandou jogar no fundo do mar, nas prisões do Mahdi; por volta de 1892, uma pequena bússola que Rudolf Carl von Slatin tocou, envolvida num retalho de turbante; na mesquita de Córdoba, segundo Zotenberg, uma veia no mármore de um dos mil e duzentos pilares; no gueto de Tétouan, o fundo de um poço[46])".

---

[42] "La bibliothèque de Babel", em *Fictions*, OC, p. 465, LP, p. 491.

[43] *Le livre de sable*, OC, t, II, p. 69.

[44] Estrutura que consiste, para B., em tornar patente a ficcionalidade de *toda* escrita, e é, para todo escritor, o modelo da exigência que leva a recomeçar para demonstrar, e ocultar, a um só tempo, a mesma coisa.

[45] "La sphère de Pascal", em *Autres Inquisitions*, OC, t. I, p. 636, LP, p. 676.

[46] "Le Zahir", em *L'Aleph*, OC, pp. 589-595, LP, pp. 623-630.

É evidente que essa enumeração não é um simples catálogo e, depois que Foucault utilizou um semelhante[47] em *As palavras e as coisas*, prestando-lhe homenagem, um sintagma novo, de fato, apareceu: "catálogo-à-la-Borges". Apesar de seu renome universal, examinemo-lo mais de perto, pois todos esses catálogos são construídos de acordo com o mesmo procedimento.

Trata-se de nomear um objeto qualquer e, ao mesmo tempo, de (fingir) defini-lo tal como faz um dicionário, desdobrando a coleção de seus usos, repertoriando, de modo ostensivo, as variações históricas e/ou geográficas de sua forma, de sua composição. Pois, no que diz respeito aos dicionários, é mais ou menos evidente, para qualquer um, que a definição obtida estabeleceu-se operando por gênero próximo e diferença específica.

Em nosso exemplo, a primeira ocorrência é uma moeda em circulação (fictícia) numa cidade real; a segunda, um indivíduo *singular* de uma espécie animal zoologicamente repertoriada, o que já rejeita a definição num universo imaginariamente simbólico; a terceira, um ser humano, *sem nome próprio*, tomado num acontecimento singular e *irrepetível*; a quarta, um objeto como existem milhões pelo mundo afora tomado num ato instantâneo; a quinta é uma nova versão da anterior, mas a contingência *absoluta* é acentuada; a sétima e a oitava são variações das primeiras. Para além do sorriso divertido e do sentimento festivo que essa descrição desperta, e que se repetem com a mesma intensidade sempre que é lida – como se ela tivesse um sei-lá-o-quê mágico e misterioso –, sua construção esconde um rigor incomparável.

Em primeiro lugar, é um conjunto, e os conjuntos, diferentemente das classes, podem conter objetos de gênero diferente. O que quer dizer, se formos conjuntistas, que é possível adicionar panos de prato e toalhas. Em segundo lugar, que não há limite para o conteúdo deles, pois infinitos de tamanho diferente lá podem ser contados.

Mas é próprio do catálogo borgesiano – que está fora da teoria dos conjuntos – incluir ou objetos únicos, ou objetos comuns mas tomados na temporalidade de um gesto cuja banalidade faz com que *ele não possa ser objeto de cálculo algum*. O que dá a um só tempo objetos múltiplos e sem extensão. Os lugares onde os atos acontecem são tomados ao acaso no globo

[47] Tirado do *Manual de zoologia fantástica*.

terrestre e o fato de cada um ter um imenso poder de evocação – tecido que é, quase sempre, com fio de Oriente – é a areia nos olhos que nos cega sobre a perfeita contingência, sobre a absoluta irrepetibilidade deles.

O catálogo é a resposta de Borges aos paradoxos conjuntistas que, anos antes, lhe deram tanto prazer. À questão colocada por Russell, se o catálogo de todos os catálogos que se contêm eles mesmos pode ou não pode se conter ele mesmo[48], Borges responde pela elaboração de um catálogo que conteria puras singularidades de espaço e de tempo, obtidas pelo mais absoluto dos acasos, não só a partir de conjuntos infinitos, mas efetivamente do contínuo[49]. Uma gota de mar, com um dos pontos de uma reta, com um instante de tempo, com um gesto qualquer entre os milhões de gestos de alguém inominável entre os bilhões de habitantes do globo, com um grão de areia.

O gesto borgesiano é a razão íntima e suficiente, embora tão dificilmente nomeável, de nosso prazer em lê-lo. Ele tem a ver com a capacidade da fala de nomear o que não o foi ainda, isto é, não tanto coisas que preexistiriam à sua nomeação, mas antes aquelas que a sua nomeação faz existir. Assim, ao proclamar a supremacia do *irreal* sobre todas as ordens da realidade, ele mostra que a capacidade de referência das palavras não está de modo algum trancada nem em nós nem nelas mesmas, nem nas definições, usos e objetos que aparentemente a saturam. O fato de haver um vazio constituinte – entre linguagem e fala – não nos poupa de dever ainda e sempre cavá-lo, para devolver cada palavra a um novo uso, fornecer outra definição dele, encontrar uma nova ocorrência. O que o poeta faz com a língua deixa descoberta uma propriedade que pertence à linguagem, mas que os homens, em geral, esqueceram. O renome que o cerca, a glória que lhe é destinada

---

[48] Ver por exemplo sua *Introduction à la philosophie mathématique*, Paris, Payot, 1991.

[49] Parece que é aí exatamente que Borges enraíza a letra, o que esclarece a determinação de seu poder criador: no real aberto pelo fato de que contar com conjuntos transfinitos não permite contar todos os pontos do contínuo. Cf. o último escrito de Kurt Gödel, "Sobre a natureza do problema do contínuo de Cantor (1947, 1964)", em *Intuitionnisme et théorie de la démonstration*, textos reunidos, traduzidos e impressos por Jean Largeault, Paris, Vrin, 1992.

representam a dívida paga pelos homens àquele que encarna, simplesmente e longe de qualquer romantismo, a função do sujeito: criar a língua no ato de fala. Poeta é aquele que, desse ato, deixa rastros.

"Zahir" pode ser uma palavra árabe ou ter sido inventada por inteiro. Introduzida no castelhano, o efeito é o mesmo, são simples letras fixadas arbitrariamente numa palavra que, é verdade, soa harmoniosamente. Graças a isso, emprestam-lhe, *de antemão*, seu poder de significar. Em razão, simplesmente, de sua eufonia, de sua maior ou menor *familiaridade*. Também é verdade que ela nos faz deslizar até "Zohar", o livro da Cabala. Borges afirmava que há duas ordens de causalidade: a da natureza e a da magia. A narração, esta, obedece à eficácia da segunda[50].

Só a fé do leitor nas palavras agenciadas permite que o relato preencha a sua função. Pois a acumulação de detalhes de verossimilhança não outorga ao relato um átomo de realidade: eles só pertencem à linguagem. Assim, o que define como clássico um escritor não é uma época histórica, mas a confiança que ele lhe faz.

Borges traduz "Zahir", do árabe, por "notório", "visível", e, além disso, como um dos noventa e nove nomes de Deus. Ele é igualmente um tigre infinito, a sombra da Rosa e o rasgo do Véu. Também é possível traduzir por "o visitante". Mas, bem no início do conto, ele nos deu uma indicação da qual não diz mais uma só palavra após tê-la sugerido. As marcas do canivete sobre a moeda de vinte centavos datada de 1929 agem no "2", no "n" e no "t":

2*0 cen*t*avos*
0 ce avos[51]
O sea vos

É isso o Zahir. E todos os catálogos. E todos os labirintos. Eles são o Nome do Outro, inatingível por não conhecer o único número que abre seu Nome: *O sea vos. Ou seja, tu.* Quando o tu é *absconditus*, toda relação com o outro é labirinto indecifrável. *Copulation and mirrors are abominable.*

---

[50] *Discussion*, OC, p. 226, LP, p. 229.

[51] Em Buenos Aires, a pronúncia do "c" e do "s" antes de "e" é idêntica.

Um segredo[52] transmite a imortalidade aos adeptos da seita do Fênix, um único, que consiste no cumprimento de um rito. Ele se transmite de geração em geração, mas o uso quer que não seja ensinado às crianças nem por suas mães nem por sacerdotes: a iniciação ao mistério é a Obra dos indivíduos mais vis. Sem um livro sagrado que os reúna, como as Escrituras reúnem Israel, sem uma memória comum, sem essa outra memória que é uma língua, dispersados na superfície da terra, uma única – o Segredo – os une e os unirá até o fim dos tempos. O segredo é sagrado, mas não deixa de ser um pouco ridículo. Não existem palavras honestas para nomeá-lo, mas *está subentendido que todas as palavras o nomeiam*[53], ou antes, que a ele fazem inevitavelmente alusão. Uma espécie de horror sagrado impede alguns fiéis de executar esse rito muito simples; os outros o desprezam, mas eles se desprezam ainda mais. Em compensação, aqueles que renunciam deliberadamente ao Costume e obtêm uma troca direta com a divindade gozam de um grande crédito.

Borges, que é ele mesmo o narrador e único personagem, ao sair do velório de uma mulher que acaba de morrer, vai beber um copo – de aguardente – num bar mal afamado. E ele nos diz que um tal ato é um oximoro, figura retórica em que dois termos apostos parecem se contradizer. Essa mulher, ao morrer no bairro sul, havia, por sua vez, cometido um solecismo (a oligarquia havia deixado o bairro sul para ir viver no norte), uma falta de gosto, uma incorreção.

Ao deslizar assim sob os nossos olhos – sob forma de brincadeira – que os atos são primeiramente tropos e figuras, ele exige de nós uma reforma do entendimento: a retórica não tem por único objeto a língua e a linguagem, mas, sem dúvida, a realidade, que acaba sendo enquadrada e governada pela sintaxe. A superfície onde se exerce a ética do Supereu, e a da linguagem, são uma e a mesma. Viver é, portanto, uma escrita que traçamos na superfície sempre igual da eternidade, na qual inscrevemos, dia após dia, com mais ou menos felicidade, as frases de nossa existência, em que cada um de nossos atos trai a singularidade de nosso estilo.

---

[52] "La Secte do Phénix", em *Fictions*, OC, pp. 522-524, LP, pp. 550-552. Estamos parafraseando.

[53] Tradução ligeiramente modificada.

Mas a realidade, a simples e dura realidade, é para Borges um *dom* da *tradução*. Porque só chegamos a ela através de camadas múltiplas de julgamentos onde o movimento, entre os estratos, dando-lhe alguma consistência, substitui o enquadramento[54] invisível, aqui faltante, que lhe outorga sua tranqüila existência. Perpétua tradução – como a decolagem infinita de camadas transparentes que compõem o espetáculo do mundo – tanto na mesma língua quanto entre várias, ali onde não há nem fala vazia nem muro da linguagem que separem o lugar onde ele *é* ele mesmo *do* lugar onde ele *pensa*. Estar ali onde ele pensa força-o a sempre pensar, a estar ele mesmo acompanhando cada pensamento, a de tudo se lembrar[55]. Pois ele próprio *é* cada um de seus pensamentos. Daí, podemos pensar, seu gosto por Parmênides: το γαρ αυτο εστι νοειν τε και ειναι[56]. Faltando-lhe um Outro que possa lhe garantir a realidade das verdades matemáticas – as antinomias conjuntistas são um obstáculo –, faltam-lhe também garantias para se premunir do Gênio Maligno[57] cartesiano, que, em Borges não funciona como uma pura hipérbole epistemológica, mas como a própria natureza do divino. As funções de proteção do sujeito de que a linguagem é fiadora costumam ser atribuídas à fantasia que libera este último de seu peso ontológico – é preciso bem viver – graças à constituição de um reduto gramatical. Ele colocará assim a ficção no lugar da fantasia, e se porá à distância da identidade entre pensamento e realidade ao elaborar uma doutrina materialista da metáfora. Contrapartida magnífica de seu idealismo sonhador.

Numa conferência surpreendente, "A poesia", dada com seis outras em 1980[58], num teatro San Martin lotado, durante a longa noite da ditadura

---

[54] Cf. o trabalho de Freud, de 1898, sobre *A lembrança encobridora*, e o uso feito por Lacan no Seminário "A angústia".

[55] Cf. "Funes el memorioso", "Funes ou la mémoire", em *Artifices*, OC, t. I, p. 485, LP, p. 510.

[56] "Pois é a mesma coisa, pensar e ser".

[57] É bem provável que Borges tente refutar o Deus fiador das verdades matemáticas de Descartes.

[58] *Siete Noches* (Sete Noites), OC, t. II, pp. 254-266. "A divina comédia", "O pesadelo", "As mil e uma noites", "O budismo", "A poesia", "A Cabala", "A cegueira".

militar[59], ele discute, num estilo acessível ao menos literário dos ouvintes, teoria poética, estrutura da linguagem.

Horacio Quiroga[60], escritor realista do início do século, sustentava que, se um vento frio sopra do lado do rio, é preciso simplesmente escrever: *um vento frio sopra do lado do rio*. Borges responde que essa construção está tão afastada da realidade quanto o vento frio que sopra do lado do rio. Sentimos o ar que se mexe e o chamamos "vento"; esse vento vem de um certo lugar, que chamamos "rio"... com o qual formamos algo tão complexo quanto um poema de Gongora ou uma frase de Joyce. Somos nós que criamos um sujeito: *vento*; um verbo: *sopra*; uma circunstância: *do lado do rio*. Tudo isso está longe da realidade, que é mais simples. "Essa frase aparentemente prosaica [...] é uma estrutura". "Tomemos o verso famoso de Carducci 'o verde silêncio dos campos' [...], o fato de haver uma palavra para *silêncio* já é uma criação estética". "Cada palavra é uma obra poética". Quevedo escreve: *De Flandres os campos, seu túmulo/ seu epitáfio, a sangrenta lua (Su tumba son de Flandres las campãnas y su epitafio a sangrienta luna)*, a propósito da morte de seu amigo o duque de Osuna, um dos versos mais memoráveis da língua espanhola. Porque os campos de Flandres são tanto os campos quanto as expedições militares, porque a lua sangrenta é tanto a do Apocalipse quanto a que é vermelha, como se deve, no campo de batalha, mas também a do crescente vermelho, e ainda da bandeira otomana. *O verso é feliz porque ambíguo; ele existe para além do sentido*. A metáfora não é substituição de coisas (Aristóteles), mas substituição de palavras. O Outro é inatingível, mas, juntando duas palavras que nunca tinham sido vizinhas, o prazer da surpresa, a surpresa do prazer criam, por intermédio desse gesto, o sentimento de uma existência que não é devida ao Outro.

---

[59] Falando do duque de Osuna, morto na prisão após ter sido um herói militar, Borges diz: "Não há razão alguma para que um herói não seja punido" (se for culpado). Algumas semanas depois, fato absolutamente inabitual, ele assinará dois manifestos exigindo o retorno à liberdade e à democracia.

[60] Estamos parafraseando.

A bússola da morte. A escrita e o crime

A morte e a bússola[61] é um exemplo extremamente singular da estrutura da ficção borgesiana. Semblante de conto policial (fingindo pastichar *A carta* [*lettre*] *roubada* de Poe), perfeição da maquinação, medo do duplo, refinamento do crime, detalhes grotescos, falsas citações mas verdadeiro conhecimento de suas referências, tudo concorre para que seja um de seus grandes relatos. Mesmo assim, vamos nos ocupar muito pouco de sua estrutura literária, para tentar extrair a teoria da letra que nele está em ação.

Um detetive, Lönnrot, é posto à prova por uma série de crimes que ele prevê, desde o segundo e até o último, mas que não consegue impedir. O criminoso, Red Scharlach, jurou matar Lönnrot[62]. O primeiro crime acontece no Hotel do Norte, onde estão hospedados um rabino talmudista, M. Yarmolinsky, que veio assistir a um congresso, e o tetrarca da Galiléia. Quando assassinam o rabino, o delegado de polícia acha que esse crime deve ser um engano e que o intruso veio certamente roubar as pedras preciosas do outro hóspede, conhecido por suas riquezas, e que, por razões desconhecidas, o assassino matou o talmudista, o que não devia ser o seu projeto. Lönnrot, fascinado pela biblioteca cabalística do apunhalado, está persuadido de que deve haver outra razão que a hipótese levantada pelo delegado. Para ele, o homem assassinado era o homem visado, e isso por uma razão decerto desconhecida, mas necessária. Policiais encontram sobre uma pequena máquina de escrever uma frase: *A primeira letra do Nome foi*

---

[61] *Fictions*, *Artifices*, OC, p. 499, LP, p. 525.

[62] Os dois nomes remetem um ao outro com um jogo de espelhos. "Red Scharlach" "vermelho escarlate"; "Lönnrot" "vermelho" certamente e, supomos, "salário", "lönn" podendo ser uma variação farsesca de "Lohn". O primeiro nome também é uma homenagem a um escritor que Borges aprecia, Nathaniel Hawthorne – ele escreveu sobre este um texto muito forte – e seu conto "A carta [*lettre*] escarlate". Os nomes e as situações têm, como sempre em Borges, gavetas múltiplas.

articulada. O detetive mergulha febrilmente num estudo apaixonado do Baal Shem Tov[63] sobre o Tetragamaton e os Nomes de Deus. Um jornalista, que veio entrevistá-lo, publica em seu jornal que o detetive Lönnrot estuda os nomes de Deus para encontrar o nome do assassino. Exatamente um mês depois, um segundo assassinato é cometido no subúrbio oeste. Um antigo fanfarrão eleitoral, um certo Azevedo, ladrão e delator, é encontrado, caído, o peito rasgado por uma punhalada. Não longe do local, alguém traçou a giz *A segunda letra do Nome foi articulada*. O terceiro crime acontece de novo um mês mais tarde. De madrugada, alguém telefona para a polícia a fim de oferecer informações sobre os crimes, em troca de dinheiro líquido. A voz diz chamar-se Ginsberg, ou Ginzburg. Quando Lönnrot e o delegado chegam ao bar de onde a voz telefonava, o dono conta que o homem em questão mora ali há uma semana, mas que, no momento em que terminava a chamada, um bando de arlequins (é semana de Carnaval) bem bêbados o havia carregado na frente de todos, não sem ter trocado com ele algumas palavras em iídiche, e que tinham partido em direção às docas. Já no carro, um deles havia rabiscado uma frase *A última das letras do Nome foi articulada*.

O chefe de polícia suspeita de uma encenação. Não Lönnrot, que encontra no quarto um livro de filologia hebraica em latim e algumas frases sublinhadas. Dois dias antes do mês terminar, o delegado recebe uma carta assinada Baruch Spinoza e um plano da cidade. A carta afirma que não haverá mais crimes e o plano mostra que os três lugares onde eles tinham sido cometidos correspondiam a um triângulo místico. Ele o envia a Lönnrot que, com um compasso e uma bússola, deduz o lugar onde – contra a predição da carta – o quarto crime deveria acontecer, e vai sozinho pegar o criminoso.

---

[63] Borges considerava o escritor judeu espanhol Raphaël Cansinos-Assens como um pai espiritual. Foi junto dele que começou a escrever em Madri, bem no início dos anos vinte, e que conheceu a vanguarda literária. É o único – ou um dos raríssimos – que ele chamou Mestre em toda a sua vida. É possível assim imaginar que seja graças a essa relação que Borges tenha começado seu estudo da Cabala. Suas referências a Gershom Sholem e ao Maharal de Praga, em seu poema "Le Golem" e em outras partes, viriam atestar a continuidade nessa via.

Quando, na propriedade abandonada que correspondia exatamente ao quarto vértice do losango, Lönnrot se vê desarmado, amarrado e diante de Scharlach, ele lhe pergunta: "Você também está procurando o Nome secreto?". "Não" – responde o criminoso –, "eu estou procurando algo mais efêmero e perecível; eu estou procurando Erik Lönnrot. Para matá-lo". E explica em seguida que o primeiro crime, o de Yarmolinsky, não fora um assassinato planejado, mas simplesmente um acaso infeliz: ele e seus cúmplices buscavam roubar as safiras do tetrarca. Azevedo embebedara-se com o adiantamento do contrato, enganara-se de quarto e matara o rabino que tentava pedir ajuda. Foi o próprio talmudista que escreveu na folha, à máquina, *A primeira letra do Nome foi articulada*. "'Li nos jornais que você estava procurando nos escritos de Yarmolinsky a chave da morte dele" – prosseguiu o criminoso. – "Li a história da seita de Hassidim e fiquei sabendo tudo o que se refere à doutrina do Nome, à interdição de pronunciá-lo, imaginei que você pensava que, se o rabino tivesse cometido uma transgressão, podia se tratar de um sacrifício para puni-la. Escolhi, então, um lugar a oeste para o segundo sacrifício, pois o 'primeiro' tinha acontecido ao norte. Azevedo era a vítima necessária, ele podia falar. O terceiro 'crime' foi um simulacro. Ginsberg-Ginzburg era eu, eu é que enviei a carta assinada Spinoza e o plano à polícia afirmando que a série era de três, como um triângulo, mas nele acrescentando sinais para você, sugerindo que seriam quatro. Premeditei tudo para atraí-lo para cá".

Antes de morrer, Lönnrot pede a Scharlach que, num outro avatar[64], quando tiver de matá-lo outra vez, marque com ele encontro num outro labirinto, numa única linha, e não em quatro. Onde haverá um primeiro crime em A, um segundo em B a oito quilômetros, um terceiro em C, a quatro quilômetros de A e B, a meio caminho entre os dois. "Espere-me em seguida em D, a dois quilômetros de A e de C, ainda a meio caminho, para me matar" – diz-lhe. Scharlach, antes de atirar, lhe promete esse outro labirinto, "composto de única linha reta e que é invisível e incessante".

64 Se a possibilidade de um outro "avatar" existisse, isso quereria dizer que ambos, detetive e assassino, são realidades ideais que descem à terra (sentido de "avatara" em sânscrito) sob aparências diferentes; o mesmo conflito, eterno, não cessando de se repetir a cada vez.

Nosso mundo é, pois, a composição de dois labirintos, o das quatro letras impronunciáveis, e o de Aquiles e a tartaruga, isto é, do contínuo. O hebreu e o grego. O primeiro rege o ordenamento das bibliotecas e das línguas. O segundo a inacessibilidade do Outro. Suas origens são diferentes, e nada prevê nem anuncia em um a necessidade do outro. Mas, por razões certamente incalculáveis, ambos presidem, um e outro, como o dual[65], que o francês não tem, *both-beide-ambos*, as vias de nossos destinos.

O erro de Lönnrot foi crer que só há acontecimento necessário, que a ordem das letras obedece apenas a essa única modalidade. Ele morre por ter empobrecido a lógica e paga seu erro com o salário inscrito em seu nome. O assassino está com tudo, pois sabe que a necessidade é, de certo modo, de segunda ordem, uma releitura que congela o que só adveio por obra do acaso. Como escolheu a conjectura em vez de pensar que sabe, Scharlach espera o outro no fim da arapuca, ao passo que o detetive raciocinador está condenado a errar, sua certeza estando afogada no oceano de seu saber. O matador mostra em ato que é apenas com simulacro que se fabricam letras, e que não é aquele que as desenha que as inscreve, mas unicamente aquele que as lê. Em outras palavras, ele não se acha o criador do jogo que ele obriga o outro a jogar, ele é simplesmente o encenador, o texto sendo sempre dado de antemão, tanto a um quanto a outro. Lönnrot morre por ter sacralizado não a letra, mas uma *opinião sobre* a letra, que a faz absoluta e autônoma em relação a sua leitura. De certa maneira, ele diz adeus por causa de sua atitude reverencial para com o escrito, que consiste em crer que seu enigma seria a cifra de uma única chave, passível de uma leitura única[66], sem (se) colocar a questão da

---

[65] Declinação particular, entre o singular e o plural, que existiu em algumas línguas indo-européias.

[66] Num dos melhores trabalhos jamais escritos a esse respeito, Pierre Macherey, em seu "Borges e o relato fictício", em *Pour une théorie de la production littéraire* (Paris, Maspero, 1974), escreve que "as hesitações na leitura reproduzem, talvez deformando-as, *as modificações inscritas no próprio relato*". Na perspectiva de uma análise estrutural do relato, de seus procedimentos estilísticos, Macherey tem razão e esclarece, opondo-se a panegíricos fáceis, a estrutura complexa, literária e teórica a um só tempo, do relato borgesiano. Na perspectiva de nossa articulação, Borges, ao privilegiar a leitura, nela integra de fato a escrita sob a forma de um cálculo. Pois o que pode ela ser, esta, fora dos modos que a tornam efetiva

predestinação que o sagraria único leitor. Piscada de olho, carregada, com relação a Poe, aqui é o delegado quem faz as boas perguntas, o que vai mais longe, por outro lado, que a simples brincadeira, pois é toda a concepção do *intérprete* que está em jogo.

Red Scharlach é um anti-herói mallarmeano que ensina à sua vítima que é o acaso que nos permite, ou não, lançar um golpe de dados. Que apenas existem configurações ali onde só a surpresa de um malogro nos dá a oportunidade de tentar um outro golpe, para mudar de cenário, nos tirar de uma armadilha, preparar uma para o outro, chegar em geral a um certo fim. Mas, e é isso a soberania do acaso, uma vez passado esse instante, não há mais jogo. Saber isso faz de Scharlach a *Gestaltung*, a figura mesma do Outro jogador, sem parentesco algum com o de Dostoïevski, Pouchkine, ou Stephan Zweig.

Por isso, se há algo que ele nos ensina, é que não há relação com o saber sem crença (não estamos numa escrita matemática). Em seus comentários farsescos, Borges escreve que Lönnrot se achava um puro raciocinador, como Auguste Dupin, o personagem de *A carta roubada*. Mas, se é verdade que Dupin raciocina, a solução que ele dá ao caso da carta é antes da ordem do ato, e esse ato também é um simulacro, uma contrafação. Lönnrot morre por ter-se realmente achado... o único Intérprete e, por conseguinte, por ter concebido a carta [*lettre*] sem sujeito. Como um e outro, o falso perseguidor e o verdadeiro perseguido, o falso perseguido e o verdadeiro perseguidor – todos os intérpretes de Borges o repetiram à porfia – são duplos, estão uma vez mais condenados ao enfrentamento mortífero. O que é verdade de quase todos os seus contos e relatos. Ora, em *A morte e a bússola*, o escritor acrescentou um detalhe: a superioridade, no cálculo das cartas [*lettres*], daquele que aposta na existência do sujeito.

Borges sempre pôs em ficção, em seus contos, enfrentamentos mortíferos de todas as espécies. O herói e o traidor, o falso-herói-mas-verdadeiro-

enquanto letra? Nesse sentido, Borges é profundamente spinoziano ao produzir uma teoria do sujeito como o lugar onde se cumpre em verdade, por seu ato – a leitura –, o que no texto, ou no livro, ainda não era letra. Por isso a verdade é aqui cumprimento, e não correspondência ou desvelamento.

traidor e os outros, os reis de poderio igual que buscam separá-lo, ele e seu duplo. A crítica muito glosou sobre isso, e os críticos aí introduziram o crime edipiano como explicação[67]. Porém seria muito mais interessante considerar que "crime" é o nome próprio do trabalho da escrita, a ficção sendo sua encenação. Um crime sendo, por outro lado, o *ersatz* real de uma letra não escrita: de um lugar faltante, de um corpo em excesso. Talvez Borges seja, com Kafka, o escritor que mais procurou tornar visível essa função tanática, ao inventar as figuras finais de seu cumprimento, cumprimento que também é a sua condição primeira[68]. A introdução de "explicações" psicanalíticas, ou outras, quando se trata da própria eficácia da letra, degrada a disciplina assim chamada em socorro e a proíbe de usar seu nome próprio.

Entretanto, o que é formulado até aqui não explica por que é o criminoso que é vestido com as virtudes logicamente mais fortes. Há, para isso, pelo menos duas razões. Na ordem da técnica literária, porque isso constitui uma mudança de perspectiva: o conto borgesiano sendo, entre outros, um – falso – pastiche de Poe, ele deve introduzir inovações radicais, embora preste homenagem aos procedimentos narrativos do inventor do gênero. Há, no entanto, na ordem de sua ética, uma outra razão que Borges tranveste pela

[67] De resto, os crimes nos contos de Borges são assassinatos do duplo, do outro especular. No caso em que esses crimes seriam, efetivamente, edipianos, seria preciso explicar por que a figura do pai está reduzida, por assim, dizer, a ser apenas um avatar do duplo. Introduzir o Édipo não resolve uma questão, mas acrescenta, antes, outra, que se adiciona à primeira.

[68] Deveríamos acrescentar que a palavra é o assassinato da Coisa se e somente se ela estiver escrita. Porém é extremamente difícil saber quando uma palavra está realmente escrita. A escrita, ou bem a necessidade que estaria em sua origem, não encontraria seu ponto de ancoragem precisamente em sua não ancoragem, no indecidível justamente desse saber que nunca encontra a sua certeza? Assim, por não sabermos se ela está escrita, podemos passar a: "ela se escreve", ou melhor ainda, "ela está se escrevendo"... "Ein Wort wird geschrieben"; "A word is being written". Por outro lado, a busca da prova irrefutável da escrita não nos conduziria à máquina de escrever diretamente sobre o corpo de "A colônia penal", em que Kafka põe em ficção – zombando, ele que não acreditava que o que fazia fosse escrita – o poder radicalmente mortífero da letra? Isto esclareceria – sendo verdade – com uma luz bem diferente o que Lacan dizia em *Encore*: escrever cartas [*lettres*] de amor é o que se pode fazer de melhor.

farsa e que dá o alicerce dessa escolha rigorosa. Ela tem a ver, uma vez mais, com a sua leitura dos Evangelhos, na exata medida em que o lugar central do personagem[69] de Judas não é de modo algum necessário em razão do simples gesto pelo qual lhe pagaram trinta dinheiros. Pois, afinal, não era tão difícil assim identificar alguém que predicava na porta do Templo, a contar parábolas e fazer milagres! A razão da existência de Judas, no plano divino, não pode muito se explicar como um simples caso de polícia (seria, afinal, desconsiderar a Providência). Sua única justificação possível não é, portanto, hermenêutica, mas decorreria de um ato: aceitar que é ele, Judas, o Filho do Homem, ele, em quem Deus se encarnou.

Por outro lado, e voltando ao plano literário, o estratagema do conto é na verdade o modelo em miniatura do que é, para o escritor, sua própria escrita. O espelho – feito de palavras – que Scharlach estende a Lönnrot também é o paradigma da ficção[70]. Seria uma tarefa puramente esgotante tentar declinar todos os jogos de palavras e alusões guardadas em cada conto e, mesmo, em cada linha. Elas com efeito não têm só como referência a literatura universal, mas também idiomas próprios a Buenos Aires, às camadas de populações e bandos literários que os falam, tal ou tal acontecimento da época. Cada página de Borges é um espelho composto de um número $n \rightarrow \infty$ de espelhos menores. Tanto que cada um pode finalmente ver refletidas em sua superfície imagens de que só o leitor é portador.

A ficção por ele inventada é a um só tempo uma crítica de múltiplas cabeças e um artefato apotropaico instalado entre ele e o outro que lhe permite – literalmente – nisso se sustentar. Ela é composta de uma mistura indiscernível de derrisão e de crença em que ele esconde seu verdadeiro saber com falsas citações, zombando sempre de todas as concreções – consideradas socialmente válidas – sob o semblante verdadeiro, profundamente verdadeiro, de uma paródia infinita. Infinita a ponto de ser sempre duvidoso separar, nos contos, o tema das variações, o objetivo supremo sendo tocar o outro,

---

69 "Trois versions de Judas", em *Artifices*, *Fictions*, OC, LP, p. 542.

70 Se Borges tivesse podido ler Maldelbrot, ele certamente teria achado que o isomorfismo entre a parte infinitesimal e o todo correspondia a seu universo. Cf. *Les objets fractals*, Paris, NRS Flammarion, 1990.

mas com fintas, e sem que ninguém possa jamais saber qual das fintas era o "verdadeiro" movimento. Convite, é evidente, à glosa das gerações. Por outro lado, a paródia [*parodie*] borgesiana não é nunca "a imitação burlesca de uma obra séria" (Petit Robert), mas, ao contrário, uma obra séria que toma ironicamente como alvo imitações da literatura que nunca foram mesmo burlescas.

Além disso, se o norte que a bússola indica perpetuamente não é outra coisa senão a morte, a para-ódia [*par-odie*], essa coisa secundária, também é o esforço para se desviar da canção conhecida, um engana-a-morte que quer ainda e sempre escrever, prorrogar, se se quiser, indefinidamente o momento de recair na direção do que nos espera por toda a eternidade.

Scharlach não é só o criminoso, ou pelo menos ele o é, mas em outro sentido, pois o que ele também faz é matar... o gozo raciocinador de Lönnrot, apresentando-lhe – tal Édipo à Esfinge – a resposta acabada à sua questão mortalmente eterna para que lá venha se abismar o que ela desde sempre erra. Ele lhe apresenta o modelo perfeito que o aniquila, o espelho brilhante no qual seu próprio espetáculo – Perseu e a Górgona –, paralisando-o para sempre, permite que ele entregue os pontos.

O sonho como criação. A criação como sonho

And if he left off dreaming about you[71]
Lewis Carroll

El sueño, autor de representaciones
en su teatro sobre el viento armado
sombras suele vestir de bulto bello[72]

---

[71] "E se ele cessasse de te sonhar?", citado em *Les Ruines circulaires, Fictions*, OC, t. I, p. 451, LP, p. 475.

[72] "O sonho, autor de representações / em seu teatro sobre o vento montado / tem costume de vestir as sombras de belos corpos" (pode-se também traduzir: de dar às sombras belos volumes). Borges cita esses versos um pouco por toda parte quando fala dos sonhos, por exemplo, na escola freudiana de Buenos Aires, Ed. Agalma, p. 33.

Assim, esse encontro à beira do precipício é o encontro do sonho e do pesadelo. É o encontro entre Borges e Borges[73] que preencheu dezenas de contos e poemas, com desfechos sempre variados, não obstante a imutável fixidez dos personagens. É nos pesadelos que seu duplo vem assassiná-lo, é nos sonhos que acontece de quem dorme dizer ou fazer algo inesperado que provoque a *morte real* do assassino, do que ele vai ter confirmação posteriormente[74], uma vez acordado. Ora, no universo borgesiano, não há muita diferença entre o sonho e a vigília[75] (tema budista, bem entendido, mas não é a única fonte, nem a única ressonância), a vigília sendo apenas outro sonho... melhor ou pior; sobretudo, arrumado de outra maneira. O fato de o pesadelo ser angustiante não é uma diferença essencial: não cita ele com deleite a palavra de Chesterton *Nightmare of Delight*?

> "No início", escreve ele[76], "da *Commedia*, ela é sensivelmente um sonho de Dante e este, por outro lado, é apenas o sujeito do sonho. Quando chegamos ao fim do Paraíso, a *Commedia* talvez seja muitas coisas, talvez todas. Dante lá encontra Beatriz. Ele a sonha severa, implacável, enchendo-se de censuras e contando aos anjos que a cercam todos os seus pecados. O encontro se torna pesadelo".
> "Você não acordou na vigília, nas num devaneio anterior. Esse sonho está no interior de um outro e assim por diante ao infinito que é o número de grãos de areia. O caminho onde você deverá dar meia-volta é interminável: você vai morrer antes de ter realmente acordado[77]".

Numa de suas grandes coletâneas, *El Hacedor*, um dos textos, intitulado "Everything and Nothing", é, do início ao fim, uma homenagem a Shakespeare, mas este só é nomeado no fim.

---

[73] Por exemplo, "O episódio do inimigo", em *L'or des tigres* e em *La monnaie de fer*, OC, t. I, p. 1132 e t. II, p. 152.

[74] "Les feuilles du cyprès", em *Los Conjurados*, OC, t. II, p. 485.

[75] "Sentir que a vigília é um outro sonho / que sonha não sonhar [...]". Arte Poetica, em *El Hacedor*, OC, t. I, p. 843.

[76] Nueve Ensayos Dantescos, *Neuf Essais sur le Dante*, OC, t. II, pp. 341-374.

[77] "L'écriture du dieu", em *L'Aleph*, OC, t. I, p. 598, LP, p. 631.

> "No início, ele acreditou que todos eram como ele, mas o espanto de um camarada com quem ele havia começado a comentar essa vacuidade lhe revelou seu erro [...] [quando ele] partiu para Londres [...] ele instintivamente já se preparara para o hábito de simular que era alguém, para que não descobrissem de modo algum a sua condição de pessoa [...] Antes de morrer, ou depois, ele teve consciência de estar diante de Deus e lhe disse: 'Eu que fui em vão tantos homens, quero ser um e eu mesmo'. A voz de Deus lhe respondeu num turbilhão: 'Eu tampouco não sou; sonhei o mundo como você sonhou a sua obra [...] e entre as formas de meu sonho você lá está que, como eu, é vários e como eu ninguém'[78]".

Só existimos sonhados pelo Outro, os outros só existem sonhados por nós; a causa final da criação é assim idêntica ao que nos sustenta na existência. E se de Deus podemos sem contestação dizer – Borges afirma, no fim da vida, não ser cristão – que ele sabe tudo, podemos ainda acrescentar: sim, ele sabe tudo, mas Ele não sabe quem ele é.

A Letra, o Olhar, A cegueira

O God, I could be bounded in a nutshell
and count myself a Kind of infinite space[79].
Hamlet, II, 2

As circunstâncias que presidem à descoberta do alef pelo narrador do texto são inverossímeis e paradoxais. Nada é feito, na longa, muito longa – tratando-se de Borges – introdução, para que o leitor possa ter a mínima suspeita de para onde se dirige o relato. Uma certa Beatriz, de nome Viterbo, morreu. A única pessoa de sua família citada pelo narrador é seu primo, Carlos Argentino Daneri[80]. Aquele que, ao longo do texto, diz "eu" [*je*] corte-

[78] "Everything and Nothing", em *El Hacedor*, OC, t. I, p. 803.
[79] Citado por Borges em *L'Aleph*.
[80] DAN te alighi ERI = Daneri. Beatriz não está aí por acaso. Mas as razões do anagrama e da alusão, obscuras, têm provavelmente relação com as velhas discussões, tanto teológicas quanto filosóficas, sobre o mal infinito da razão e da intuição originária, criadoras no ato mesmo de perceber.

java Beatriz, mas o retrato que ele pinta é, pelo menos no início, satírico, não terno[81]. O primo é versátil e pedante, tão insignificante quanto inepto e pomposo, cometendo sem jeito alguns poemas. Entretanto, o narrador obsequiosamente o visita nas datas de aniversário da morte de Beatriz, trazendo sempre um presente, na intenção, manifesta – mas por quê? – de ser admitido na intimidade de uma família e de um homem que ele despreza. O tipo de adjetivos utilizados para retratar estes últimos, os nomes de lugar, os torneios frasais, os nomes e prenomes pertencem a uma burguesia pobre e pretensiosa que vive simulando os modos da aristocracia. O quadro assim traçado em poucas linhas é desolador até dar náuseas, o único afeto possível para não sucumbir a isso sendo (exatamente como faziam os próprios Borges e Bioy Casares) rir maldosamente, no chão, dobrado em dois.

Esse Daneri, poeta não de subprefeitura, mas de bairro periférico, compõe um vasto poema, no qual ele se propõe a pôr em versos, com métricas e rimas, não só a história humana, mas tudo o que a superfície do globo contém. Ele mesmo os recita, achando-os dignos de um gênio, comentando cada tropo, cada mínimo efeito de figura. Finalmente, o versejador pede ao narrador para interceder junto a um escritor conhecido a fim de que ele guarneça uma parte de sua imensa obra com um prefácio que daria a ele algumas chances de ser editado. O narrador está bem decidido a não fazer nada disso, até que, o mês passando, um telefonema urgente de Daneri mude tudo brutalmente. Este último lhe anuncia que está ameaçado de expulsão, e que isso põe em perigo o prosseguimento de seu poema, pior, que ele se tornaria irrealizável. E explica: no subsolo do salão, há um alef; através dele é visível tudo o que existe na terra. "Borges" (o "eu" [*je*] do relato), incrédulo, é convidado a experimentá-lo, a contemplá-lo.

> "Cada coisa [...] era coisas infinitas, pois eu as via claramente desde todos os pontos de vista do Universo. Vi o mar populoso, a aurora e a tarde, as multidões da América, uma teia de aranha prateada no centro de uma negra pirâmide, um labirinto quebrado (era Londres), olhos

[81] Curiosamente, em suas transmissões no rádio, Borges dirá que ele retratava um sentimento de verdadeiro amor.

> intermináveis escrutando-me como num espelho, vi todos os espelhos do planeta e nenhum me refletiu [...], em Inverness uma mulher que jamais esquecerei, a cabeleira violenta, o corpo altivo, um câncer no peito, vi um círculo de terra seca ali onde antes houve uma árvore, uma casa de campo em Adrogué, um exemplar da primeira versão inglesa de Plínio, a de Philemon Holland, ao mesmo tempo cada letra de cada página [...], vi a noite e o dia contemporâneo, o pôr do sol em Querétaro que parecia refletir a cor de uma rosa de Bengala, vi meu quarto de dormir onde não há ninguém, vi num gabinete de Alkmaar um globo terrestre entre dois espelhos que o multiplicam ao infinito, cavalos de crinas turbilhonantes na aurora numa praia do Mar Cáspio, a ossatura delicada de uma mão, os sobreviventes de uma batalha que se enviavam cartões postais [...], vi a sombra oblíqua de uma avenca no solo de uma estufa, todas as formigas que há na terra, vi na gaveta de uma escrivaninha as cartas obscenas, incríveis e precisas que Beatriz enviou a Carlos Argentino, vi a circulação de meu sangue obscuro, a engrenagem do amor e a modificação da morte, vi o alef desde todos os pontos, no alef a terra e sobre a terra ainda o alef [...] vi meu rosto e minhas vísceras, vi o seu rosto e senti a vertigem e chorei pois meus olhos tinham visto esse objeto secreto e conjectural, cujo nome os homens usurpam, mas que homem algum jamais olhou: o universo inconcebível[82]".

Ninguém conhece a data em que Borges soube que ficaria cego. Ela não existe. Não há tempo em que esse instante possa ser marcado. Esse saber estava nele desde antes de seu nascimento, pertencendo a seu corpo desde o instante preciso em que a fala lhe transmitiu lembranças dele mesmo. Nomeado diretor da Biblioteca Nacional em 1956, nas breves palavras de uso dirigidas ao público e ao pessoal, ele diz agradecer a Deus, sem ironia, ter-lhe outorgado ao mesmo tempo oitocentos mil livros para ler e a cegueira. Ele repetiu ao longo da vida que não foi uma catástrofe, pois o anúncio era antigo e lenta a chegada gradual, deixando-lhe o tempo de

[82] "L'Aleph", em *L'Aleph*, OC, t. I, pp. 617-628, LP, pp. 653-666.

prever cada etapa. Seja. Mas a ausência de catástrofe tantas vezes afirmada nem por isso anula a eficácia traumática de seu saber. Saber que foi com o seu Nome e a sua linhagem inglesa que ele herdou a cegueira, como uma condenação real, mas sem julgamento. Este está a encargo do condenado formulá-lo.

Aos cinco anos, ao dizer a seu avô materno – filho, ele, de outro coronel[83], este vitorioso, herói de uma grande batalha – "Serei escritor", acrescentou: "Faço minha minha herança". Assim, seu problema será encontrar onde se sustentar, em que escora parar a busca do ponto sem o qual não se pode afirmar "Eu sou...", nem arrimar uma perspectiva. Pois, olhando para trás – o que também é, para uma criança, acima e na frente –, havia um "pai que gostaria de ter sido transparente" e, através dele, um avô que, pelo amor de sua jovem mulher e pela paternidade anunciada, preferira a morte à humilhação de uma derrota[84].

Em Borges, o Nome-do-Pai não funciona como agente de castração imaginária, mas como privador de órgão. O preço a ser pago pela fala é real, e não narcísico; o veredicto inexorável, e seu efeito, desdobrando-se no tempo, lhe inflige um luto tanto mais tenaz porquanto o gozo – nele todo lançado na leitura – fica exacerbado. Perder a visão não significa muito perder o olhar, exceto que ele se torna insituável. Que outro recurso para evitar o perpétuo perigo de ser transparente senão apropriar-se de todo o saber de que o Outro olhar desde sempre se repasta? Mas é preciso mais que saber, e é aí que a letra א, que é o símbolo de todas as letras e dos conjuntos transfinitos, torna-se o Outro olhar através do qual tudo o que é visto toma existência. *A letra preenche ao infinito a exigência daquilo que a privação arrancou.* A

[83] Suarez, comandante da cavalaria patriota, que, pela audácia de seus ataques, permitiu ganhar a batalha de Junin, a penúltima das guerras de Independência da América Latina.

[84] Bem relativa, deve-se dizer. Tratava-se de um dos muitos combates travados por toda parte, na época, entre as tropas federais e as provinciais, sendo que estava em jogo apenas um equilíbrio a ser encontrado entre o poder central e os poderes das províncias. Mas infelizmente não havia mais os "verdadeiros", os gloriosos desafios, da geração anterior.

encarnação – e o desaparecimento – do Um no objeto repara a ferida real, sempre hiante e jamais cicatrizada, do Nome e o precipício de uma alucinação inextinguível é contornado pelos caminhos de crista da escrita, mais que pelos desfiladeiros do significante.

Escrita que, para Borges, não merece muito esse nome, se acreditarmos em textos como *Pierre Menard, autor do Quixote* e *A memória de Shakespeare*, nos quais ele sustenta, através da derrisão, que não é a escrita que cria a obra, mas a leitura. Escrever é apenas reescrever, só a maneira de ler faz o guia. Ler é ver não o que falta, mas o invisível de um texto que o estrutura.

O ato pelo qual Borges encontrou ele mesmo seu lugar real foi de antecipar a cegueira anunciada, constituindo-se radicalmente como cego. Não que não aproveitasse a visão! Mas dela tirou, muito cedo, bem antes de sê-lo efetivamente, todas as conseqüências para seu destino, para o arcabouço de seu universo e para as escolhas de sua escrita.

Para o cego de nascença, a realidade é labirinto e o sentido, enigma. O mundo, alucinação. Como distinguir o pensamento do sonho, quando é a mesma luz amarelada e difusa que banha tanto a noite quanto o dia? Sobre essa antecipação radical de uma perda real que o deixa sem corpo, ele constrói sua identidade. Ela não pode ser chamada de outra maneira a não ser *rejeição*. E esclarece a referência de Borges a Berkeley, para quem "Ser" é *ser percebido*... Só Deus podendo garantir que haja realidade para além de nossas percepções. Se, ao contrário, essa garantia não tivesse estado, ou em Seu poder, ou em Seu querer, como sustentar, antes mesmo da realidade do mundo, que o "tu" – Tu, diante de Mim – não é simplesmente a minha idéia, mas algo condensado e autônomo, *selbstständig*, que subsiste para e contra tudo, protegendo-me de mim mesmo? É no lugar desse furo que a escrita virá.

> "Para o selvagem ou para a criança, os sonhos são um episódio da vigília, para os poetas e os místicos não é impossível que toda a vida desperta seja um sonho[85]".

---

[85] "Le cauchemar", *Sept Nuits*, OC, t. II, p. 223.

As metáforas originárias

Ao percorrermos seu *Livro de prefácios*, as *Literaturas medievais alemãs* ou a *Introdução à literatura inglesa*[86], um sentimento de espanto surge no leitor não só por causa da extensão inimaginável dos autores que ele comenta[87], da perfeição de suas traduções de Faulkner ou de Kafka[88], mas também por causa de dois autores que faltam em seu inventário. Na literatura alemã, Goethe só aparece numa única citação. Na inglesa, Shakespeare deve apenas a Macbeth estar ali presente. Mas isso, afinal, seria apenas uma pequena surpresa. Um grande escritor só cata para fazer seus os achados arrancados como primícias no outro. Suas aulas na Faculdade e suas pesquisas eram orientadas para a poesia saxã antes da invasão normanda, para os cantos de gesta alemães de antes do ano mil, ou pouco depois. E sobretudo para as inscrições rúnicas na Islândia, as Sagas escandinavas. Seu verdadeiro objetivo, ao qual se dedicou quase inteiramente, sobretudo quando a cegueira o atingiu totalmente, foi *o momento em que nasce uma língua, quando ela eclode para a existência numa literatura.*

Seus trabalhos sobre a metáfora[89], que começam cedo, bem antes da publicação de seu primeiro texto específico, levam-no a pensar que há duas grandes fontes originárias de metáforas: Homero e o Antigo Testamento. É o que o levará ao estudo, durante a vida inteira, das antigas literaturas anglo-saxãs, escandinavas e germânicas. A partir do século XII, essas duas grandes

[86] Com a colaboração de M. E. Vasquez, Buenos Aires, EMECE, 1989. Editado também no volume, em espanhol, "Obras Completas en colaboración". Não há tradução francesa.

[87] Entre 1984 e 1986, durante três anos, ele participou de trinta programas por ano no rádio em que, respondendo a um jornalista – Osvaldo Ferrari – de raro talento, ele também escritor, Borges falou tanto de escritores e de filósofos quanto de questões teóricas sobre literatura. Cf. *Borges en dialogue, Nouveaux dialogues* (Éd. Zoé/Éd. de l'Aube) e *Ultimes dialogues* (Agora, Presses-Pocket).

[88] "As palmeiras selvagens" e "A metamorfose".

[89] *Histoire de l'éternité*, OC, t. I, p. 382, LP, p. 400. Mas a "Correspondance" (em LP, *Chronologie*) atesta seu interesse desde o início dos anos vinte, que ele não vai abandonar nunca. Em suas conferências sobre Dante, ele vai renovar sua visão sobre a metáfora, dando-lhe um caráter visual.

fontes começam lentamente a confluir e as metáforas originárias a ser reescritas, isto é, lidas de outra maneira, deslocadas e submetidas a um trabalho retórico incessante, mas jamais substituídas. O que muda, por outro lado, são os gêneros, os estilos, a técnica.

O aparecimento da poesia na literatura anglo-saxã – como em outra parte – é anterior ao aparecimento da prosa. Cada verso, de número indeterminado de sílabas, é dividido em duas seções, cada uma trazendo dois acentos rítmicos. Não há nem rima nem mesmo assonância, sendo o elemento principal do verso a aliteração, isto é, a sucessão de palavras que começam com a mesma letra, geralmente três em cada linha, aliterando entre si, cada uma com todas as outras. O fato de haver quatro acentos rítmicos e três aliterações sugere que o cuidado primordial era colocado nos acentos, as aliterações servindo para marcá-los[90]. *A língua anglo-saxã morreu,* escreve ele, *mas o prazer de aliterar perdura em inglês,* não só nas locuções "*safe and sound*", "*fair or foul*", "*kith and kin*", "*fish, flesh or fowl*", "*friend or foe*"[91], mas também nas manchetes dos jornais e nos anúncios comerciais "*pink pills for pale people*" (pílulas rosas para pessoas pálidas).

Mas os nomes de coisas nem sempre eram aptos à aliteração e, esta sendo obrigatória, foi necessário pôr nomes compostos no lugar deles. Os poetas não tardaram a entender que estes podiam ser metáforas. Assim, no *Beowulf*[92], o mar é a *via das velas, o caminho do cisne* e ; o sol, *o candelabro do mundo, a alegria do céu*; a harpa é a *madeira da jubilação*; a espada, *o resíduo dos martelos, o camarada do combate* e a *luz da batalha*; a nave, *o cavalo das ondas* e a batalha, *o jogo dos escudos, o vôo das lanças.*

---

90 Estamos parafraseando.

91 "São e são"; "honesto ou desonesto"; "amigos e parentes"; "peixe, carne ou ave"; "amigo ou inimigo". Também podemos lembrar a memorável análise feita por Roman Jakobson do *jingle* da primeira campanha presidencial de Dwight Eisenhower, em 1952, que se propagou imediatamente pelos Estados Unidos: *I like Ike* (diminutivo do nome do general) (*Essais de linguistique générale*, Paris, Minuit).

92 A gesta de Boewulf data do século VIII, sendo o mais antigo monumento épico das literaturas germânicas.

Há nas metáforas um prazer que falta nas palavras diretas; dizer "o sangue" não é dizer "a onda" ou "a água da espada". *A eficácia de uma metáfora é anterior a toda interpretação*[93]. Esses Kenningar, metáforas construídas por obrigação métrica, perífrases na origem ou intencionais, provocam um prazer suficiente que reside na variedade delas, no contato heterogêneo das palavras. Quando a *lua de viking* se tornou uma equivalência imediata de *escudo*, então o poeta criou *serpente da lua dos vikings*.

Borges se pergunta, em *A metáfora*, por que os poetas lentamente reduziram, até sem saber, o conjunto das metáforas a alguns grupos: os olhos e as estrelas; as flores e a mulher; o tempo e a água; a velhice e a tarde; o devaneio e a morte[94]. Para ele, ao contrário, construir metáforas é um desafio lúdico que se opõe à necessidade omnisciente do Outro – é assim, por outro lado, o Outro, que Deus é nomeado no Inferno de Dante, como ele gosta de lembrar.

O estratagema – sua invenção – *para orientar-se no pensamento* consistiu em pegar o conjunto da literatura[95] à qual ele podia e queria ter acesso como *seu* texto pessoal e em nele descobrir – criando-as – suas próprias raízes e arborescências. Embora notando que ela cresce sob uma condição: que cada escritor talhe certos galhos para infleti-los, mudando-lhes a forma e a direção. Mas o tronco permanece presente até o final. As cartas [*lettres*] criadas por Homero, Virgílio e o Antigo Testamento, os paradoxos dos números inteiros naturais continuam a ser a nossa camada fundadora, por mais numerosos que sejam os estratos intermediários, por mais incontestáveis que sejam as novidades introduzidas. De uma certa maneira, para poder escrever, ele nos mostrou que toda escrita é versão. Mas, longe de pensar que a tradução do grego em latim[96], e do latim nas línguas românicas – e germânicas –, havia produzido unicamente uma perda irreparável,

---

[93] Em *Les Kenningar, Histoire de l'éternité*, OC, t. I, p. 369, LP, p. 385. Trocamos "dístico" por "metáfora".

[94] Mas ele não fornece resposta.

[95] A questão que se coloca não é muito a de ser poliglota como bagagem "cultural", mas a da capacidade de falar várias línguas em sua relação com a estrutura subjetiva e a constituição do saber inconsciente.

[96] Como Heidegger.

ele preferiu notar que, nessa perda[97] – certa e irreparável, é verdade –, mas também graças a ela, tinham-se aberto lugares possíveis de criações inesperadas. Longe dele a idéia de que se poderia, graças ao conhecimento, recriar o universo original, ele pensou, ao contrário, que o impossível com o qual nos chocamos na tarefa de traduzir permite a criação de um leque de direções que serão seguidas, sem saber, por cada tradutor, por cada escritor. Em seus diálogos no rádio, ele conta ter lido *La Commedia*, não só no texto original como em uma dezena de traduções e edições diferentes. Aos 84 anos, ele passava muito tempo a imaginar o que Dante poderia ter escrito, depois de tê-la acabado. Imaginava-o em Veneza, a obra já editada, achando que nada pode ser escrito depois de *La Commedia*... O original já é, por inteiro, metafórico; queixar-nos do afastamento da fonte seria insensato, pois a ela só temos acesso através de suas versões. Aqueles que construíram essas metáforas tampouco estavam na experiência do originário... pois não sabiam disso. Quantas centenas de aedos durante centenas de anos repetiram de cor a *Ilíada* e a *Odisséia* antes que a obra fosse redigida? Cada um colocando, bem entendido, sua pequena modificação, até que o *corpus* textual fosse fixado. Como medir o que a diáspora trouxe à Torá e suas exegeses? Ou antes, qual é a eficácia – real mas desconhecida – de uma escrita, justamente pelo fato de ser, por sua tradução, desconhecida em sua literalidade e rejeitada por aquelas que nela se originam, negando lá ter sua umbilicação? Talvez a psicanálise, em seu nascimento, tenha vindo colocar essa questão. E sofrer ela mesma as conseqüências disso.

[97] Ao discutir as traduções das *Mil e uma noites*, ele lembra a polêmica que aconteceu na Inglaterra a esse respeito, na qual um certo Marthew Arnold defendia a tradução pelo espírito, e o cardeal Newman a primazia da letra, ou seja, "a retenção" de todas as particularidades verbais. Sobre isso, Borges comenta: "Traduzir o espírito é uma intenção tão enorme e fantasmática que pode permanecer inofensiva. Traduzir a letra, uma precisão tão extravagante que não há risco algum de ela ser experimentada", OC, t. I, p. 400. Essa polêmica é bem uma antinomia da Razão, mas Borges a esclarece de maneira singular: o impossível não é o resultado de manter juntas duas exigências opostas, mas, ao contrário, cada ramo sendo em si mesmo um impossível, a resolução só pode, eventualmente, ser tratá-las juntas. Se não está proibido ao filósofo ater-se a isso, o psicanalista, este, deveria se perguntar se não tem de dar aí um passo a mais. Mas até onde?

Borges entre Freud e Lacan: o pensamento como tradução

I offer you that kernel of myself that I have saved,
somehow – the central heart that deals not in
words, traffics not with dreams and is untouched
by time, by joy, by adversities [...].
Borges, *Two English Poems*[98]

A história universal é um texto
que lemos e escrevemos sem cessar
mas no qual também nos escrevem.
Thomas Carlyle[99]

Houve para Borges uma experiência da eternidade, que ele chamou "Sentir-se-em-morte". Foi-lhe dada como intuição imediata dele mesmo fora do tempo e levou-o a pensar que havia vivido esse mesmo momento duas vezes, a primeira um ano antes de seu nascimento. Mas, exceto a página e meia onde conta essa experiência, publicada quase tal qual três vezes, nenhuma outra referência explícita, em sua obra, evoca a importância que teve para ele essa experiência, como ela o trabalhou. É que é a sua própria escrita que é a elaboração disso. Seu episódio suicida, relatado alusivamente a próximos e reconstruído por seu biógrafo[100], dois anos *antes* da morte de seu pai, poderia certamente estar ligado a isso, mas nada desse episódio veio dar lastro explicitamente à obra. Nenhum caráter inspirado lhe dá a aura que tantos outros grandes escritores não puderam se impedir de introduzir na deles. Nenhuma interrupção brutal e definitiva veio esconder no silêncio o emudecimento da veia criadora. Ele conseguiu colocar o ato de escrever a um só tempo na linha de crista da vanguarda e *sub specie æternitatis*. Plenamente

[98] Ver OC, p. 861, nota 90.
[99] Citado por Borges nos *Nouveaux Dialogues* com Oswaldo Ferrari, p. 98.
[100] Ver ERM, t. III, 6, capítulo "A horrível lucidez da insônia".

argentino[101] e prodigiosamente europeu, possuía uma meia dúzia de línguas e pensava *com* elas. Não só introduziu um gênero novo nas letras, mas ainda *era* ele mesmo a literatura. Uma vez neste ponto, seria então oportuno arriscar uma definição do gênio: é aquele que ocupa – por um certo tempo – o lugar impossível – e inexistente – de sujeito da língua.

E poderíamos também levantar, pensando bem, a questão da especificidade da construção de (o que Lacan nomeava) seu *sinthoma*, isto é, do que lhe permitiu nunca produzir uma escrita inspirada, uma mensagem redentora ou cair num emudecimento brutal e definitivo de seu trabalho de escritor. Apesar do impacto considerável da leitura dos Evangelhos, dos Pais da Igreja e das disputas teológicas, ou de seu apego pessoal à figura de Jesus[102], nenhum desses vínculos o impediu de se declarar não cristão e de recusar a crença num Deus pessoal[103]. Toda a sua reflexão literária e metafísica, embora tenha, como em Joyce[104], a teologia cristã como armadura, tende a um ateísmo viável[105].

---

[101] Ele é sozinho o vínculo único entre os escritores do século XIX e os do século XX. Dedicou-se cientemente, para reuni-los, a construir uma malha, ali onde a história das migrações havia produzido profundas mudanças na língua. Mas não ocupa muito o mesmo lugar que os grandes românticos italianos ou da Europa central, que deram ou permitiram retomar sua língua e sua identidade a povos invadidos e ocupados. Não abraçou nenhuma "causa", exceto um profundo desprezo pelo populismo. É o único traço que também o caracteriza e que não é atualmente "europeu", mas profundamente ancorado no tronco italiano da Argentina, onde era considerado um Mestre (de vida) não só pelos que o liam, mas por milhares de pessoas que não o haviam forçosamente lido. A exemplo de Petrarca, tal como E. R. Curtius reconstrói a mutação do gótico e o lugar dado ao poeta, ele faz as vezes de intercessor leigo. (Cf. E. R. Curtius, *La littérature européenne et le Moyen Âge latin*, Paris, PUF, coleção "Agora", 1986.)

[102] Não à do Cristo.

[103] *Borges en dialogue*, Éd. Zoé/éd. de l'Aube, p. 93.

[104] Lacan, Seminário *O Sinthoma*, de 10 de fevereiro de 1976. Nota pessoal.

[105] Cf. o poema "La Recoleta" (cemitério do centro de Buenos Aires onde estão enterradas as famílias patrícias) na coletânea *Atlas*: "Isidoro Suárez, que comandou uma carga de hussardos na batalha de Junin [...] não está aqui / [...] Meu avô, que se fez matar [...] em La Verde, não está aqui / Meu pai, que me ensinou a não crer na intolerável imortalidade, não está aqui / [...] Sob os epitáfios e as cruzes, não há quase nada, aqui / Não estarei aqui. Haverá meus cabelos e minhas unhas, que não saberão que o que resta está morto, e crescerão, e serão pó / Não estarei aqui, farei parte do esquecimento que é a substância tênue de que o universo é feito".

Borges nunca fez mistério da origem de seus contos de perseguição e de assassinato, de seus labirintos angustiantes, de seu fechamento prodigioso em toneladas de papel impresso ou, em razão de sua cegueira, na saciação infinita de sua memória. Porém, na relação entre sintoma e escrita, a boa questão não é saber se o primeiro era causa da segunda, mas se esclarece, antes, a partir desta que efetua uma épura do sujeito, fazendo desaparecer certos sintomas, mudando e arrumando outros. Essa possibilidade que a escrita atualiza só sendo legível *a posteriori*, ela só se deixa pensar, por conseguinte, no singular de uma obra e não depende muito das condições coletivas de seu reconhecimento. Condições necessárias mas não suficientes para impedir que o enodamento instaurado por seu ato um dia se desfaça. O reconhecimento público pode de fato desempenhar, em contrapartida, o papel do suporte imaginário que viria a faltar, mas igualmente desencadear tanto efeitos de tratamento quanto de desabamento.

Essa ambigüidade, ao menos aparente, não só pede que se "compare" a experiência de "sentir-se-em-morte" com as "epifanias" joyceanas que Lacan trabalha[106] em 1976, mas que se distinga cuidadosamente o uso da letra de um e do outro. Não só Borges não experimenta atração alguma pelo jogo de palavras, pelo *pun* ou pelo *joke*, mas ele reprova a utilização literária delas. É verdade que o castelhano da Argentina, assim como o espanhol em geral, desenvolve-se na criação literária mais no eixo sintagmático da língua[107] do que no eixo das substituições fonéticas. Mas, diferente nisto do francês, a ordem sintáxica da frase é extremamente flexível e, como em latim, permite àquele que escreve uma extrema variação formal. Por outro lado, a regra exige não escrever nem pronunciar e deixar tácito (exceto em estilo formal, exclamação, etc) tudo o que o leitor (ou o ouvinte) pode deduzir ou antecipar – os pronomes pessoais primeiro –, o que torna mais leves frases que podem conter várias subordinadas. A lei fônica dominante exige, por outro lado, "o bom corte", proibindo o encontro de uma mesma vogal em duas

[106] Lacan, Seminário *O Sinthoma*, de 20 de janeiro de 1976, em *Joyce com Lacan*, Navarin, p. 58. Cf. os trabalhos de C. Millot, Annie Tardits e Jean-Guy Godin.

[107] Cf. Roman Jakobson, "Linguistique et Poétique", em *Essais de linguistique générale*, pp. 209-248.

palavras contíguas, se uma delas for átona. Se o francês é ávido de sinérese, o espanhol, por outro lado, é feito de diérese. Borges será o mestre das substituições inesperadas, sua figura preferida sendo a hipálage: para dizer "muito andar", ele escreverá, por exemplo, "fatigar suas ruas". O que não produz muito, em castelhano, uma impressão de "construído" redibitório para a língua falada, embora permaneça dependente de Virgílio[108].

Numa de suas hipóteses maiores relativas à escrita de Joyce, Lacan notava que este tinha uma relação com a fala que lhe era cada vez mais imposta, a tal ponto que ele acabava por dissolver a linguagem impondo-lhe uma espécie de quebra, de descomposição, para que não houvesse mais identidade fonatória[109]; "Resta ambíguo saber se é por se libertar do parasita da fala ou, ao contrário, de algo que se deixa invadir pelas propriedades fônicas da fala, por [sua] polifonia[110]". Borges, por sua vez, teve um medo paralisante de falar em público até sua demissão, em 1946, do posto de bibliotecário que ele ocupava, demissão exigida pelo regime peronista. Mas se tornou um conferencista brilhante, em espanhol, em inglês e em francês, à medida que *sua escrita lhe devolvia seu nome* que ele não pensava poder trazer ("Borges morreu em La Verde [...]"). Embora considerasse que Joyce, Henry James, Kafka e ele mesmo pertenciam ao mesmo movimento literário, era ferozmente contrário a todo barroquismo aparente, o que quer dizer ao prazer de recusar ao leitor a inteligibilidade e, portanto, a identificação de ao menos um dos estratos de significação do texto.

A língua espanhola conheceu, desde a fundação da *Real Academia de la Lengua* e ao longo do século XVIII, reformas da ortografia tendendo a ajustar a escrita das palavras à fonética. Segundo o Dicionário Histórico da Língua Francesa (*Le Robert*), essas reformas "dotaram [o espanhol] de um

---

[108] Por exemplo, *Énéide*, t. VI, p. 268: *Ibant obscuri sola sub nocte per umbras*, "Sob a noite solitária, obscuros eles iam [os mortos na Averne], na sombra" (Obras Completas de Virgílio, I, Éd. de la Différence, tradução de J.-P. Chausserie-Laprée, ligeiramente modificada por nós). Mas também é possível encontrar essas figuras nos grandes letristas do tango, como H. Manzi: "... pelas noites sem querelas".

[109] Lacan, *O Sinthoma*, seminário de 17 de fevereiro de 1976. Notas pessoais.

[110] *Ibid.*

sistema gráfico quase fonológico, de grande economia e simplicidade[111]". Foi esse espírito que deu ao verbo "*equivocarse*" ("equivocar", em seu uso reflexivo) seu sentido de "enganar-se", "fracassar"? Como se um ideal, no seio mesmo da língua, rejeitasse o equívoco, a pluralidade de sentidos, tentando reduzi-los nas homofonias. Essa redução político-institucional do eixo fônico da língua teve – com toda certeza – por conseqüência um desenvolvimento da criação de metáforas a partir dos sintagmas lexicais. Ora, se é bem o equívoco que permite pensar, uma língua, para subsistir, deve produzir constantemente equívoco, novos sentidos, sobretudo se a lei fônica impuser cortes nítidos e a rejeição das contradições nos encontros silábicos em que arriscassem acontecer.

Contra a opinião de seus melhores críticos europeus, sendo Caillois o primeiro[112], Borges não era um inglês perdido nos pampas, mas ao contrário, utilizando o inglês como língua privada[113] e o castelhano como língua de escrita, ele teve de incorporar à língua na qual escrevia, para resolver a clivagem[114] do bilingüismo, a flexibilidade da frase inglesa, sua concisão de expressão, sua respiração sintáxica, sempre utilizando em seus contos a língua falada, mas em discurso indireto, o que lhe permitiu nunca incorporar expressões feitas – exceto com ironia – nem morfemas populares, camponeses ou familiares. Ele os evoca somente, por alusão, pela frase. Por isso, descobriu que a enunciação própria do argentino do campo nunca é a afirmação

---

[111] Vol. 1, entrada "Espanhol".

[112] Ver a nota biográfica em LP. ERM também está bem documentado sobre isso.

[113] Borges publicou apenas dois poemas em inglês, cujo estilo difere bastante de toda a sua produção em castelhano. Eles têm a força dilacerante e ingênua de uma verdadeira carta de amor, aquela que escrevemos para alguém único e que nunca foi pensada para ser publicada. Cf. *Two English Poems*, em *El Outro, el mismo* (O Outro, o mesmo), OC, t. I, p. 861.

[114] A matéria sonora de uma língua, a que se fala com a criança, constitui a substância mesma de um sujeito, o que Freud chamava o "Lustich", o eu [*je*]-dentro-do-gozo da língua. O fato de haver duas línguas simultâneas que lhe são faladas por pessoas de importância quase igual não pode deixar de ter efeitos subjetivos maiores, estruturais. Aliás, Leonor Acevedo, sua mãe, contava com prazer que Jorge Luis falou muito tarde, e com dificuldade.

nítida e o verbo alto, como o da Espanha, mas a alusão, o estilo indireto, o modo interrogativo, em suma, *o subentendido.*

Como Joyce, a escrita era para ele essencial, mas, em vez de tender a dissolver a linguagem por quebra da identidade fonadora, ele recriou um contexto para o castelhano de Buenos Aires e do Rio de la Plata – já quebrado pelos dialetos vindos com a imigração. E, nele introduzindo uma problemática nova – dar-lhe outra escrita –, recebeu, em contrapartida, um lugar de clássico. O fato é que ele escrevia apoiado em pelo menos duas línguas ou em estados diferentes de uma e de outra, o que faz com que seja *uma a outra que elas se rasuram*, as duas sendo "maternas", a tradução entre elas sendo uma necessidade para não ficar em pedaços. Curiosamente, ele sofrerá de uma ausência de recusa de tradução[115], o que é um defeito estrutural. O sujeito do inconsciente sendo apagamento do traço, aqui, ele se refere não a um único traço (o *einziger* freudiano), mas a um céu constelado[116]. Esse "automatismo" da tradução[117], tornado prático, acontece tanto "entre línguas" quanto no seio de uma única, e poderíamos afirmar que sua concepção da cultura – no sentido de civilização – como *versão* perpétua é homotética ao funcionamento de seu pensamento. Se é incontestável que suas duas primeiras línguas (o francês e o alemão datam do liceu em Genebra) "lhe" falavam desde o nascimento, nenhuma foi, por outro lado, "materna" no sentido de permitir que ele falasse. Ele só lhes arrancou a fala, essa qualidade faltante, muito mais tarde, no limiar dos cinqüenta anos: fazendo de sua escrita a mãe desta última.

Talvez uma curta passagem, num texto dedicado a Shakespeare, *Everything and Nothing*, seja o testemunho mais pungente que ele jamais escreveu sobre si mesmo:

> "No início, ele acreditou que todos eram como ele, mas o espanto de um camarada a quem ele começava a contar essa vacuidade lhe revelou seu

---

[115] Em outras palavras, Borges nos confronta com uma inversão da teoria que Freud expõe a Fliess na Carta 52 (antiga numeração). Cf. *La naissance de la psychanalyse*, Paris, PUF, 1979, p. 153.

[116] Lacan, *Lituraterre*, seminário de 12 de maio de 1971.

[117] Nesse sentido, a instauração de estratos de tradutibilidade – segundo a hipótese freudiana – permitia a inibição originária do automatismo mental.

> erro e lhe permitiu sentir, para sempre, que um indivíduo não deve diferir da espécie. Certa vez, decidiu que era nos livros que encontraria remédio para seu mal [...] Aos vinte e cinco anos [...] ele mesmo já se preparara para o hábito de simular que era alguém, para que não descobrissem sua condição de pessoa [...] As tarefas de histrião lhe ensinaram uma felicidade singular, talvez a primeira que conheceu: mas, uma vez aclamado o último verso e retirado do palco o último morto, o gosto odioso da irrealidade de novo caía sobre ele. Que cessava de ser Ferrex ou Tamerlan e de novo se tornava ninguém [...] Ninguém foi tantos homens como esse homem que, semelhante ao egípcio Proteu, pôde esgotar todas as aparências do ser. Às vezes, deixou uma confissão numa virada qualquer da obra, certo de que não seria decifrada: Richard afirma que, em sua única pessoa, ele faz o papel de vários e Iago diz com palavras curiosas: *Não sou o que eu sou.* A identidade fundamental de existir, sonhar, representar, inspirou-lhe passagens inesquecíveis ("*famosos*")[118]".

Durante uma de suas conversas no rádio com Osvaldo Ferrari, dialogando sobre Kafka, Borges formulou a idéia de que, como os contos e os romances desse escritor eram a própria expressão do século XX, este não pertencia apenas à história da literatura, mas à memória da humanidade. Da mesma forma, acrescentava, que, se todos os exemplares e todas as traduções do Quixote por acaso desaparecessem, o Quixote, este, não desapareceria nunca[119].

Por sua prática da letra, ele conseguiu construir um lugar de sujeito, ali onde só havia a dor do vazio, o sentimento de não ser ninguém. Mas esse novo sujeito não é aquele que aparece desaparecendo na cadeia da fala, ele não é o da *Unverborgenheit*[120] que nos faz sinal quando não está mais ali. E

[118] *El Hacedor*, OC, t. I, p. 803.

[119] "Borges en dialogue", p. 81. Quando o nome próprio se torna, para sempre, adjetivo, "kafkiano", "quixotesco", a obra literária e suas metáforas entraram na língua, na linguagem, Kafka sendo assim o nome do obscuro de nosso século. A idéia não é exatamente a mesma que em Lacan, que, retomando Joyce, formulava o comando "A letter, a litter", isto é, "Que a letra se torne liteira!".

[120] Desocultação. Em Heidegger, é a tradução literal do grego *alétheia*, a verdade. Lacan o retoma invertendo-o, como o *fading* do sujeito.

tampouco é o sujeito do "*apagamento*", aquele que apaga o traço, instaurando assim a existência do inconsciente[121]. O *novo sujeito* em Borges – como em Joyce, aliás – tem a ver não com o objeto enquanto tal, sem o qual falta à estrutura lastro e ancoragem no real, mas com o que ele chama em seus poemas em inglês "*the kernel of myself*": a letra, cujo regime de queda, sendo análogo ao objeto, faz nascer essa idéia, verdadeira e paradoxal a um só tempo, que é em seu desaparecimento puro e simples que residiria a única chance de imortalidade. A letra, eis o novo sujeito instaurado pela escrita. Ela não é apagante, mas regra a circulação das traduções bem como o pagamento da cota a cada nome próprio introduzido, este, na circulação literal. Ele diz isso, da maneira mais clara, durante a entrevista sobre Kafka: "se lermos os grandes escritores, devemos continuamente *make allowances* [...][122]". É desses nomes próprios que ele recebe o seu, mas não sem uma passagem sobre o muro do objeto, várias vezes repetido, onde seu rastro limpo enuncia-se como paixão pelo estilo[123], a inscrever no objeto caído – inexistente antes – na medida em

---

121 Há em Lacan três teorizações do sujeito do Inconsciente. Na primeira, a mais conhecida, o sujeito é um efeito de representação entre dois significantes quando houver suspensão do recalque. Ela é exposta sobretudo em "As formações do inconsciente". Na segunda, ele cuida da produção do sujeito a partir de um objeto "a" que não é o da pulsão, mas o que qualquer um foi para o Outro. Cuida disso sobretudo em "A lógica da fantasia". Na terceira, que se extrai das duas primeiras, o sujeito é ele mesmo letra, inscrita no Real. Embora a letra tenha o mesmo percurso que o objeto, eles estão longe de ser idênticos. Assim, a operação exigível para o fim de uma análise, que o significante-mestre, S_1, que inscreve a identificação secundária, estabilizando a primordial, deva ser lido como letra, não é a mesma que a que permite que a letra venha substituir o significante-mestre ali onde ele faltava, separado dos outros.

122 "Borges en dialogue", p. 82. Como sempre quando fala em inglês, ele traduz ou manda traduzir uma única possibilidade do que disse, deixando cientemente a outra na sombra. Aqui, ele traduz *make allowances* por "tentar entender", calando "pagar um aluguel". Talvez seja o segundo sentido, mesmo calado, que permite a experiência do primeiro.

123 A paixão do estilo não é a simples inversão do estilo da paixão, ainda que lhe permita um deslocamento de registro. Da mesma forma que a significação de "não verdadeiramente" não é a inversão de "verdadeiramente não". Aqui, a ordem do significante não é comutativa, a singularidade gramatical não pode ser logicizada.

que o sujeito, advindo, experimenta o impossível[124] de ser traduzido[125]. É estar diante do dado irrecusável – aí fazendo seu lugar de estada – de que nem a letra nem o espírito podem ser integralmente vertidos entre línguas ou entre os diferentes estratos de uma única que permite a produção de um resto e seu reconhecimento, sem a qual este arriscaria ser inoperante.

Todo escritor – contemporâneo, pelo menos – fabrica em ato, em e por sua escrita, uma hipótese do inconsciente, imediatamente recoberta por um dublê cujo nome de empréstimo obedece a uma determinação outra que a do ato de escrever: Jung ou o budismo, um cristianismo agostiniano... nenhuma lista podendo, aliás, ser exaustiva. Assim, à guisa de exemplo, Borges dizia que Léon Bloy – de quem gostava – era um fervilhante cabalista que se ignorava. Por isso é de pouca importância que tal escritor tenha lido Freud ou creia conhecer a análise, pois aquele que, eventualmente, refletisse sobre a sua obra utilizando esta poderia muito bem recusar, assim fazendo e sem saber, a existência do inconsciente e tornar inoperante para si mesmo o benefício da operação. O reconhecimento ou o não reconhecimento do inconsciente, pela espécie e pela modalidade da nomeação que o faz ou não existir, pode certamente não exercer efeito algum sobre a própria escrita, mas o efeito sobre o sujeito é inegável. Pois, pelo fato de escrever, ele tem, queira ou não, uma idéia – contígua à língua mas efeito de linguagem – do Outro no qual ele está inscrito e com o qual se relaciona. O público e a crítica decerto disso fazem parte, mas sem mudar fundamentalmente o que articulam as letras.

A idéia que Borges se fez do inconsciente poderia ser assim resumida:

– existe um saber absoluto (que podemos chamar *Deus sive Litera*);
– mas lhe é impossível tornar-se sujeito;
– *há predestinação* (ou determinismo absoluto);
– mas contingências podem (e devem) ser produzidas.

---

124 O impossível costuma ser tomado, pelos analistas lacanianos (mas não por Lacan), como um *terminus ad quem*. Ele também é um *terminus a quo*. O fato mesmo de lá passar um certo tempo provoca necessariamente uma mudança. O terminal como tal não sendo o mesmo, na chegada, quanto na partida ulterior.

125 Ver o livro de Antoine Berman, *L'épreuve de l'étranger*, uma das reflexões teóricas mais importantes sobre a significação da tradução, Paris, Gallimard, 1981.

Terminaremos tomando emprestado a Borges, uma vez mais, uma citação de que ele gostava profundamente e que talvez resuma, certamente melhor que a desenvolvemos, o que era para ele a íntima relação que ele manteve com a letra:

> *"Freund, es ist auch genug. Im Fall du mehr willst lesen,*
> *so geh und werde selbst die Schrift und selbst das Wesen*[126]".
> Angelus Silesius, Cherubinischer Wandersman, VI.

[126] "O amigo já é bem suficiente. No caso de quereres ler mais / Vai então e torna-te ti mesmo Escrita, torna-te o Ser mesmo" (nós é que traduzimos, H. Y.).

ENSAIOS DE METAPSICOLOGIA

O quadro da análise e o corpo do analista

Der Weg des Analytikers ist ein anderer, ein solcher, für den das reale Leben kein Vorbild liefert.
"A via do analista é outra: a vida real, para ele, não fornece modelo algum".
S. Freud[1]

Em 1914, ao escrever *Observações sobre o amor de transferência*, Freud inscreve essa máxima que colocamos em epígrafe e que deveria ficar gravada em cada analista com tanta segurança quanto pôde estar, outrora, para a gente de letras, o início do Canto III da *Divina Comédia*, Inferno, III, 15: "*Qui si convien di lasciare ogni sospetto; ogni viltà convien chi sai morta [...]*".

Ora, se Freud diz a verdade, a análise, por fazer parte da vida, não é real; ou então, se é real, não faz parte da vida. No primeiro caso, ela pertenceria ao *irreal* da vida. No segundo, teria parte com a morte, na medida em que *precede* a vida.

Sustentaremos aqui que o quadro da análise não é constituído apenas pelas condições de tempo e de espaço nas quais se desenrola o tratamento. O número de sessões e seu ritmo, as escansões internas, a relativa fixidez e o advento do imprevisível permitido pela regra fundamental fazem parte e são até o aspecto substancial do quadro da análise.

Mas o quadro tampouco pode ser definido unicamente a partir de suas aplicações, já que ele admite em suas possibilidades tanto as sessões longas de Ferenczi e de Winnicott quanto aquelas escandidas ou curtas de Lacan,

[1] Studienausgabe, Ergänzungsband, Schriften zur Behandlungstechnik, *Bemerkungen über die Übertragungsliebe*, página 225. La technique psychanalytique, PUF, *Observations sur l'amour de transfert*, p. 124.

já que ele permite tanto a presença plena do analista, em silêncio, quanto as longas construções kleinianas várias vezes por sessão. A construção do conceito de quadro não pode, portanto, repousar no recenseamento de suas variações formais, até extremas, para daí extrair o balizamento e a definição, pois ela seria apenas trivial.

O quadro da análise é a marca e o desdobramento da primeira expulsão de gozo, aquela que, com seu lado foraclusivo, torna o corpo apto à inscrição da linguagem.

Essa "colocação para fora" radical e a inscrição da linguagem como tal criam o objeto, antes de toda pulsão, dando um alicerce *real* e não lingüístico ao corte significante.

Assim concebido, o quadro é a "Outra cena", isto é, a que sustenta o mundo. Assim, ele nada tem de imaginário e suas disposições tampouco têm um caráter de regra ou de norma simbólica. Elas são assinaladas, só isso. Não tendo avesso, se porventura não forem respeitadas, nem por isso são suscetíveis de interpretação. Por outro lado, não se deve pensar que as paredes do consultório do analista fazem crer que a cena analítica limita-se apenas ao consultório do analista. Já que, se tal fosse o caso, o *Ring* de Viena, ao longo do qual Freud permitiu que Ferenczi e alguns outros se tornassem analistas, não a teria.

Essa cena – sempre enquadrada, seja qual for o roteiro – é tal na medida em que lá se diz o que no mundo não se pode dizer.

Esse quadro, enfim, é composto ou definido por quatro letras. O exame dessas letras e de suas respectivas posições nos permitirá chegar ao que é o operador do quadro: o corpo do analista.

Mas antes deveremos passar por algumas estações intermediárias cuja abordagem é, em suma, menos difícil que a de um corpo. Um corpo que ao mesmo tempo está bem vivo e é puro produto de um discurso.

O que um analista sabe?

Todo paciente se faz essa pergunta ao longo de uma análise, até quando é ele analista e inicia um enésimo tratamento. E se, em geral, estamos todos de acordo em dizer que ele não sabe nada sobre o paciente, também seria útil assinalar que ele tem um saber *formalizado*, seja qual for seu pertencimento teórico. Daremos disso apenas uma leve idéia, já que não é objeto deste trabalho desenvolvê-lo *in extenso*.

1. *Ele sabe que a linguagem é trabalho*: que o que organiza a um só tempo a vida e o sofrimento do paciente não deve ser encontrado como um velho brinquedo quebrado no fundo de uma garagem, mas que seu eventual achado é uma *criação* da fala.

2. Que o fato de enunciar a regra fundamental – diga tudo o que lhe vier à cabeça – desencadeia a repetição.

3. Que ele só pode situar o recalque a partir de seu retorno. E que este nunca passa pelas mesmas vias que na "ida".

4. O que supõe de sua parte que sua atenção seja atraída pelos *nadas reais* (*reale Nichtigkeiten*[2]) que lhe permitem apreender as identidades nas diferenças. O que Freud chama "atenção flutuante".

5. Vale dizer que é em sua *leitura* do que é *dito* que o Inconsciente acontece.

6. E isto por uma razão fundamental: pelo fato de falar, o simbólico se cinde. Irremediavelmente se divide.

Freud escrevia isso da forma mais clara em *Rememoração, repetição, perlaboração*, em 1914, quando punha na boca do paciente a seguinte declaração: "Eu sempre soube disso, mas nunca tinha pensado nisso[3]". E ele explica que o que impede o acesso à rememoração é uma *barra* (*Seprrung*).

Há, pois, uma barra entre o pensamento e o saber. O que isso significa? Que o pensamento inconsciente governado pelo princípio de prazer é incapaz de assumir a exigência que o saber lhe impõe, a de aumentar a sua capacidade de operar sob alta tensão. Para isso, para pensar esse saber que está mergulhado no gozo nele se satisfazendo, o pensamento deveria inverter o

---

[2] Freud, "*Ein Kindheitserinnerung des Leonard de Vinci*", Studienaussgabe, X, página 110, nota. Un souvenir d'enfance de Léonard de Vinci, p. 91, Paris, Gallimard, 1989.

[3] "Das habe ich immer gewusst, aber nicht daran gedacht", *Erinnern, Wiederholen, Durcharbeiten*, S.A., Ergänzungsband "Schriften zur Behandlungstechnik", página 208. La technique psychanalytique, Remémoration, répétition et élaboration, PUF, p. 106.

vetor que o dirige para a mínima tensão e querer produzir novas diferenças. O que, salvo exceção, ele não pode fazer por si mesmo. Lacan escreve o saber inconsciente S_2. Nós escrevemos S_1, o conjunto dos significantes que organizam o *pensamento inconsciente*.

Esses significantes, que têm sempre um caráter de *comando*, no momento mesmo em que o paciente começa a falar com o analista e a extrair saber sobre o sexual, são deslocados. Desaparecem, por assim dizer, do lugar de onde ele fala e são guardados, descartados no analista.

Esses significantes, que constituíam para Freud a parte "mais recalcada" de cada complexo, serão *transportados para a conta do analista*[4]. São os significantes da transferência. É graças a esse transporte que o paciente poderá, com a intervenção do analista, constituir o seu saber. Graças à colocação em reserva de uma parte do tesouro simbólico. Mas, de resto, esses S_a T permanecem inconscientes, tanto para o paciente quanto para o analista.

Entretanto, este último, se realmente funcionar como tal, não deixa de ter um saber opaco desses S_a que propriamente o constituem. Ele *é* esses significantes, ele está à espera deles e, cada vez que o paciente entrar na zona de onde eles foram retirados, ele fica fisicamente *embaraçado* com eles, impedido de pensar.

Uma das atividades do analista, quando não está lançado ao ato por um desses S_a, é pensar os pensamentos não pensados do paciente. O embaraço e o impedimento para fazer isso são, neste, a manifestação de sua *resistência*, a presença efetiva, nele, da barra.

A experiência da supervisão mostra que o fazer do analisando fica modificado sem que o analista tenha dito ou significado o que quer que seja desde o instante mesmo em que este trabalhou sobre sua resistência, isto é, sobre a sua vertente da transferência com um outro.

Ou então, quando o analista não está mais em supervisão, a situação transferencial muda, se ele se deixar, no meio de uma certa invasão afetiva, constituir como a superfície onde a letra do analisando, lida, torna-se dejeto.

---

[4] Lacan, "Radiophonie", *Scilicet 2/3*, Paris, Le Seuil. Foi graças ao Sr. Montrelay que nós o notamos. É assim que Lacan traduz em 1970 a *Verschiebung* freudiana para explicar um deslocamento que não se faz entre significantes, mas do Gozo ao Inconsciente. O analista sendo a passagem obrigatória entre os dois.

Bem no início do tratamento, o saber do analista é formal – seja qual for a sua obediência teórica. À medida que ele avança, esse saber se torna um saber do tratamento. Mas nunca um saber sobre o analisando. Por isso, o analista sabe que o saber que se produz no tratamento e que continua a se produzir depois, como seu efeito, uma vez terminado este, não é o grande Outro. O deslocamento da barra operado pelo paciente lhe permite começar a dizer um saber que estava nele. Ora, que ele diga o que sabe não quer dizer que ele sabe o que diz.

Assim fazendo, extrair-se-á um primeiro objeto em torno do qual esse saber gira. É o que Freud nomeava *Lustgewinn* – traduzido em francês como prêmio de prazer, e por Lacan mais-de-gozar –, presente tanto no chiste quanto na fantasia, que notamos a_n.

As letras que comentamos até aqui e sua posição respectiva teriam esta escrita:

$$\frac{S_a T \text{ [comandos inconscientes]}}{/ \quad \text{[sujeito a vir]}} \qquad \frac{S2 \text{ [saber no gozo]}}{a_n \text{ [prêmio de prazer ou mais-de-gozar]}}$$

O desejo do analista

Um dos conceitos mais difíceis de pensar que Lacan alguma vez formulou é aquele que ele decreta para o lugar do analista no tratamento: *em posição de semblante*. O que quer dizer que estamos à volta com dois conceitos: o de *analista* de um lado, indissociável de sua posição; e o de *semblante*. Ao mesmo tempo, todos os lacanianos sabem – pode-se pelo menos pensar – que a letra que permite assegurar essa posição é *a*.

Ora, uma vez dito isso, longe de crer que resolvemos tudo, encontramonos mais diante de um conjunto de enigmas impenetráveis que fazem com que a escrita proposta por Lacan requeira uma longa pesquisa para abrir o que suas letras guardam.

Para poder pensar que gênero de pequeno *a* é o analista: é ele o estrume, essa parte de mim para sempre perdida? Ou aquele olho de pesadelo, sem pálpebra, que me petrifica? Ou aquela fonte que me dá sede ao nela beber? Propomos escrever sua posição assim: א. Vale dizer o *alef*[5], que é, enquanto ponto de origem, o alef da angústia, o ponto de onde pequeno *a* se desprende. Pois é só desse lugar, o da *Hilflosigkeit*, do desamparo, que o significante morde no real, que o saber se inscreve como corpo.

A barra que atinge, em Lacan, o grande Outro e o Sujeito, dividindo-os deles mesmos, é uma e dupla a um só tempo. Ela separa de imediato o saber do pensamento ou o inconsciente da fantasia. Mas também o pensamento do gozo.

Quanto à primeira barra, o dispositivo do tratamento permite, muito ou pouco, que o analisando a assuma. Já que é o analista que se responsabiliza pelo recalque. Mas quanto à segunda, aquela em que o pensamento se umbilica no gozo, só o analista pode recitar as letras que a compõem.

Para poder ser feito olhar, ele se desapossa do seu. Para poder ser feito voz, ele perde a sua. Assim, o que ele vê são os vetores dinâmicos que sustentam ou entravam o corpo do outro. O que ele ouve são as variações tonais da voz, seu deslocamento na tessitura.

O analista, enquanto tal, não tem corpo. Ou então seu corpo não tem *Erscheinung*, manifestação do que lhe é próprio como sujeito.

O fato de sua posição se originar na angústia não significa de modo algum que, ao assumir o desamparo, ele disso preserva o paciente. Mas, ao contrário, que ele lhe permite atravessá-lo. Se é o analisando que coloca o analista em posição de grande Outro, este evita a isso responder, já que daí, inevitavelmente, seu desejo teria o efeito contrário daquele que é buscado.

Assim fazendo, o analista não só preserva o lugar da angústia – pois toda emergência traumática assinala um progresso no tratamento –, mas é percorrido, às vezes, por um gozo que não é o seu. Como se uma lâmina irreal do analisando o tocasse cada vez que as palavras deste deixassem abandonado o gozo que lhes dá o peso.

Se esse gozo que o toca e dele se apodera partir tão rápido quanto chegou, então ele se afigura não ser o seu, ser fálico, e precisamos pensar que aquele que devemos chamar o seu não o é.

---

[5] Cf. Jacques Lacan, Seminário *Os Nomes do Pai*, inédito, de 20 de novembro de 1963.

Mas por que, afinal, querer – diriam vocês – que ele tenha um, e além do mais tão estranho? Como apreender um gozo inconsciente vindo do outro, em seu corpo, e cessar de recebê-lo tão logo muda o discurso do paciente, se não for a partir de uma posição de gozo, outro?

É isso estar, para o analista, no lugar de *a*, mas no semblante. Escrevemos a_0. É desse lugar que ele se torna o suporte dos fragmentos pulsionais do paciente. Que ele se torna uma merda execrada – para não soçobrar no luto desse nada perdido; um seio esvaziado de gozo, um olho que conhece os pensamentos dos outros antes mesmo que eles os formulem.

Mas talvez tenhamos ido rápido demais. Já que em nada é evidente, exceto como argumento de autoridade, que o analista esteja, ou deva estar sempre em lugar de causa de desejo. O que quer dizer, afinal, sustentar um desejo que não é subjetivo?

Antes de tudo, assegurar sempre a retomada da demanda. Que esta não definhe, atolada nas dificuldades da repetição. Pois é ele que se oferece como objeto da demanda – como provam as emoções de seu corpo – e por seu ato torna-se um parceiro real da história do paciente. Não só da história do tratamento, mas da história simplesmente. Já que, antes e depois de uma análise, ninguém tem a mesma história de sua vida. Os personagens são sempre os mesmos, mas o corpo sem *Erscheinung* – sem manifestação própria – do analista (a_0) lhes fez mudar de rosto.

Longe de ser um desejo extático, imobilizado pela resistência, o desejo do analista se prova pela persistência da demanda.

Deixamos para o fim o mais difícil, que é o segredo de um tratamento, sobretudo se se tratar do tratamento de um analista. Lacan não cessou de trabalhar durante anos e indubitavelmente isso se transmite nos tratamentos. Mas o fato de os analistas nunca falarem disso mostra que o ato é transmissível, mas não comunicável. Para falar dele, para prestar contas dele, é preciso produzir construções que a ele façam referência.

Vamos nos limitar aqui a assinalar uma das vias possíveis para delimitar isso, já que nenhuma o esgota e elas não fazem conjunto.

Poderíamos partir de uma constatação freudiana: *o paciente sofre do que ele supõe sabido por seu analista*. Ora, já que o analista, ele, sabe o que está em jogo, por que falaria disso, ele, o paciente?

Essa suposição não é plenamente inconsciente. Ao contrário, a primeira proposição da cadeia de raciocínios é consciente. Mas não a seqüência. Essa seqüência de raciocínios é o que sustenta a transferência e o sofrimento, alienando-se e reproduzindo um gozo cujo acesso está escondido. S_1 é o nome do significante que cifra esse gozo. Mas ele não é dizível, e isto não por uma razão misteriosa, mas simplesmente porque ele está fora da cadeia falada. Toda tentativa de reintroduzi-lo no discurso dando-lhe voz o condena, no ato de apreendê-lo, a fazer com que logo desapareça. Aí, nessa circunstância, o ato do analista é *fazer signo.*

Um fazer signo (*Zeichen*) que marque o objeto (*auszeichnen*) e permita mostrá-lo (*zeigen*), exibi-lo, fazê-lo parecer. Assim fazendo, aquele que mostra dá mostra, faz-se monstro, torna-se o que ele assinala.

As palavras em alemão, as duas primeiras, são aquelas que Freud utiliza para descrever a operação realizada no objeto pela identificação primária. A terceira é, em alemão, um equivalente imediato delas.

Lacan, de maneira muito codificada, cabalística até, quando queria se referir a essa modalidade do ato e a este momento do tratamento, o fazia por alusões, citando mais de uma vez Heráclito: "O príncipe cujo oráculo fica em Delfos não esconde nem revela, ele faz signo[6]".

Fazer signo se diz em grego *semainei* (σεμαινει) *signo*, *semeion* (σεμειον), que quer dizer também *ponto.* Aristóteles, para dizer ponto, utiliza tanto *semeion* quanto *stigmé*: ponto, marca da punção.

Esse ato que deixa rastro no olhar como o traçado de uma caligrafia, como a suprema violência de um gesto de balé, ao puncionar o objeto, o faz *pare-ser. A aposta desse ato é que a voz do paciente faça nascer, dessa letra que o analista acaba de traçar e que não tem nenhum som na língua, um significante novo.*

Para escrever a letra que inscreve o desejo do analista em seu ato a, é necessário dar-lhe três ocorrências ℵ, a_0, a_n.

Ou então abrir uma chave, uma chave de a e escrever:

[6] Diels und Kranz, *Fragmente der Vorsokratiker*, fragmento B XCIII.

$$a \left\{ \begin{array}{l} a_n \\ a_0 \\ \aleph \end{array} \right.$$

Mas o que aconteceu com o sujeito, através da superposição do lugar do analista? Lacan costumava escrever o sujeito S, qualquer que fosse o lugar que ocupasse. Mas se é verdade que, como letra, ele é idêntico a si mesmo, ele não o é como significante, que difere de si mesmo em relação ao lugar ocupado. No início, quando ocupava o lugar da verdade, nós o escrevíamos simplesmente [/], vítima que era dos comandos inconscientes.

Que lugar ocupa ele agora como parceiro de *a*? $a \longrightarrow S$.

Lacan hesitou em nomear esse lugar. Ele o chamou o Outro, mas também, durante a introdução dos quatro discursos, o Gozo. Não é uma mudança de pouca importância, sobretudo quando pensamos que, se o sujeito está bem no lugar do Outro, ele se significa em outra parte.

E, se fosse o gozo, não pode em caso algum se tratar do gozo fálico, já que ele impede o sujeito de se manifestar. A rigor, seria possível aí escrever o "eu" da enunciação no gozo. Mas não o sujeito.

Entre o gozo e o Outro, escolhemos... os dois e escrevemos *o entre-dois gozos*, como o nome do lugar do sujeito do inconsciente produzido pela análise.

Dizíamos também que esse Outro não é o saber inconsciente que lhe é logicamente exterior. Ele é uma terra percorrida de fios de água, um entre dois-mares, uma mesopotâmia, um delta. Ele não é a língua de todos os dias, nem tampouco nossas diferentes línguas. Ele é a língua salva[7].

Ao contrário do místico, para o analista o Outro Gozo não é o objetivo de seu ato. Se é condição necessária de gosto e de criação, é também fonte de sofrimento. Para o místico, só o gozo da fala pode servir para extorquir ao corpo o gozo que não convém. Sem estar em desacordo, o analista considera antes que é a fala que introduz no corpo o verme que o avilta. E que o gozo de que não se é culpado serve para fixar o sintoma.

---

[7] No sentido que Elias Canetti dá a essa expressão.

O místico, como o lógico, aliás, experimenta o desejo de uma foraclusão que erradique o sentido sexual da linguagem para que só a referência reste. Mas esta não é a mesma para um e outro. De qualquer modo resta um parentesco entre as duas iniciativas.

Talvez a análise seja a prova de que o Outro tem uma consistência de gozo que não se deixa facilmente furar por seu trabalho e, quando isso acontece, sua inexistência não dura tanto tempo quanto gostaríamos.

Mais modesto, mas tão atento quanto seus dois companheiros de armas, o analista sente que, tocando o "sentido" das palavras – para reduzi-lo –, também se toca o corpo aquém de sua imagem especular; o "sensorium", como se dizia antigamente.

Instalado num lugar onde a cena sexual está foracluída, o analista faz em ato o trabalho de um lógico, extraindo do muro da linguagem as letras à espera do tesouro do sujeito.

a_n } [o desejo do analista] a_o } א }	$\$$} [o sujeito no entre-dois-gozos]
S_2 [o saber irrepetível de um tratamento]	S_1 [a cifra de um novo saber]

De filho ao pai ou os paradoxos freudianos do Édipo e da castração

A concepção freudiana do complexo de Édipo masculino é acabada em 1923-1924, em *A organização genital infantil* e *O desaparecimento do complexo de Édipo*. A partir daí, Freud vai se dedicar à questão da sexualidade feminina, sem que a finalização teórica desta recaia sobre a masculinidade a ponto de modificar o que já fora produzido.

Ora, o avanço sobre a questão da fase fálica e do complexo de castração se fez com base na fundação, já adquirida, da dupla entrada do alicerce paterno: um pai pré-histórico, já morto; um pai rival.

Teremos, portanto, dois problemas para examinar:

– o complexo de castração, do qual Freud já deu outras definições antes de 1923-1924, por exemplo em *O homem dos ratos* e em *O homem dos lobos*, que não são absolutamente concordantes com a proposta teórica final que ele faz disso;

– o complexo paterno, em que é preciso explicar a articulação entre o pai morto, já que odiado como rival, e o pai morto desde a aurora da humanidade. Essa articulação, que os discípulos de Freud nunca conseguiram encontrar, coloca a questão da fundação da identificação primária e do caráter absolutamente primeiro do Ideal do Eu de que a função de herdeiro do complexo de Édipo será uma formação segunda. Aqui, só Melanie Klein seguiu a letra de Freud, fazendo, à sua revelia, traço de união com Lacan;

– a incidência recíproca de um complexo sobre o outro.

Deixemos a fala a Freud a fim de comentar em seguida, *in extenso*, a passagem:

"[O filho] ainda não tivera a oportunidade de duvidar da existência do pênis na mulher. A aceitação da possibilidade da castração, o *reconhecimento* (*Einsicht*) de que a mulher é castrada, põe então um termo nas duas possibilidades de satisfação no complexo de Édipo. *Uma e outra comportavam*, com efeito, a perda do pênis: uma, a masculina, como conseqüência da punição; a outra, a feminina, como pressuposição. Se a satisfação do amor no terreno do complexo de Édipo *deve* (*soll*) *custar* o pênis, então somos forçados *(muß)* a chegar ao conflito entre *o interesse narcísico* por essa parte do corpo e *o investimento libidinal* dos objetos parentais. Nesse conflito, é a primeira dessas forças que prevalece. O eu [*moi*] do filho desvia do complexo de Édipo [...].
Os investimentos de objeto são abandonados e substituídos pela identificação. A autoridade do pai ou dos pais introjetada no eu forma o núcleo do supereu, o qual toma ao pai o rigor, perpetua seu interdito do incesto e assim assegura o eu contra a volta do *investimento libidinal do objeto* [...].
O processo em seu conjunto por um lado salvou o órgão genital, desviou dele o perigo de perdê-lo e, por outro, o paralisou, *suspendeu sua função* (*seine Funktion aufgehoben*) [...]. O complexo de Édipo soçobra em razão da *ameaça* de castração[1]".

Esse texto de Freud, muito conhecido dos analistas, no entanto é menos tranqüilo do que parece, portador aparentemente ingênuo de mais de um paradoxo.

1. Numa primeira leitura, poderíamos concluir que o homem nunca conhece verdadeira castração; só a ameaça. Daí é necessário concluir por uma extrema labilidade da masculinidade, já que esta seria garantida apenas pelo narcisismo. Aliado na origem à sua única válvula de segurança, o supereu que protege o sujeito da volta do recalcado – ou seja, do investimento libidinal do objeto.

2. Isto implica interrogar igualmente o estatuto metapsicológico da ameaça. O fato de reconhecer a castração na mulher deixa a realização desta

[1] Tradução em parte modificada. "O desaparecimento do complexo de Édipo", em *La vie sexuelle*, Paris, PUF, pp. 120-121. As palavras sublinhadas em itálicos o são pelo autor.

em suspenso. Ela é somente possível. Ora, se o inconsciente não conhece grau na certeza[2] e se os desejos edipianos foram realizados fantasmaticamente, como pensar que a punição que deve se seguir não seja também realizada?

Ao colocar, em *A organização genital infantil*[3], as polaridades sexuais, Freud estabelece que, "no estádio [...] da organização genital infantil, há um masculino, mas não feminino; a oposição se enuncia aqui: órgão genital masculino ou castrado. Só quando o desenvolvimento, na puberdade, se acaba é que a polaridade sexual coincide com masculino e feminino".

Está claro que para Freud, portanto, se masculino e feminino têm a ver com a anatomia[4] e a cultura, eles não pertencem ao inconsciente como tal, que conhece "um único órgão genital [...] um primado do falo". Ora, se nos concederem que a polaridade sexual (fálica) é intrapsíquica, seremos levados a concluir que o menino não pode de modo algum se colocar apenas como o que tem, já que a possibilidade disjuntiva "ou não tê-lo", pelo simples fato de ser enunciada, implica a conjunção: órgão genital masculino *e* castrado.

3. Estranhamente, Freud mantém firmemente que, no menino, a castração é somente uma ameaça.

Ele afirma, no entanto, que as duas possibilidades de satisfação a partir do complexo de Édipo traziam (*mitbrachten*) a perda do pênis[5].

Toda a ambigüidade do pretérito alemão está aí: traziam... trouxeram...

4. Cheguemos, pois, a uma das frases mais enigmáticas da passagem em questão:

> "O processo em seu conjunto [...] salvou o órgão genital, desviou dele o perigo de perdê-lo e [...] paralisou-o, suspendeu sua função (*seine funktion aufgehoben*[6])".

---

[2] *Métapsychologie*, L'inconscient, capítulo IV.

[3] *La vie sexuelle*, Paris, PUF, p. 116.

[4] *O desaparecimento do complexo de Édipo.*

[5] *Ibid.*, p. 120.

[6] A tradução francesa preferiu "suprime seu funcionamento" a "suspende sua função". Deve-se crer que Freud não era tão radical.

Essa fase – fálica – deve soçobrar.

Qual é a função que é suspensa? A de ali obter, pela masturbação, um gozo *auto-erótico* em que se exprime o investimento libidinal dos objetos parentais. Se o auto-erotismo é o modo de satisfação das fantasias edipianas, não se deve, então, de modo algum considerá-lo como um estádio, substituído primeiramente pelo narcisismo e, em seguida, pelo investimento objetal, mas pensá-lo como o tipo de satisfação do narcisismo por excelência. Freud, ao assinalar que o objeto é amado, seguindo os rastros da atividade auto-erótica[7], coloca aqui a equação: auto-erotismo = gozo fálico = investimento libidinal (incestuoso) do objeto.

Freud utiliza aqui um par de verbos para distinguir duas posições na significação do dever: "Se a satisfação do amor [...] deve (*soll*) custar o pênis, então devemos (*muß*), somos forçados a chegar ao conflito entre o interesse narcísico [...] e o investimento libidinal [...]".

O primeiro "deve" (*soll*) exprime em alemão o comando ou a eventualidade; o que vem do outro ou do real. O segundo (*muß*) exprime o constrangimento do sujeito em sua resposta.

5. Uma primeira conclusão nos levaria, portanto, a dizer que *há perda* do pênis no menino, recoberta por um reinvestimento narcísico de sua posse. O que não acontece nem com o seio, nem com as fezes. Os danos narcísicos ligados a essas perdas corporais fornecem um modelo de castração, mas não têm a mesma *significação*[8]. Freud é formal: o falo não tem o mesmo caráter de objeto perdido que os outros e deixa em pontilhado a questão de uma teoria diferencial entre a constituição do objeto (ou dos objetos) perdido(s) e o falo, cuja posse é um dom... do complexo de castração. Uma questão se segue, à qual Freud não responde, que resulta do fato de o gozo do falo ser proibido: ou o falo é recalcado e sublimado, ou é primeiramente perdido e, em seguida, somente a sua representação recalcada é sublimada.

Se nos inclinarmos pela primeira operação, caberá (ou parecerá caber) ao sujeito confrontado com a castração. Se escolhermos a segunda, o falo só pode vir de um outro. Primeiro do pai.

[7] "L'homme aux rats", em *Cinq psychanalyses*, Paris, PUF, p. 233.

[8] "L'organisation génitale infantile", em *La vie sexuelle*, p. 115.

6. Se afinal fosse verdade que Freud privilegia a unidade com o pênis graças ao superinvestimento narcísico, ele deixaria assim, a nosso ver, a psicanálise correr um triplo risco:

– de desvalorizar teoricamente a importância de tudo o que é, para o menino, estranheza, *alteridade* do pênis que mexe, muda e cresce *sem que a criança o ligue a uma causa conhecida*;

– de deixar de lado, após a puberdade, a significação da coincidência da satisfação orgástica e a perda temporária da utilização instrumental do pênis. E o efeito retroativo dessa significação sobre a organização sexual prévia;

– de não poder se proteger da ameaça de deslizamento de um "ter" o pênis ao "ser". Pendor inevitável do narcisismo que seria o único "fundo" desse "ter". O que levaria ao julgamento: *Ele o é, porque...* Em que o homem "masculino" estaria a dois dedos da problemática... daquele que arrisca orientar-se para a homossexualidade.

7. Ora, mantendo-se também próximo de sua experiência, Freud constitui ao mesmo tempo o pedestal da nossa e nos lega problemas para resolver quanto aos quais o texto mostra, por causa de seu cinzelamento, que ele não deixava de saber, contanto que quisessem segui-lo, que uma linha de fratura aparece no próprio material de sua obra.

Graças a isso, uma discussão pode ser levada a cabo hoje sobre a natureza do corte que a castração representa. O que manifesta uma surpreendente homologia com as discussões, na história da matemática, sobre o conceito de função.

8. Para nós é impossível prosseguir essa leitura da concepção freudiana do falo sem ligá-la ao que, para Freud, é o destino psíquico da "energia sexual" e a organização interna de seus diferentes avatares. E isto antes de poder mostrar o caráter "sintético" da ligação entre os conceitos de falo e de castração com o de pai.

Em outras palavras, antes de considerar essa relação Falo-Pai que, para alguns, na melhor das hipóteses é apenas um julgamento analítico, na pior um truísmo, parece-nos ir no sentido de Freud interrogar, no caminho que vai da pulsão ao Édipo, os termos freudianos "pensamento" e "saber".

Preocupação que é a de Freud desde 1893, mas que vamos assinalar durante duas ocorrências fundamentais: o *Projeto* de 1895 e *O homem dos ratos* de 1909.

> "Essa parte do corpo facilmente excitada, modificável, ocupa no ponto mais alto o interesse do menino e destina constantemente novas tarefas à sua pulsão de pesquisador (*Forschertrieb*) [...]. A força motriz (*treibende Kraft*) [de] essa parte viril [...] manifesta-se nessa época essencialmente como necessidade premente de investigação (*Forschungsdrang*), como curiosidade (*Neugierde*) sexual. Muitos atos de exibição e de agressão que a criança comete [...] mostram estar, para a análise das experiências, a serviço da investigação sexual [...][9]".

Assim, deduz-se que, longe de considerar a pulsão de saber como um desejo, Freud a conceitua, em sua própria essência, como apoiando-se nas duas pulsões a partir das quais se organiza a perversão inconsciente: voyeurismo/exibicionismo, sadomasoquismo[10].

A "pulsão-de-saber" ou então a constituição de um saber tornado possível pela atividade pulsional regida pela primazia do falo ou, como Freud costuma dizer, pela "*Bedeutung*" do falo, é um meio termo entre o ato e o pensamento.

O escoamento total da energia era, no *Projeto* de 1895, específico da função primária do psiquismo, em que o aparelho arriscava sua própria consumpção, seja na satisfação ou na fuga desesperada diante da dor. Subseqüentemente, esse escoamento total será nomeado: ato. Treze anos mais tarde exatamente, Freud vai desenvolver a complexidade do circuito:

> "Essa relação da 'pulsão de saber' (*Wißtrieb*) com os processos de pensamento torna-a particularmente apta, no que diz respeito à energia, que

---

[9] "L'organisation génitale infantile", em *La vie sexuelle*, pp. 114-115, tradução de Denise Berger. *Die infantile Genitalorganisation*, Studiennausgabe V, pp. 238-239.

[10] Quando, em francês, lemos "força motriz", é preciso pensar que o alemão diz "força de excitação" e "curiosidade" ressoa em alemão, carregando no "neu" de "Neugierde", avidez e concupiscência.

busca penosamente, mas em vão, trilhar um caminho até o ato, atraí-lo em direção ao pensamento, ali onde se apresenta a possibilidade de um outro modo de satisfação do gozo (*Lustbefriedigung*)[11]".

Há, pois, uma relação originária entre a energia libidinal "pré-pulsional" e o ato, enquanto único modo originário de satisfação. Essa relação é impedida não só pelo *pensamento* que nasceu como *inibição*, mas também pela constituição de um *saber* pulsional que drena gozo em direção a esta ao lhe oferecer um outro modo de satisfação. Esse processo, aqui descrito por Freud, é uma lei do psiquismo, independente de sua forma sintoma na neurose obsessiva, que não passa de um caso particular. Que me seja permitido recorrer à noção de "pré-pulsional" para explicar o primeiro aparecimento da palavra "energia" em Freud e não considerá-lo um simples modelo teórico nominalista.

Esse gozo sexual, que tem relação originária e imediata com o ato, qualificado por Freud de esforço vão, é aquele mesmo que, na época do Édipo, na medida em que ele se satisfaz, comporta em si mesmo e por si mesmo a perda do pênis. Há, pois, uma relação:

Ato → Pensamento ← Castração

E, da mesma forma, ao contrário do que se poderia crer, só se tornam sintomáticos[12] os pensamentos que são forçados (*müßën*) regressivamente a ser os representantes (*vertreten*) dos atos (*Taten*[13]).

9. Há, pois, em Freud, em pontilhado em sua obra e conforme traçados bem complexos, um grupo de três conceitos (não vamos tratar aqui do quarto, a sublimação): o gozo (*libido, sexual Energia*, às vezes *Lust, Genuss*); o ato (*Akte, Tat, Handeln, Handlung*) e a castração.

[11] "Diese Beziehung des Wisstriebes zu den Denkvorgängen macht ihn besonders geeignet [...], die Energie, die sie vergeblich zu Handlung durchzudringen bemüht, auf Denken zu locken, wo sich die Möglichkeit einen anderen Art von Lustbefriedigung bietet, "L'homme aux rats", Paris, PUF, pp. 258-259, *Bemerkungen über einen Fall von Zwangsneurose, Studienausgabe*, VII, p. 100.

[12] Freud diz obsessivos, "zwanghaft".

[13] *Ibid.*, p. 259, "*Bemerkungen über einen Fall von Zwangsneurose*", *ibid.*, p. 101.

A emergência do pensamento, o surgimento das primeiras ligações psíquicas, torna o ato, enquanto finalidade última dos processos primários, impossível como destino do gozo. Desse primeiro ato impossível, em que o gozo confina com a morte até nela se confundir, decorrerão atos preparatórios, substitutivos, falhos, bem como conchavos, etc, que o representam, embora sem ceder em sua soberania específica. Dessa primeira impossibilidade de escoar todo o gozo nascerá um limite que o ato dali por diante apontará, como única via de acesso[14]. O gozo não é apenas impossível, ele é igualmente proibido quando se refere, por intermédio do falo, ao complexo edipiano.

10. A castração também é, portanto, *um destino do gozo*. Freud diz isso da forma mais clara.

"Uma e outro comportavam, com efeito, a perda do pênis". Uma e outro: "possibilidades de satisfação tiradas do complexo de Édipo[15]". Além disso, a castração não é apenas um destino do gozo, mas, enquanto limite, ela adquire sua significação do horizonte do ato impossível que representa o acesso a ele.

11. Chegamos aqui à nossa segunda articulação: Freud sustenta que há um vínculo específico entre a castração, uma vez que ela se exerce sobre o falo, e a intervenção paterna. Especificidade que resulta da constatação de que a experiência da castração se resolve diferentemente conforme as modalidades tomadas pelo sujeito para elaborar (defender-se de) essa intervenção.

Modalidades: isso quer dizer que existem categorias específicas desse processo que regem a maneira como o sujeito vai receber a sua significação, categorias fundadoras dos conectores que permitem ligar predicados a um sujeito (gramatical). Em outras palavras: todo sujeito, seja ele qual for, tem a liberdade de chegar à verdade (cálculo dos predicados). O problema do psicanalista, graças a Freud, é o que ele faz com isso. E como.

---

[14] H. Putnam conta que, durante sua primeira sessão com Freud, como única interpretação a suas confissões de culpa, ele lhe dirá: "Você é um assassino!".

[15] "Beide brachten ja den Verlust des Penis mit sich. Beide: Möglichkeiten der Befriedigung aus dem Ödipus Komplex".

A castração é *real* na mãe[16]. Freud diz, em relação à filha, "*vollgezogene-Tatsache*", isto é, fato consumado[17].

O menino tem de aceitar (*annehmen*) somente a sua possibilidade ou, o que é equivalente: tem de quebrar sua descrença (*Unglauben*).

Os processos que se põem em ação para assegurar a perenidade da descrença na ausência do pênis na mãe são importantes. Freud dedica páginas essenciais tanto ao "*ungeschehen-machen*", fazer não advindo, quanto ao desabono [*désaveu*]. Por conseguinte, é fácil observar que a concepção freudiana das crenças vai repousar nesse termo descrença. O ateísmo que ela exige da prática analítica só pode se fundar numa crença, outra. Já que a castração é um processo de julgamentos de caráter ético – tal mulher, sim, é castrada, tal outra, não –, a questão que permanece sempre colocada é a de encontrar a via para que toda a atividade de pensamento passe por essa outra crença.

12. O que nos leva diretamente à seguinte questão: a articulação preconizada por Freud entre os dois complexos, de castração e de Édipo, quer dizer isto: que o "real" e o "possível" não podem realmente fazer vínculo sozinhos. É indispensável que um terceiro venha enquanto "necessário" agarrar os dois outros.

> "Cabe essencialmente ao complexo nodal da infância que o pai ali assuma o papel de inimigo no âmbito sexual, daquele que perturba a atividade sexual auto-erótica[18]".

Escolhemos essa citação porque exprime melhor que muitas outras o fundo de pelo menos uma das vertentes da questão do pai: não é apenas a ameaça proferida que adquire valor de castração quando se junta à percepção do sexo feminino, mas a presença do pai enquanto presença. Melhor, é só

---

[16] *Le déclin du complexe d'Œdipe*, p. 121.

[17] *D.U.d.Ok.*, *Studienausgabe*, p. 250. No capítulo II, tentamos mostrar que Freud, após ter escrito isso, vai elaborar uma concepção diferente da feminilidade.

[18] "L'homme aux rats", Paris, PUF, p. 233 e seguintes, *Studienausgabe*, B, VII, pp. 72, 73, 74.

pelo fato de existir que ele é um "inimigo-no-âmbito-sexual" (o que não é a mesma coisa que aparecer todos os dias em casa, como se sabe. Isto explicando que, na prática analítica, o problema permanece inteiro); Freud diz mais exatamente "*Gegner und Störer*": adversário e perturbador. A questão que, esperamos, se segue imediatamente deveria ser esta: *a* "sexualidade" *pode ser obstada por outra coisa que ela mesma?*

Se respondêssemos sim, que só um agente de uma natureza bem diferente da sexualidade pode obstá-la e contê-la, teríamos um ponto de vista fundado na crença de que a lei realmente foi dada aos homens por... Deus.

Essa intervenção do pai é necessária para ligar o real da castração da mãe ao possível da castração do menino. Mas, enquanto função, nada assegura que ela mesma, por sua vez, possa intervir entre os dois outros no sentido desejado. Um necessário, portanto, que é o menos hegeliano possível e que nada tem da "astúcia da razão".

13. Os analistas dos anos trinta e quarenta com freqüência censuraram Freud por não se ter em nada ocupado do papel da mãe na produção e no desencadeamento das neuroses. A tal ponto, é fato histórico conhecido, que a preocupação com a mãe acarretou, aparentemente, uma reorientação ou um reequilíbrio da teoria analítica. Mas, para dizê-lo de maneira sucinta, as notas esparsas que Freud deixou em seus escritos clínicos não permitem no entanto suspeitar que ele fosse surdo ou insensível à neurose da mãe de seus pacientes. O que é para ele o fator específico a desencadear neurose não é nem a neurose materna, nem mesmo a neurose do pai enquanto indivíduo, mas antes as modalidades que sua presença vai assumir no conflito. Essas modalidades são típicas, seja qual for a personalidade dos sujeitos em questão, psicologicamente não determinante.

Assim, um leitor de Lacan que tivesse começado tardiamente sua leitura de Freud também não deixaria de ficar surpreso quando este afirma que "é preciso notar que a fuga na doença lhe foi tornada possível *graças à identificação com seu pai*[19]".

Declaração pelo menos enigmática para quem só veria no pai uma instância simbolizante e não levaria em conta sua sombra projetada,

---

[19] "L'homme aux rats", Paris, PUF, p. 228, nota, sublinhado pelo autor.

cuja careta feroz de modo algum impede Freud de lhe dar sua forma lógica acabada:

> "Deves ser assim [como o pai] [...] Não te é permitido ser assim [como o pai][20]".

Essa passagem, que – sem exagero algum – podemos considerar fundadora da ética analítica, pode no entanto ser objeto de uma interpretação – ingênua, mas não menos determinante – no interior mesmo de nosso campo, que consiste em (fazer) crer que os conteúdos do preceito (deves...) são ou devem ser diferentes dos da interdição (não tens...). Essa clivagem, digamos em recorrido, é fundadora do mal-estar na civilização. A ferocidade do paradoxo constituído pelo ideal do eu é que o preceito tanto quanto a interdição aplicam-se ao mesmo rastro, ao mesmo traço:

a ∧ -a (a e não a). É verdade que a e é verdade que não a. Se és "a", "não a" volta ameaçador; mas se és "não a", a perda de "a" não só te priva da única coisa que valha no mundo, mas, além disso, todos os a', a", a"' ... a^n que poderão se apresentar deverão cair com a mesma alegria amarga experimentada por alguém para quem todos os frutos são a mesma maçã originária.

Bem entendido, não se trata por um único instante de que o ideal do eu possa mudar a sua lógica, mas de que não se identifique mais com ele... e com seu espelho enlouquecedor: a promessa de um gozo harmonioso e, por que não, partilhável.

É o que os analistas anglo-saxões nomeavam "fantasias de cura", aquelas mesmas que mantêm o sujeito em seu sofrimento e seus sintomas.

Esse pai, que M. Safouan nomeou ideal[21], é aquele que sustenta o imperativo kantiano que Freud arruína, dando-lhe como função o desconhecimento do paradoxo que ele recalca. Em que ele vai muito mais longe que Schiller que, de maneira louvável, para atenuar-lhe o rigor, buscava a possibilidade de uma concordância entre o dever e a inclinação. Harmonia rara, bem entendido, que ele chamava... bela alma.

---

[20] "Le moi et le ça", *Essais de psychanalyse*, Paris, Payot, p. 247.

[21] *Études sur l'Œdipe*, Paris, Le Seuil.

14. Mas o que foi impossível elaborar, para os analistas, enquanto Freud estava vivo, foi seu esforço – desesperado não seria uma palavra forte demais – para assentar uma concepção não psicológica do lugar do pai.

Com efeito, da mesma forma que *Totem e tabu*, com sua história fantástica das origens da sociedade, o mito biológico do "Além do princípio de prazer" responde à necessidade de encontrar uma fundação do rastro paterno, enquanto primeiro, que não dependa dos imprevistos da história vivida individual.

Como a hipótese darwiniana da horda não é verificável, a biologia de Weismann rejeitada, esta, pela comunidade científica, os apoios que Freud buscava bem rápido se revelaram insustentáveis.

O descrédito teórico acabou sobrando para a teoria do pai. Essas obras de Freud foram catalogadas como especulações sobre a cultura e a história, *Mal-estar na civilização* considerado os pensamentos finais de um ancião genial com têmpera de caráter estóico. Em suma, a ser lido entre Montaigne e Ralph Waldo Emerson.

Dessa forma, no entanto, o que se fazia era apenas cortar alguns galhos que a experiência clínica aparentemente não nutria. A psicanálise tornava-se, pela força das coisas, uma ponte, uma simples "bridge", entre medicina e psicologia. Nada mais.

A própria clínica analítica via-se cortada do fundamento – decerto enigmático – da identificação primária, sem a qual ela perde toda possibilidade de pensar a sua experiência nos limites de seu próprio campo. O passo seguinte tornava-se óbvio: para ter uma teoria do fim do tratamento, de seus objetivos, de sua finalidade, ela se via forçada a recorrer... à sociologia, à psicologia, etc, não para transformá-las conforme as necessidades da psicanálise, mas, tomando-lhes emprestado os critérios, para humildemente lhes pedir que se tornassem seu tribunal.

Pois, é preciso dizer, Freud fracassou, mesmo enquanto vivo, em fazer entender a seus discípulos o caráter de chave de abóbada do lugar do pai.

Exceto Melanie Klein, mas numa linguagem que Freud tinha dificuldade de entender, que começa sua obra e a termina com uma defesa encarniçada da existência do supereu primitivo. Primeira identificação e primeiro avatar do objeto que se opõem ao eu [*moi*] tal como ele estava escrito em *O eu e o isso*[22].

Assim, o traço de gênio de Winnicott foi ter teorizado o objeto, mas, nisso ele foi o primeiro, à luz negra do enigma da identificação primária: "[...] a mais importante [...] do indivíduo: a identificação com o pai da pré-história pessoal[23]".

15. Digamos, para terminar, que talvez uma das superações essenciais que um homem deve realizar, e que assinala uma aquisição maior sem a qual uma análise não pode ser dita "terminada", pelo menos no que diz respeito à vida amorosa, consista em saber que o órgão peniano, enquanto instrumento de gozo, não lhe pertence com exclusividade.

O que deve ser para sempre escondido pelo recalque originário é que ele perdeu aquilo graças a que seu órgão foi "salvo[24]": a possibilidade de representá-lo por seu corpo.

Essa perda que a análise, para ser eficaz, só pode redobrar é a perda da possibilidade de engrenar a via que leva ao gozo pela via curta da fantasia. A outra via, bem mais aleatória, é a de um saber novo: que o instrumento do gozo lhe é dado, a cada vez, pelo ser que não o tem. Dom duplamente difícil de sustentar: não só ele não o possui com exclusividade, riscado de seu narcisismo, mas ainda o gozo que ele lhe proporciona rouba-lhe aquele com o qual sonha. E, se é um dom que ele recebe, isso quer dizer que, na cena sexual, ele também entra como objeto.

Assim, esse acesso às mulheres, enquanto tal, é obra de *sublimação*. Que só ela permite que a volta ao gozo e à sua satisfação se faça pela via do desejo.

Entretanto, esse desejo, desencravado de seu suporte fantasmático, que busca seu respondente num outro desejo, e precisamente por causa disso, desliza e busca apoio. A idealização de *a* mulher apresenta-se como uma carta forçada. Isso só pode então ser negociado ao preço da dor. Paradoxo também da análise: aquele para quem os parceiros são apenas o suporte da atividade fantasmática tem menos necessidade de estimá-los.

---

[22] "Le moi et le ça", Paris, Payot, p. 262.

[23] *Ibid.*, capítulo III, p. 243.

[24] Freud.

Ora, esse acesso à castração também nos ensina:

– que é apenas pela via "regressiva" que a ela temos acesso; isto é, não no nível da constituição do segundo ideal do eu, mas, antes, na região onde se instaurou o primeiro, cujo efeito é nomeado por Freud a "escolha de objeto";

– que o fato de ter acesso à relação sexual em nada assegura a um homem a estabilização da significação que ele busca para suas identificações secundárias.

Se a análise permite a constituição de um saber novo – não tanto teórico, mas prático –, ele consiste em não ceder ao princípio de prazer. Em outras palavras, para reencontrar o desejo, é preciso (quase) sempre atravessar o muro da angústia.

A função materna

The threefold terror of love; a fallen flare
Through the hollow of an ear
Wings beating about the room;
The terror of all terrors that I bore
The heavens in my womb. [...]
What is this flesh I purchased with my pains
This fallen star my milk sustain
This love that makes my heart's blood stop
Or strike a sudden chill into my bones
And bids my hair stand up?
W. B. Yeats, *The Mother of God*[1]

De onde vem ela, a necessidade do conceito "função materna"? Certamente do fato de que todo conceito, em psicanálise pelo menos, tal um filete, deixa fugir real no próprio ato de apreendê-lo.

Por que nomear uma nova função? Não basta uma para sustentar o edifício analítico e a estrutura subjetiva? Ousaremos, portanto, afirmar: mesmo quando uma mulher é referida ao Nome do Pai, pode lhe acontecer não ser a sua passadora para um de seus filhos, embora tenha sido para outros.

Colocar a existência de uma função materna implica forçosamente, pelo simples fato de fazê-lo, o reconhecimento de que a afirmação do Nome do Pai não assegura, por si só, o modo pelo qual a estrutura se reproduz. A

---

1 Amor, triplo terror: a flama / Fulgurante pelo ouvido; o batimento / Das asas no quarto; e esse pensamento, / Ó terror dos terrores, / Carreguei os céus em meu ventre... / O que é essa carne que fiz minha / Na dor; o que é essa estrela / Que bebe o meu leite, caída sobre o meu peito; / O que é esse amor que gela o meu coração / E faz passar um arrepio em meus ossos / E debaixo de meus cabelos, que se levantam? W. B. Yeats, *La mère de Dieu*, tradução de Yves Bonnefoi, NRF Gallimard, "Poésie", 1998.

definição dessa função prescreve que uma mulher, ao desejar uma criança falicamente marcada, a reconhece como um produto que é, em sua carne, nome. A reprodução sexuada é assim, não só de maneira metafórica, mas materialmente, produção de nomes.

Então, é permitido afirmar que uma mãe não assegura sozinha, como sujeito, por mais estruturada que esteja no discurso, que sua função possa se cumprir simplesmente, mais ou menos felizmente.

Na origem das psicoses que vêm do lado materno – pois também podem vir do lado do pai, ou dos dois –, existe um desconhecimento radical do fato de que o falo é um Nome do Pai.

Cada um deles, falo e Nome do Pai, são um e binários a um só tempo. O terceiro, o objeto, é um produto, mas excede a um só tempo toda identidade com os dois outros e consigo mesmo.

Nesse fato de que o falo possa não ser um Nome do Pai jaz um gozo que merece um estudo aprofundado. A não-identidade entre um e outro, que não é o simples contrário da identidade deles – a negação podendo ser diferentemente sustentada –, resulta, aqui, de uma *recusa* específica, sentido exato da *Versagung* freudiana.

Por outro lado, essa *Versagung*, essa recusa, reside como tal na estrutura e se declina de maneira não idêntica nas mulheres e nos homens. Quando lhe acontece ser eficaz numa mãe, ela lhe permite pensar-se única criadora e dizer ao filho "és carne da minha carne".

Curiosamente, quando esse desnível se encontra na "vida sexual" de uma mulher, não há razão alguma para que ele também apareça no gozo especificamente materno. E vice-versa.

O fato de o falo poder permanecer no real, parcialmente inominado, é um efeito da estrutura no Outro. Não é igual, no entanto, que haja ou que não haja uma incidência subjetiva produzida pela mãe como tal, que alargue ou até cristalize essa brecha.

Brecha que se diz de várias maneiras:

– gozo feminino de um falo sem nome – o que pode ser uma borda um pouco sublinhada demais na histeria, o que Lacan chamava seu "sem fé";

– gozo materno de um falo que goza sozinho e por si mesmo, como a Idéia hegeliana – na Pequena Lógica –; seu único destino sendo então ser rejeitado. Essas duas operações – que produzem apresentações diferentes desse significante – são dessemelhantes e dissimétricas e encontram seu apoio gramatical na ruptura entre os sentidos objetivo e subjetivo do genitivo.

Em geral, de todo modo, a entrada de uma mulher no discurso é a de desejar o falo como nome. Sem essa condição que faz a estrutura da feminilidade – e sua foraclusão inerente –, a função nomeante do Nome do Pai ficaria comprometida.

Nas "psicoses infantis", a criança é acolhida como puro objeto, a marca fálica sendo decerto inscritível, mas dificilmente[2]. Ao passo que no autismo primário, aparecendo como falo radioso, ela não pode, radicalmente, e com razão, ser com ele marcada. O Nome do Pai fracassando em seu caráter duplo e biface: aqui, ele é puro gozo[3].

A mãe do filho autista não consegue pensar, até inconscientemente, que o bebê que ela traz, em seu ventre ou em seus braços, é um ser falante desde sempre, que ele é falante em seu ser, ainda que, no nascimento e durante alguns meses, ele efetivamente não fale. O fato de lhe falar é, para ela, perfeitamente incongruente.

Isto me foi dito tanto por mães que consultavam por um filho dito autista quanto por certas pacientes em análise que se viram diante de um filho, nascido durante o tratamento, do qual não falavam, a quem não dirigiam a palavra em casa e que, na idade em que outras crianças já falavam, ainda não o fizera.

Esse caráter incongruente da fala com um ser que não fala poderia se dizer em três tempos simultâneos:

1. dessa criança, o gozo é incomensurável, pois
2. não existe unidade de medida e, além disso,
3. não há gozo algum.

Entretanto, as conseqüências dessa não congruência – *vivida como tal* – da relação entre o *Um* (o *1*) – o instrumento de medida por excelência – e o objeto, entre a fala e a criança, não tardarão demais a se fazer sentir, pois, para poder *incorporar a voz*, é necessário que ela seja *a alteridade* do que se diz

[2] Nisto a operação não é diferente daquela da psicose adulta; sua monstração clínica menos tardia permitindo às vezes nela intervir.

[3] Isto é, o *Urvater* como tal.

(Lacan). Ela não é somente substância, mas pura diferença. A voz como objeto apresenta, sozinha no meio dos outros, um isomorfismo com o grande Outro.

Assim, fala-se com a criança no mesmo tom que se fala na rua, no escritório, com o pai ou a família em geral.

A pessoa que me comunicava isso – ela que passava a vida em silêncio, tanto no escritório diante da tela do computador quanto em casa diante do cavalete de pintura ou então de um livro entre as mãos – dizia-me, após ter demorado muito, muito tempo para encontrar as palavras, que empregar um tom de voz diferente para dirigir-se ao bebê lhe teria parecido... uma macaquice. E, poderíamos ter acrescentado, contrário à sua ética, pois, para ela, o pão era só pão e o vinho, só vinho. Por outro lado, ela nunca começava a falar primeiro com quem quer que fosse – exceto com o Sr...., não é? Mas aqui é diferente... – e o fato de pensar dirigir-se ao filho a submeteria a uma estranha sensação de *non-sens*.

Bem rápido e por nossos cuidados enviada para análise, a criança falou, provavelmente não só porque a analista escolhida era excelente, nem tampouco porque a mãe, em sua análise, pôde reconsiderar um pouco a sua ética relativa ao pão e ao vinho, mas sobretudo – pensamos – porque, trazendo um nome de origem eslava, ela escolhera para o filho um prenome eslavo pouco ou não comum na França, e isto apesar de o pai usar um nome com jeito francês perfeito e de o filho, reconhecido, trazer seu patronímico.

Se é próprio da função materna criar a alteridade do que se diz, é que uma mãe não ocupa o lugar do Outro pelo simples fato de ser mãe. *A contrario sensu*, é a criação da alteridade que lhe permite, estando no lugar do Outro, separar-se do objeto. Tanto do filho para dá-lo ao pai, quanto do seio para dá-lo ao filho, ou de sua voz para estar em condição de escutar como mensagem de linguagem os movimentos corporais do bebê. Quando essa criação do Outro não acontece, só lhe resta o lugar do objeto, submetido à angústia típica que isso supõe: sentir-se sugado por toda demanda, assim como constantemente ameaçado da perda, não do objeto, mas de seu próprio corpo.

Por sua vez, o filho autista pareceria ter "compreendido" isso, pois ele realiza, em relação à mãe, uma tarefa que levará esta a lhe ser eternamente grata: ele não lhe pede nada, verbalmente. Mesmo que, graças à análise, ele consiga juntar palavras com palavras e ainda frases com frases.

A função materna, além disso, tanto quanto o falo e o Nome do Pai, é biface. E ela existe, por excelência, numa aposta: *que o objeto trazido pela mãe será sujeito*. Pois é só apostando que o sujeito existe que ele é produzido ao mesmo tempo e pelo mesmo golpe que o lugar do Outro. Essa dupla criação é a propriedade específica e definidora da função. Ao criar o lugar do Outro em seu próprio corpo, a mãe permite e dá ao filho as condições para que, ao mesmo tempo, o corpo dele por sua vez se o torne.

Feminilidade e função materna enraízam-se num único e mesmo lugar, mas suas relações não são necessariamente pacíficas, pois cada uma destina o falo a um lugar diferente.

Esse lugar, que faz com que a função seja possível e desejada, mas também falível e até evanescente, Lacan o escreve $\exists x \neg \Phi x$. Lugar de escrita chamado por ele, ao menos uma vez, o da Virgem[4], ele faz com que cada homem de sua vida e cada um de seus filhos sejam, para uma mulher, únicos. Entretanto, se ela permanece ali e somente ali, como tal, esse lugar é, além disso, a sede de uma angústia difícil de ser bordejada. Assim, é nesse lugar e negativando-o que uma mulher, por seu dizer e num dizer, produz a função do *Urvater* de que está separada: $\exists x \neg \Phi x$, e pode, por isso, articular Φ a *a*, o que é o efeito por excelência da função. *Por ser passadora, ela se torna passante, e é nesse ato que a passagem se cumpre.*

É essa correlação entre *a* e Φ que permite, no corpo real da criança, o aparecimento e o enodamento das pulsões como "sua" resposta ao dizer do Outro.

Talvez fosse isso que Winnicott chamava, conforme as circunstâncias, solicitude materna primária e loucura funcional da mãe.

A escrita lógica permite articular que a função materna, passante do Nome do Pai, torna possível a criação do lugar do Outro – que é a condição justo necessária para articular o nascimento da pulsão – e só a torna possível por acreditar nisso. Ao menos um tempo suficiente.

---

[4] Poderíamos tentar uma outra nomeação das letras de Lacan, enunciando que elas escrevem o lugar do entre-dois-nomes, o do pai genitor, o do pai-a-vir de seus filhos. Bem entendido, as letras escrevem o irredutível do entre-dois. Lugar por excelência da criação.

O que é um conceito em psicanálise?

[...] nenhuma elaboração lógica,
e isso a partir de antes de Sócrates
e de outro lugar que em nossa tradição,
nunca procedeu senão de um núcleo de paradoxos [...].
J. Lacan, *L'étourdit*, Scilicet *4*, p. 49.

O dilema do crocodilo

Um dia, um crocodilo[1] agarrou um bebê que brincava à beira do Nilo. A mãe suplicou ao animal que lhe devolvesse o filho.

– Seja – respondeu ele. Devolvo teu filho se adivinhares exatamente o que eu vou fazer. Entretanto, se te enganares, eu o comerei.

– Vais devorá-lo! – exclamou a mãe.

– Ah! – suspirou o crocodilo. – não posso devolvê-lo. Pois, se te devolvo, terás te enganado. E eu bem te preveni que, se fosse esse o caso, ele seria devorado.

– Muito pelo contrário! – insurgiu-se a mãe. Não podes comê-lo, pois, se o fazes, eu teria dito a verdade e tu me prometeste que, nesse caso, me devolveria meu filho.

Do ponto de vista do crocodilo, o fato de a mãe dizer a verdade ou se enganar não faz diferença alguma. Como isso?

– Se ela diz a verdade, o crocodilo não pode devolver o menino sem tornar falso o que ela diz;

– Se ela se engana, ele tampouco poderá restituí-lo.

Do ponto de vista da mãe,

[1] N. Faletta, *Le livre des paradoxes*, Paris, Belfond, 1986, pp. 149-151, mas também pp. 127-147. Remanejamos ligeiramente o texto.

– se ela diz a verdade, o filho deve ser-lhe restituído. Já que é só uma vez devolvido que se poderá dizer que ela se enganou.

Lewis Carroll, na segunda parte de sua *Lógica simbólica*[2], propunha a seguinte solução para o crocodilo: "O que quer que ele faça, está faltando com a palavra. Se devorar o bebê, estará agindo como se a mãe dissesse a verdade e ele estará faltando com a palavra. Se o devolver, estará agindo como se ela se enganasse e, aí ainda, estará faltando com a palavra. Já que ele assim não tem esperança alguma de satisfazer seu sentimento de honra, não devemos duvidar de que vai agir de acordo com a segunda paixão que regra a sua vida: o amor pelas crianças!".

Se, por outro lado, a resposta da mãe tivesse sido "Vais me devolvê-lo", o crocodilo teria tido duas possibilidades:

– se o devolver, cumpriu a palavra;

– se o devorar, então a mãe se enganou e o crocodilo não rompeu, aí tampouco, o contrato.

Ora, se, o que quer que faça, o crocodilo sempre mantém a palavra e se seu sentimento de honra está satisfeito seja qual for a sua decisão, podemos pensar que o critério que ele vai seguir será aí também sua segunda paixão. E Lewis Carroll acrescenta que teme que, para o menino, o resultado seja o mesmo que antes.

Esse paradoxo merece várias observações:

1. Um leitor lógico poderia pensar que esse dilema é insolúvel e que não merece que nele nos demoremos, já que não constitui muito mais que uma variante do ditado pragmático bem conhecido: "*The proof of the pudding is in the eating*". O que é a opinião do editor de Lewis Carroll.

2. Ora, mesmo assim seria importante acrescentar, para encontrar um ponto de indecidível que resiste ao materialismo ingênuo de uma tal teoria da verdade como gozo, que o crocodilo não devora imediatamente o menino, mas que submete seu gozo a certas condições: a) ele fala; b) ele suspende, aparentemente, seu ato a condições de verdade.

3. Se não falasse, não poderíamos dizer que ele goza, já que isso teria a ver com um domínio sem campo de experiência. Ao mesmo tempo, a fala,

---

2 Bartley, WW III, éd. *Lewis Carroll's Symbolic Logic*, New York, 1977, citado por N. Faletta, *ibid.*

longe de recortar um gozo anterior a ela, o produz enquanto anterior, abrindo para um outro.

4. O crocodilo merece realmente uma atenção sustentada, já que, ao varrer toda veleidade de considerar a verdade tanto como adequação à coisa quanto como desocultação do ser ou então sua colocação a descoberto, ele nos força, a contragosto, é o caso de dizer, a examinar as *relações da verdade com o ato* sem acusá-lo de dar um pontapé no tabuleiro de xadrez. O que corresponderia, para nós, a escapar à questão; *to beg the question*, como dizem os ingleses.

5. Poderíamos supor, além disso, que o crocodilo está infinitamente saciado e sem vontade alguma de comer o que quer que seja, até uma criança macia. E que, já que fala, não come tanto para se encher quanto para se esvaziar. Tendo, pois, as melhores disposições do mundo, ele se vê injustamente acusado pela mãe do menino, que inopinadamente veio cair na sua goela, de querer devorá-lo, ele que está bem próximo da náusea. E é só para dar uma lição que se vê forçado a cumprir um ato que o repugna.

6. A mãe disse a verdade. Fina lógica, ela aposta no pior, esperando assim anulá-lo. Mas não conta com o fato de que o crocodilo integra o tempo *e* sua própria resposta às premissas do problema, tornando-o insolúvel. Os lógicos declararam-se vencidos, não lhe encontrando solução alguma. Mas não seria preciso, em vez de querer resolvê-lo, tirar disso ensinamentos?

7. Quando o gozo está em jogo, o simbólico arrisca entregar os pontos e a única relação que *o ato* mantém com a *verdade* é o *desabono*. Se não nos decidimos a incorporar o gozo, termo bárbaro, na lógica, mesmo assim é preciso daí concluir que nem todos os significantes em jogo na análise dos atos de linguagem se valem, não são todos intercambiáveis. Ou então que seus lugares não são todos permutáveis.

8. Esse dilema que acabamos de examinar pode ser considerado uma variação do paradoxo bem conhecido do barbeiro da aldeia que faz a barba apenas de todos os homens que não se barbeiam eles mesmos. À pergunta "Quem faz a barba do barbeiro?" não podemos responder ele mesmo, já que estaríamos violando a regra que estipula que ele faz a barba de todos os homens que não se barbeiam eles mesmos. Entretanto, se não faz ele mesmo a barba, ele também está violando o princípio de fazer a barba de todos os

homens que não se barbeiam eles mesmos. A pergunta permanece: "Quem faz a barba do barbeiro?". Esse exemplo é de extrema importância, já que, como se sabe, a partir daí, Bertrand Russell começou a elaboração de uma teoria dos conjuntos que não cai em contradições internas que a arruinariam.

Quem pensasse que o caráter absolutamente constrangedor das proposições lógicas só é válido para os seres lógicos e matemáticos e não tem a sorte de se aplicar tal qual à realidade dos homens estaria errado. Aqui, o psicanalista viria dizer que é mais rigorista ainda que o lógico, no sentido em que, por exemplo, Willard van Orman Quine[3] dizia que o paradoxo é uma prova válida *a contrario* da *impossibilidade* da existência do barbeiro. O psicanalista, este, está todos os dias às voltas com esse tipo de paradoxos e suas conseqüências.

9. Que ensinamentos podemos tirar do paradoxo?

Que a fala recebe seu valor de verdade de um lugar outro de onde ela é proferida. Logo, que o sujeito está excluído do campo onde ele se significa. O que permite, sem ser pela teoria dos tipos de B. Russell, resolver o paradoxo do barbeiro. Contra Quine, o psicanalista dirá que ele de fato existe, mas fora do conjunto dos homens da aldeia. E, já que fora do conjunto, ele o funda.

Que a verdade, já que situada entre um e outro, não significa jamais de uma vez por todas, mas a cada passo. A verdade de um sendo a impostura do outro. E vice-versa.

Ao mesmo tempo, a introdução do ato numa lógica da verdade e da significação não tem por simples objetivo estabelecer uma pragmática, ao lado de uma semântica, etc, mas fundá-la simplesmente pela introdução de uma materialidade que lhe faltava.

Considerar, de modo pragmático ou hegeliano, como se quiser, que a verdade do menino é ser comido arriscaria sufocar a complexidade do que ali está em jogo, isto é, reduzir o gozo enquanto tal ao gozo de um débil.

Essa ruína que ameaçaria a lógica pela introdução do tempo, do ato, do sujeito não o é tanto de si mesma, mas de uma representação que ela se deu.

A verdade é um meio de chegar ao gozo, já que, em princípio, este nela se queima. Exceto em casos como o do crocodilo, para o qual o *único* meio de pensar seu ato é o *desabono*.

---

[3] W. V. Quine, *The ways of paradox and other essays*, Harvard University Press, 1966-1976.

Enfim, seria preciso que encarássemos, não como hipótese, mas como fazendo parte da realidade mais crua, o fato de que o crocodilo e a mãe fazem apenas um único e mesmo sujeito.

O impossível, a linguagem e o número

O caráter impossível da existência lógica do barbeiro, se seguirmos o raciocínio de Quine, um dos maiores lógicos do século – no conjunto de todas as escolas –, nos leva ou ao impasse sobre o valor dos paradoxos, ou a tomar um outro caminho.

Com efeito, ou bem o paradoxo serve para ser resolvido, ou dissolvido, ou então seu caráter de núcleo em cristal da experiência humana deveria permitir que nos fizéssemos outras questões.

Por exemplo, sobre a natureza da linguagem. Para além da multiplicidade das línguas – isso constitui a nervura das pesquisas de Lacan ao longo dos anos 70 –, a linguagem enquanto tal deve ter uma estrutura que explique que as línguas possam ter organizações diferentes.

Ora, não se trata muito de pensar essa estrutura como a matriz de todos os possíveis, mas, ao contrário, de mostrar que, por ser *exterior* à linguagem, embora esta a veicule, ela de imediato devolve as línguas, e os discursos, à sua particularidade.

Por outro lado, já que temos o repertório de quase todas as línguas conhecidas, existe uma prova suplementar de que nosso caminho rumo ao universal não passa pelo estabelecimento, por abstração, das notas comuns. Chamamos esse exterior à linguagem o *Real* e, na medida em que está articulado ao simbólico, ele só pode sê-lo por sua própria natureza. Ao dizermos que o Real é o *gozo*, o *corpo* e a *morte*[4] que são enodados pelo *sexo*, estamos ao

[4] Em seu belíssimo e importante trabalho *Lacan e a ciência moderna*, Jean-Claude Milner afirma que a morte está fora da psicanálise. No que ele não só vai contra afirmações explícitas de Lacan, o que seria secundário e sobretudo um argumento de Escola, mas também e sobretudo ele perde no caminho todo um pedaço do real por causa de um combate, em suma secundário, contra Heidegger. Cf. *Lacan et les philosophes*, Paris, Albin Michel, 1991, pp. 335-351.

mesmo tempo afirmando que eles são *quatro* e, portanto, que é pelo *Número* que o Real entra na linguagem, embora permaneça além.

A operação de enraizar a linguagem no número é equivalente daquela da matemática, a partir do fim do século passado, que se refundou ela mesma repensando a análise infinitesimal a partir da aritmética. Assim, a existência se enraíza na fala sobre o fundamento do sexo:

$$\exists x \wedge - \exists x = 1 - 0$$

Existe e não existe o mesmo argumento. Diante desse impossível lógico, é preciso encontrar uma função que permita escrever que a sua ausência conta.

Ali onde a lógica havia entregue os pontos diante do impossível, pois ele não a leva a lugar algum, o psicanalista tem de prosseguir. Pois a fundação retroativa da matemática o esclarece sobre a sua própria iniciativa, que sozinha progride quando os instrumentos de pensamento que ele possuía de repente se afiguram inutilizáveis.

Ele se guia sabendo que o universal:

– não existe;

– não lhe dá nenhum conhecimento do particular, mas que, no entanto, sem universal fundado no real, o *particular nem seria situável.*

O falo, paradigma do conceito psicanalítico

A significação, a diferença e o Um

Só existe, no ser falante, como representante da existência do sexo e da diferença entre eles, um único elemento, símbolo ou significante. Que se vê, por conseguinte, investido de uma série de determinações que decorrem dessa aberração.

Freud começa sua experiência descobrindo o valor fálico dos sintomas histéricos na mulher, mas igualmente no homem. E, se houve escândalo em afirmar essa presença incontornável ali onde a feminilidade também se enraíza, de qualquer modo não há nada menos impagável que essa evidência: não é porque ele, o homem, tem o falo que ele cessa de querer dele se apoderar, ainda que ao preço do sintoma.

Da mesma forma, ao estabelecer que os objetos parciais fazem série, mas que a posição do falo é particular, Freud nos assinala que:

– se ele lá está enquanto *objeto* – ele o é *diferentemente* dos outros; sobretudo porque a castração é modelo da perda de todos os objetos;

– ele lá se encontra enquanto *corte*.

Partindo-se do fato de que ele designa diferentemente os dois sexos que a ele se referem como o único intermediário para entrar em relação um com o outro, ele é não só o objeto imaginário, uma vez que fadado à própria perda, mas, sendo sobretudo o "*Vorbild*" – o modelo de toda separação de objeto –, ele *significa* tudo o que está preso ao movimento que vai da *falta* até a *perda*.

Para o inconsciente, o falo *é* a castração. Mas essa identidade da presença e da ausência será denegada, recalcada, desconhecida em si e em seus efeitos: que o falo castre e a castração... falicize.

O falo é *função* por excelência. Ele não só permite atribuir-lhe valores em relação a argumentos, mas, mais fundamentalmente, esclarece sobre o caráter e a natureza do próprio conceito de função, sobre a sua materialidade enquanto letra. Sobre seu caráter real.

Se nos limitássemos a afirmar seu simples caráter de fora de estrutura, seria difícil rejeitar sua sinonímia com a categoria metafísica de "transcendente", e deveríamos concordar com Jacques Derrida em sua definição do falo como "significado transcendental". Ora, o transcendental kantiano, se é meio e fim de diferentes operações constitutivas da faculdade de conhecer, enquanto tal não é produto de nenhuma operação.

Tal como o concebemos, por outro lado, longe de ser a idealidade enquanto tal que faz limite (*grenz*) com a faculdade (*Fähigkeit*) de produzir seus objetos para o ser falante, o falo se define, *primeiramente*, não como uma falta central, mas como a entrada – submetida a certas condições lógicas – da linguagem no corpo. É ele que dá existência, graças à sua passagem, aos traços mnemônicos enquanto diferenças entre o gozo que, de fora, entra no corpo e o gozo que fica. Uma vez efetuada essa passagem, só uma segunda operação, necessária tanto quanto contingente, é que poderá assegurar a modalidade da inscrição deles, dando ao Φ seu caráter de significação na fala.

É ali que *o Um* como efeito da metáfora paterna assegura à linguagem permanecer sempre metafórica e não alusiva, simples nomenclatura, ou túmulo mágico de um segredo indizível, pois é a inacessibilidade da significação que assegura ao sujeito pertencer ao discurso, sem ter necessidade do delírio.

Se acontecesse ao Falo apresentar-se a alguém tal qual, as operações de reescrita – ou seja, a "tradução" entre estratos – tendo fracassado, ele seria a causa de uma assustadora devastação. Pois ele é o próprio símbolo do caráter devastador da sexualidade humana quando ela excede, e é também seu regime, o veículo dado ao significante pela – totalmente relativa – pacificação da metáfora. Por outro lado, o falo permanece presente, mas a título de tronco: é dele que brotarão os "rebentos" – os "*Abkömmlinge*" – pulsionais.

O que é posto, do Falo, "fora", deixando um "vazio" central, o é a título de uma operação fundadora, que diz respeito tanto ao corpo quanto à linguagem: a "queda" do objeto, que Freud nomeava tanto sua "*Werfung*" (rejeição) quanto sua "*Ausstossung*" (expulsão). Essa perda designa tanto *o excesso de sentido* de que a linguagem é portadora, quanto o que, do corpo real, nos será para sempre inacessível. Esse ponto, mítico em Freud, conquistou, em Lacan, um estatuto lógico. Essa mudança não sendo um corte epistemológico, mas a consideração dos tempos necessários para que a análise dê a si mesma sua própria escrita. O mito sendo apenas, afinal, o logos que dá a si mesmo a ficção de sua própria origem.

Enfim, esse caráter fora/dentro do falo não o faz se revestir de um caráter metafísico. Pois a sua exclusão deixa rastros que serão seus representantes, o que faz com que Lacan, de maneira axiomática, para explicar a sua operação, trabalhe com o 1 enquanto *rastro* e com o 1 enquanto *diferença*. Diferença obtida por todas as operações que o Inconsciente realiza entre o Um como unidade de medida e o objeto, como resto de gozo.

Ora, a utilização do número não é feita, em psicanálise, em sua qualidade de cifra, ou enquanto Idéia, mas como letra. Ele vem tanto nomear um problema quanto dar os meios de desenvolvê-lo. O problema: os dois sexos que têm um único significante comum permanecem 1 e 1 e nunca fazem dois. Ao mesmo tempo, esse defeito constitutivo, a ausência de medida comum, torna-se, inevitavelmente, para qualquer um, a busca do que pode completá-lo. Desse ponto de vista, a *neurose* pode ser considerada como o culminar desta. Assim, na falta de enfrentar o Outro Sexo, tratar-se-á de enfrentar, para cada um, o gozo, tentando medi-lo. Esse 1 será utilizado como instrumento de medida – com operações diversas – para o cálculo da fantasia.

Por outro lado, afirmar e desenvolver as conseqüências do fato de que não há medida comum permite colocar o pedestal fundamental, como na Grécia[5], de um progresso na racionalidade.

Continua a ser verdade que Lacan trabalhou durante anos as aporias platônicas do Parmênides, tanto quanto o *Cogito* cartesiano ou a categoria heideggeriana de "ser". Não no intuito de uma renovação filosófica da psicanálise, mas, tarefa de outro gabarito, de fazê-los trabalhar com objetos que a filosofia e a lógica nunca tinham explicado: a diferença dos sexos, o gozo sexual, o Inconsciente. Foi graças a Freud que Lacan pôde efetuar essa releitura: a fim não tanto de questionar a tradição filosófica ocidental – à qual ele pertence –, quanto de fazê-la representar outro papel.

O Um lacaniano não tem a mesma extensão que o Ser e é por essa não-identidade que se coloca a questão do Outro[6]. Seu duplo caráter decorrendo da escrita freudiana "traço único": "*einziger Zug*" que Freud assinalava como sendo o alicerce da identificação secundária[7]. Lacan, para explicar esse avanço, o submete a duas operações diferentes:

1. Afirmar que seu caráter *único* decorre tanto de sua necessidade de cifrar o Falo quanto de assegurar que essa cifra permanece separada, *condição para que a falta possa a um só tempo ser preservada e contada*; isto sendo, desde Freud, a operação dos processos primários.

2. Mostrar que o caráter *de unário* explica a iteração do conjunto dos significantes que formam o Outro. Em outras palavras, o Um sustenta a unidade do 0 e do 1 (considera-se o conjunto enquanto vazio ou enquanto conjunto), sendo assim pura diferença para consigo mesmo; o conceito de unário implicando, por sua vez, que não existe hierarquia dos traços, que qualquer um pode ser escolhido para ser separado dos outros.

---

[5] Arpad Szabo, *Les débuts des mathématiques grecques*, Paris, Vrin, 1977, pp. 93-99; 215-235.

[6] Lacan reconhecia sua dívida, sobre este ponto, ao Parmênides de Platão.

[7] S. Freud, *Psychologie des masses et analyse du moi*, cap. VII, 1921.

Que o gozo não é um

A inscrição de linguagem no corpo traz o selo do falo e essa in-corporação funda o corpo como lugar, como o lugar do Outro. A intrusão dos significantes não funciona, no entanto, sem uma *extrusão* de gozo que, pelo fato de ser arrebatado, separa para sempre o gozo do Outro de seu lugar, que fica, por isso, à disposição dos rastros[8]. O paradoxo dessa operação é que ela não se inscreve enquanto tal. O simbólico só nos aparece como incorpóreo num tempo segundo, quando o que faz o *corpo* do simbólico é desligado da linguagem[9-10].

Na língua alemã, *Genuß* se diz do gozo tanto dos animais quanto do da arte, ou então do usufruto, e *genießen* nomeia o gozo místico. Como as duas palavras são substantivo e verbo da mesma raiz, Freud, que as utiliza com pouca freqüência, as emprega no entanto para se referir ao estádio terminal da melancolia involutiva[11] e ao gozo estético. Esse parentesco de linguagem esclarece – sem que se dissipe a sombra – sobre o que resta desse arrebatamento, e para o que isso tende, na busca de um *jenseits* (tanto aquém quanto além) do gozo sexual.

Esse divórcio na própria natureza do gozo vai condenar para sempre o ser falante a acossar o do corpo através da linguagem, o que explica por que sempre se achou que ele era o do pensamento. E a perseguir o que se origina em e pelas palavras graças ao furo do falo, pelo desencadeamento orgíaco do

---

8 Uma das conseqüências da operação que permite a constituição do *lugar* pode ser notada no investimento de uma parte, pelo menos, desse gozo foracluído na identificação com a projeção de sua própria imagem. O eu [*moi*] vem alojar-se no interstício entre a primeira e a segunda identificação. Na verdade, ele consiste, radicalmente, nos parênteses que recobrem o objeto (a), envolvidos, por sua vez, por uma imagem real e por uma outra, virtual. Freud não pensava de outro modo quando, em "Luto e melancolia", ele se interrogava sobre o destino do primeiro investimento separado do primeiro rastro – da identificação primordial –, dando-lhe como destino a superfície do corpo.

9 J. Lacan, "Radiophonie", *Scilicet*, nº 4, Paris, Le Seuil.

10 É. Bréhier, *La théorie des incorporels dans l'ancien stoïcisme*, Paris, Vrin, 1989, cap. III.

11 S. Freud, "Deuil et mélancolie", em *Métapsychologie*, Paris, Gallimard.

corpo. Esse quiasma sendo constitutivo do humano. É nessa diferença que se enraíza o símbolo da negação "Não era isso!" que eu desejava, e nada saberei mais, exceto que... não é isso! Todo acesso, vacilante, ao aberto produzido pela obra e à sua economia só pode ser atingido por essa dimensão do fora-do-saber.

A ordem simbólica tem o lastro de um gozo culpado de que nunca vamos estar livres, mas graças ao qual falamos. Ou, dizendo-o na ordem lógica: porque falamos, livramo-nos de um gozo do qual convém nada dizer. Esse recalque estando na origem da metáfora, já que é recalcando esse gozo que ela fala de outra coisa. Esse mal-estar se enrosca no coração do simbólico e, ao gangrená-lo, faz com que ele viva.

O gozo Outro não é uma hipótese. É uma hipoteca que contraímos e graças à qual nos estabelecemos em definitivo na linguagem.

Essa dívida o é para com um Outro que não lhe é prévio, mas criado pelo próprio ato desse dom. Criado como inexistente.

O tempo. O trauma. O conceito

A frase de Freud que assinala que o Inconsciente não conhece o tempo[12] rapidamente ficou popular demais tanto entre analistas quanto entre filósofos e escritores. O que é ruim, porque Freud dizia apenas que o Inconsciente não reconhece o tempo cronológico no qual resolvemos os assuntos de nossa vida e de nossa morte. Mas de modo algum dizia não haver um tempo próprio ao Inconsciente que o ritme de maneira tal que ele nunca é o mesmo, mas pura *alteridade*, encontrando estabilidade unicamente na fantasia e no sintoma.

O Inconsciente é o nome das *modalidades*, da *estrutura* e dos *efeitos* do *encontro* entre a *linguagem* e o *corpo*. Seu *regime* geral é nomeado por Freud *dupla inscrição*[13] e seus elementos, representação de coisa/representação de palavra; rastro/traço (*Spur/Zug*). Essa lógica binária mínima, que produz uma ternária e uma quaternária, exige que nela se descubra como se juntam as

[12] *Id.*, "L'inconscient", *ibid.*

[13] *Id.*, *ibid.*

identidades e as diferenças. Tanto mais que o vocabulário tomado à lingüística por Lacan pôde criar todas as espécies de mal-entendidos sobre a noção de "significante". Que só pode ser analiticamente compreendido se fizermos com que carregue a *identidade* entre o rastro e o traço. Mas que é abandonada se não pensarmos, entre os dois termos dessa identidade, na diferença de funcionamento deles[14].

Sob o regime geral do recalque originário, o recalque, o desabono e a foraclusão inscrevem de maneira diferenciada as variadas relações que a identificação primária vai manter com os secundários. Dando ao duplo anel do Inconsciente estruturas distintas[15].

Ao mesmo tempo, os destinos do significante analítico nos permitem supor, no sentido contrário, as relações entre rastro e traço.

Em momentos determinados de uma análise, uma palavra, um fonema, uma frase cessam de ter seu sentido habitual e, como gemas, deixam filtrar por suas arestas, ao mesmo tempo que o sentido passa, uma significação. Esse significante que cai, levando consigo sintoma, torna-se *letra*. É assim permitido enunciar que uma análise só consiste em dizer qualquer coisa porque, em e por seu desconhecimento, uma *escrita* se fará, escrita que reproduz aquela, primeira, que é condição da fala do sujeito – por um isomorfismo que deve ser construído[16]. Se um significante se define por sua fundamental

---

[14] Quanto a esse ponto, Serge Leclaire foi o primeiro, e bem cedo, a trabalhar nisso em seu *Psychanalyser*, onde ele estabelece pontes entre a economia freudiana e o significante lacaniano. Mas essa parte de sua obra, teoricamente fecunda, foi parcialmente recoberta pelo sucesso que foi dado a seu desdobramento clínico. A rejeição da econômica freudiana em nome do significante ali encontrava, paradoxalmente, sua refutação mais fundada. As conseqüências desse divórcio, que ia contra o vetor essencial desse livro, no tocante, notadamente, à dinâmica do tratamento, vêm sendo sentidas até hoje, nos avatares da história da transmissão lacaniana.

[15] S. Freud, "Le refoulement", em *Métapsychologie*.

[16] O *isomorfismo* entre as condições de produção de uma neurose e sua efetuação no tratamento sendo uma hipótese formal, sem conteúdo, que permite ao analista esperar e atingir as vias *contingentes* e sempre *diferentes* tomadas pela volta do recalcado, que *nunca* coincidem com o recalque (Freud) (13). Essa não-coincidência, axiomática, nos dá a tensão da diferença e a medida de seu adiamento. Em que Freud já assinalava a razão da presença do que não é rastro, nem traço, mas "quantum", objeto. O objeto, e o analista *a fortiori*, são a razão dessa diferença dos traçados tomados pela volta do recalcado. Sua identidade com o recalque, dedução material ou construtiva.

não-identidade a *si*, uma *letra*, por outro lado, se determina como sendo *o que ela é*. Se o significante é pura diferença para consigo mesmo e com os outros, a letra é finalmente indivisível em sua identidade. O que é um postulado materialista, já que nada permitia, no caso contrário, parar a volta indefinida para trás ou interromper logo o equívoco, uma série indefinida de anéis estranhos[17]. Se a letra fosse divisível ao infinito, a "caixa preta" incorporaria então todos os *inputs* como procedimentos de codificação. Haveria ou mensagens cuja decodificação seria infinita, infinitamente decodificável, ou a caixa produziria apenas "codemas".

Em sua carta a Fliess de 6 de dezembro de 1896, Freud supõe que o Inconsciente é constituído, enquanto registro, por *lembranças conceituais (Begriffserinnerungen).*

Afirmamos que conceito, em psicanálise, é estabelecer a relação entre a identidade a si da letra e a não-identidade a si do significante.

Esses dois pólos colocados, identidade e diferença, nos permitem estabelecer que, no espaço onde jogam, encontram-se determinações múltiplas e em contradição entre si, unificadas de maneira não pacífica pela materialidade da letra.

Se voltarmos, paradigmaticamente, ao falo, podemos afirmar que a letra Φ é *a um só tempo castração* e *instrumento de gozo*. Como essa unidade de contrários não é hegeliana, ela é também trina, pois suporta não só o sentido sexual, mas também a significação que o fixa. Assim é que essa letra suporta em sua materialidade tanática tanto o gume de Excalibur do que pode fazer cair o excesso de sentido quanto a razão da *corporização do simbólico* – tanto a materialização histérica de um pensamento no corpo quanto a corporização obsessiva de uma idéia. Ela marca tanto a borda incomensurável do gozo quanto o lugar impossível da significação.

---

[17] Tomamos o conceito de *Anel estranho* de Douglas Hofstadter, em *Gödel, Escher, Bach*, mas em seu uso plural em que eles não são parados por *um* anel, ou seja, um procedimento recursivo. O anel é finalmente um *stoikheion*, um átomo que consiste na afirmação de uma identidade paradoxal, pela afirmação das versões cada vez mais simples dela mesma, isto é, por uma redução à diferença que impede o *regressus ad infinitum*.

O tempo de uma análise é pontuado pelo advento dos traumas: não das cenas que preexistem na lembrança e que são necessariamente vividas como tais, mas o devir-trauma, *nachträglich*, só-depois, de cenas que não o eram antes. Se toda análise pode às vezes começar pelo relato de um trauma sexual realmente vivido, e nisso ela repete a história da psicanálise, ela só pode prosseguir pela instalação e pela análise das fantasias. Seu terceiro tempo, abrindo para um saber novo, produz tratamento: é a fantasia que traumatiza; todo rastro é potencialmente traumático.

O tempo do tratamento, indo de singular em singular, deve elevar-se, para concluir, ao universal de suas condições.

A construção da frase da fantasia enquanto axioma que permite uma dedução das condições de gozo[18], o agrupamento dos traumas em que consiste finalmente o Outro autorizam afirmar que o caminho da análise é uma experiência que se deixa, em e por seu movimento, apreender na figura do conceito.

Mas certamente não um conceito que dá conhecimento, instrumento do eu [*moi*], nem tampouco no sentido hegeliano da *begriffne Geschichte*[19].

---

[18] Que Freud chamava *Liebesbedingungen*, ou seja, as condições do amor, enquanto condições exclusivas, que às vezes... o excluem.

[19] A História concebida – *Phénoménologie de l'Esprit*, trad. Hyppolite, tomo II, Paris, Aubier, 1947, p. 313. *Phänomenologie des Geistes*, Suhrkamp, Frankfurt am Main, 1973. Gwendoline Jarczik e Pierre-Jean Labarrière em sua *Hegeliana*, síntese programática da renovação, por eles impulsionada, dos estudos hegelianos na França, escrevem com muita justeza que *die Geschichte* designa "o que sobrevém", *was geschiecht*, aquilo sobre o que o espírito não tem poder algum; e que o elemento do *Begriff*, do "conceito", exprime a determinação sensata que o espírito deve assegurar em comparação a essa realidade dos acontecimentos. A posição hegeliana fundamental, lembram eles, é que o tempo é a exterioridade do conceito em relação a si mesmo. "O espírito necessariamente se manifesta no tempo [...] enquanto não tiver entendido o seu conceito, isto é, não destrói o tempo" (Ph.E. II, 305). Entretanto, o conceito hegeliano, para ser, enquanto espírito absoluto, afirmação da história como verdade (*Hegeliana*, p. 69), deve ser uma apreensão, uma tomada sem resto, sem perda. O que tem como condição prévia *a inteira racionalidade do real*: no Real preexiste, enquanto *possível*, a determinação de sua *inteira subsunção* no simbólico. Para a psicanálise, e isso marca o lugar distinto do conceito, nunca houve divórcio, *Entzweiung*, divisão entre o simbólico e o real a partir de uma unidade originária. O *número* pelo qual ele se introduz na linguagem é seu único aspecto *apreensível* e não uma hipóstase.

Já que o que tenho de saber é como fui, afinal, concebido como objeto por significantes. E só posso entender-me como sujeito ali onde, contra toda evidência, desapareci em minha escolha.

Quando Freud, na carta de 6 de dezembro de 1896 a Fliess, escrevia que o texto[20] (*Niederschrift*) inconsciente corresponde a lembranças conceituais (*Begriffserinnerungen*), ele estabelecia, em primeiro lugar, que ele está ordenado (*angeordnet*) a relações de causalidade (*Kausalbeziehungen*). É porque a causa do Inconsciente não está toda em seu efeito, mas persistente fora, que ela tem de ser construída. Ligando frases disjuntas do discurso cuja reunião produz não necessariamente o horror, mas a abominação do insensato.

Do pai à virgem. Esboço de uma lógica modal[21]

Um dos paradoxos, e certamente não o menor, de nossa civilização consiste em superdimensionar a figura do pai no funcionamento político e nas instituições sociais como se isso atendesse ao caráter diminuído de sua função simbólica. Isto não sendo de modo algum uma explicação histórica nem da história, mas a constatação de que a função paterna não só age sempre em dupla distensão, "individual" e "coletiva", mas também que, não estando assegurada simbolicamente no "individual", ela sempre se estufa imaginariamente no "coletivo".

O conceito de metáfora paterna, que Lacan havia formulado em 1958 para explicar a necessidade da intervenção do pai a fim de que a linguagem assegure a sua função mortífera em relação à Coisa, rápido encalhou numa dupla retomada, que o degradou, seja em noção lingüística, seja em apelo

[20] S. Freud, *La naissance de la psychanalyse*, Paris, PUF, 1979, pp. 154-155. *Sigmund Freud, Briefe an Wilhelm Fliess*, S. Fischer, Frankfurt am Main, 1986. A tradução em francês das cartas é não só errônea, sobretudo no que diz respeito ao manuscrito *Projeto para uma psicologia científica*. A carta, bem famosa, 52 torna-se, na edição completa, 112.

[21] A teoria dos modos foi, durante todo o racionalismo, Descartes e Spinoza incluídos, desvalorizada como não fazendo parte das determinações essenciais da substância.

louco, em clínica, à presença real do genitor. A fineza de análise clínica que acompanhava sua introdução e o diagnóstico do beco sem saída teórico onde jazia a psicanálise de então não puderam impedir um destino, quando menos inoportuno, para esse conceito, que se afigurava cada vez menos pertinente à medida que se tornava um *passe-partout* ideológico que ultrapassava amplamente a comunidade freudiana. O que a sua escrita, deve-se dizer, não chegava a autorizar.

Nos anos setenta, Lacan volta ao pai mítico de *Totem e tabu* para reintroduzir a questão paterna com toda a brutalidade que lhe cabe e que sua apresentação como metáfora, que permanece verdadeira, havia falsamente induzido a edulcorar. Assim fazendo, ao longo de uns dez anos de seminário, ele desenvolve uma *nova lógica*[22], que, ao tomar os conceitos e métodos da lógica matematizada, não constitui menos uma crítica, a única que existe nos dias de hoje, de seus assentimentos metafísicos.

Do necessário do existencial negativo

$$\exists x \neg \Phi x$$

Essa escrita coloca, o que não acontece sem problemas, a existência de ao menos um para quem a função fálica não se cumpre. É preciso imediatamente esclarecer esse quantificador existencial tal como é utilizado por Lacan, assinalando que "ao menos um" é uma fórmula primitiva que se opõe ao "um qualquer". Em conseqüência, o 1 não é nem uma cifra, nem um artigo

[22] Ver, no entanto, J. Lukasiewicz, *Contribution à l'histoire de la logique des propositions* (1934), e também E. Post, *Introduction à une théorie générale des propositions élémentaires* (1921), os dois trabalhos editados por Jean Largeault, *Logique mathématique*, textos, Paris, Armand Colin, 1972. O primeiro, iniciador da escola polonesa de lógica, é um daqueles a quem cabe a honra histórica da reavaliação da lógica estóica como fundadora da lógica proposicional, de ter extraído suas diferenças com Aristóteles e, sobretudo, de ter assinalado a importância teórica do *modus ponens* ou implicação material, que, quase unanimemente rejeitada na história da lógica, será essencial na escrita de Lacan.

indeterminado, mas uma letra que tem duas ocorrências diferentes. A presença do símbolo da negação sobre a função significa que ela está revogada *porque* o argumento enuncia: que *ele* diz *não* à função. Não é uma terceira pessoa que enuncia uma função de um argumento, mas é o argumento mesmo que enuncia, diferentemente, a função à qual ele está ou não submetido, da qual está, ou não, *afetado*. Nenhum nominalismo portanto, a função assinala uma *modalidade* estrutural. Se a função fálica é o que impede a relação sexual, não estar por ela marcado implica que o existencial, longe de ser um indivíduo tomado no conjunto, funda o conjunto em razão de sua auto-exclusão, que é promovida igualmente pelo conjunto que se constitui.

Nos exemplos mitológicos escolhidos por Freud, como no material clínico de cada analista, o Pai engravida as mulheres pelo simples fato de ser visto, ou ouvido, ou roçado. Sua presença é fálica enquanto presença. Nesse nível, Pai e Falo fazem um. Ele castra pelo simples fato de encarnar o jogo fálico. Ele castra quem? Só existe o Outro que possa sê-lo.

Esse pai é aquele que, por sua iniciativa, dá nascimento à perversão inconsciente e é só desse *húmus* que a fala pode nascer.

Para Freud, esse pai é *necessário*, já que por sua exterioridade ele limita o Outro materno. Se seguirmos esse raciocínio com Lacan, ele está antes de tudo, por sua iniciativa, na origem do Outro. Sem ele, o Outro real sempre subsistirá, arruinando de imediato o simbólico. Mas essa necessidade é uma necessidade de finalidade que pode introduzir sub-repticiamente Providência. Por outro lado, não há nenhuma causa que a produza enquanto necessidade, já que ela é apenas a volta do recalcado da aposta que a funda. A teleologia que nela se introduz vem vestir a nudez de sua contingência profunda. Mas estamos avançando demais, só saberemos efetivamente uma vez estabelecidas todas as funções.

Por outro lado, deve-se também precisar que a barra da negação que cai sobre a função Φ não é a do símbolo da negação, de um "não" de discordância, embreagem inconsciente do sujeito, mas de fato aquela de um "não" *foraclusivo* que, fazendo passar a castração no real, fará com que os sujeitos nela se escrevam, como letras. Divididos, como precisamos no comentário do esquema 2, em sua própria enunciação, pelo gozo do Um.

Se o que afirmamos é verdade, o caráter foraclusivo da negação sobre essa função a reduz a ser apenas um enunciado sem enunciação. Isto explica um aspecto maior do Super-Eu freudiano, tanto em sua abordagem de pedra angular da estrutura, quanto na dificuldade de seu manejo em sua ponta mortífera.

Do universal como possível

$$\forall x \quad \Phi x$$

Que o universal estabelece que, para qualquer argumento, a função se cumpre: que todos estão submetidos à autoridade, que todos – mas apenas um por um – têm a liberdade de passar pela castração, deixa aberto o furo que sua condição supõe. Logo, só existe universal arruinado, submetido ao avatar de um cumprimento que não está, longe disso, resolvido de uma vez por todas. Ele é universal, mas apenas potencialmente, e não apodíctico – universal e necessário – como toda a tradição metafísica quis. Ao escrever uma lógica que leve em conta a diferença sexual e o próprio movimento da análise, Lacan não só cria uma outra lógica, mas a faz instrumento crítico daquela existente, que acaba sendo, por mais formalizada que seja, uma resistência àquela do Inconsciente. A novidade, e o convite feito por Lacan aos lógicos, consiste em propor que a lógica proposicional, dependente do necessário, é na realidade apenas um capítulo de uma lógica modal ainda não escrita.

O universal está sempre se fazendo, atrasado em relação à sua própria pretensão, mortificado pelo tempo que reinicia e que ele gostaria, para honrar a si mesmo, de ignorar.

Esse tempo que o rói e que é ao mesmo tempo sua esperança é introduzido no universal pelo existencial, como *repetição*.

A possibilidade se escreve, nas tábuas de verdade: $p \vee - p$. Ou bem p é verdadeiro, ou bem não p é verdadeiro. A batalha naval vai acontecer, ou então não vai acontecer[23]. A verdade não cai sobre um dos termos, mas sobre

[23] Aristote, *De interpretatione*, 9, Vrin, pp. 55-103. O estagirita, contrário aos megáricos, para quem o futuro está inteiramente determinado, sustentava que a negação e a afirmação são necessariamente verdadeiras ou falsas *somente* quando se trata das proposições *gerais* e não quando os futuros se referem aos singulares. Para A., necessidade e contingência são contraditórias e não contrárias, portanto a disjunção delas é exclusiva.

a própria disjunção. Lacan, lendo a controvérsia histórica sobre os futuros contingentes[24], torce a figura clássica e enuncia "só pode ser necessário o possível". Ao escrever isso, ele interpreta de maneira nova a contradição entre o Universal afirmativo e o particular – ou existencial – negativo, pois essa contradição não se lê no mesmo plano: um diz respeito à atribuição e o outro, à existência. Embora os valores freudianos dessas palavras tenham sido, a nosso ver, trocados.

A partir daqui se esclarece que a necessidade do existencial não está em si, mas na conseqüência da [*re*]-petição feita daqui debaixo, "que ele exista!". Aposta sem cessar renovada, ponto de escora da demanda[25].

Mas, sob a demanda alienada na repetição, sobre a qual o sujeito não tem mais domínio, surge um desejo em sentido contrário: "Que isso cesse de se escrever!" (Esquema 2). O quê? A castração, poxa! Para chegar, finalmente, ao gozo desse Outro que sem cessar desaparece, para conhecer o que floresce no horizonte como sonho e que logo meu prazer faz esvaecer-se: tanto a mulher que se esquiva quanto meu próprio corpo.

As modalidades lógicas são modos de escrita e modos de relação do sujeito com o que está escrito. A hipótese de Lacan e de Freud é que o Inconsciente repete, ainda que haja inatingível e *sobretudo porque* há inatingível[26], os procedimentos de sua própria origem.

A todo momento de uma análise, signos de percepção do gozo do Outro[27] chegam ao sujeito que, ao falar disso (ou ao escutar falar, caso se

---

[24] Lacan formula isso em *Les non-dupes errent*, em 9 de abril de 1974, após ter comentado o estudo de Jaacko Hintikka, *Time and Necessity*, Oxford, 1973, que introduz a noção de tempo no estudo das modalidades.

[25] Esse lugar absolutamente central dado à aposta pascaliana, desenvolvido durante toda a segunda metade do seminário *De um Outro ao outro*, assinala a necessidade, justamente, de fazer decair o Outro de seu lugar de *existência*, em relação ao que o libertino é também impotente, sem ceifar com o mesmo golpe a *crença*, o que nos conduziria ao *fora-de-discurso*.

[26] A repetição, para a análise, não é a repetição do Mesmo, mas a resposta que se segue a um encontro inesperado.

[27] Os signos de percepção, inconscientes, "anteriores" ao significante, chamados também por Lacan "ravinamento do gozo", são o substrato de uma materialidade sensível que precede a organização da percepção em "sentido". Que só é viável

trate do *infans*), vai deixar rastros que fogem dele, já que assim fazendo, à medida que deles se apodera, ele os recalca. As palavras da linguagem, já pesadas de gozo visto que presas ao Outro e à sua voz, vão doravante estar cheias dos rastros de uma experiência de satisfação que elas evocam e de que são os únicos representantes.

A vigia do Outro gozo e a contingência do feminino

"O universal negativo"

A escrita lacaniana da feminilidade é um capítulo sobre o qual gira toda a organização da sexuação. Aqui, Lacan inova, e não acabamos de pôr para trabalhar as formulações enigmáticas e cheias de armadilhas que estão por toda parte nos seminários.

$$\neg\, \exists x \neg\, \Phi x$$
$$\neg \forall x \quad \Phi x$$

A forma em geral mais admitida de ler o quantificador embaixo à direita é: não para todo x a função se cumpre. O que dá, se transformarmos, segundo Aristóteles, a negação do universal em particular afirmativo: existem x que não estão submetidos à função, que não são fálicos. E está pronto, à esquerda os homens, à direita as mulheres. Simples e bonito. Mas falso. O que está escrito ali não é o universal negativo de uma lógica proposicional ou de classes e ele não se deixa ler segundo os procedimentos habituais. Na verdade, a negação relativa ao quantificador do universal faz com que essa proposição seja uma particular disfarçada em universal. A partir dessa escrita,

---

quando a perda do objeto abre ao mesmo tempo à realidade e à busca nela desse objeto perdido em outro lugar. E é sobre os traçados deixados por esses aluviões que desenham seu espaço mais próprio que o inconsciente pensa. Seus conceitos, as peneiras com as quais a Coisa é apanhada, embora a deixem escapar. A fantasia, implicando necessariamente raciocínios, resulta de uma dianoética – de uma teoria da Razão como silogística – do gozo.

não há aqui uma contradição de contrários, como na lógica clássica, mas uma nova forma de contradição, criada por Lacan a partir da gramática, que faz referência ao real.

Já que não basta discorrer sobre a sexualidade das mulheres para... saber o que é a sexualidade feminina. Basta, quanto a esse ponto, voltar a Freud e aos freudianos para observar que até a ausência real do órgão masculino pode ter, em muitos casos, um valor fálico em si.

Esse *não toda* lacaniano não é uma *denegação*, pois a barra que atinge o Outro aplica-se, é claro, às mulheres, mas não apenas. Pois ela designa um lugar onde a inscrição da castração não pode ser feita, pois nada lá está que possa sê-lo. Da mesma forma, a castração imaginária, no que diz respeito às mulheres, não é necessária como para os homens, mas apenas assunto de acaso, de *eutukhía*, em que o amor consegue juntar-se ao falo.

O que a faz mulher é contingente. É disso que ela sofre e que continua a sustentar a sua queixa: "*Não há Um!*... que não esteja sob a autoridade; o que faz com que todos deixem a desejar...".

A feminilidade não é apenas um assunto de real, mas também de simbólico: é uma posição lógica na fala. O que autoriza que um homem tampouco possa satisfazer-se com o gozo que lhe cabe e que esteja ao mesmo tempo em busca do Outro gozo. Como também acontece de as mulheres se encontrarem do lado do universal fálico.

A indeterminação da feminilidade, ali onde Freud a deixa, a situa entre o real do sexo e uma falicidade introduzida pela linguagem que não tem representante inconsciente. O que faz que utilizar esta palavra, falo, não é falso, mas incongruente. Há para a mulher um significante faltante e a negação sobre o universal representa uma *foraclusão* estrutural, que não é parente daquela do Nome-do-Pai.

Marie, Laure, Béatrice...

No entanto, essa ausência radical de um significante dá à mulher uma facilidade surpreendente para extrair-se do discurso, para brincar e se brincar no semblante em busca de um gozo de si que ela possa conter.

Bem cedo, Freud, num trabalho quase nunca citado, mesmo quando os analistas abordam a questão, *O tabu da virgindade*[28], assinalou a importância do ritual primitivo da defloração. O que nos mostra ele? Que não é a série indefinida dos atos ditos sexuais que marcam uma mulher como *não-virgem*. Como prova, essa tentativa espantosa que beira seu próprio abismo, esse saber que toca no incomensurável cujo limite liminar ele se esforça inutilmente em traçar: que representantes do Pai cumprem – simbolicamente – a defloração de cada adolescente para que, forçando o indecidível, subsista uma representação social de um rastro que não pode em si mesmo ser obtido.

Esse saber foi esquecido e a cerimônia de defloração substituída ou por todas as formas de gineceu, ou pela longa e fastidiosa história moral da educação de meninas, que representa a preocupação não da proteção da virgindade, mas de sua impossível abolição. O horror dos homens se deve ao fato de que, não sendo primeiro rastro, todo encontro, para ela, possa ser o primeiro. Pois, como sabem desde bem cedo que o pênis não é o falo, as meninas tomam desde o início distância na frente dos meninos, meio bobos por serem dotados de um. Mas esse saber "inato" sobre o defeito constitutivo do gozo sexual se paga, às vezes, pelo encontro do homem que acossa o gozo do corpo fazendo com que Φ caia enquanto "a" qualquer. (Esquema 3)

Para um homem, o encontro com uma mulher pode ser sempre portador de castração, de retomada do desejo. Admitindo que ele não a reduza toda a "a", que permaneça aberto à sua dimensão Outra, ao dizer de verdade que ela provoca nele.

Para uma mulher, a possibilidade de chegar ao gozo sem forçosamente o desejar faz com que nela subsista a busca do Um que, por sua existência, venha barrar a negação sobre o quantificador em que ela se acha presa: $\neg [\neg \exists x] \neg \Phi x$ e que lhe permita essa passagem aleatória $\rightarrow \exists x \neg \Phi x$. Esse lugar de exceção é bem aquele de seu gozo.

Quando as vias para construir o que permitiria sair do impossível permanecem fechadas, analista e analisanda acabam sendo trabalhadores do mar. Como sabem que habitar a linguagem, para aqueles que decidiram de bom grado ou à força permanecer apenas em suas margens, não basta muito para

[28] S. Freud, "Le tabou de la virginité", em *La vie sexuelle*, Paris, PUF, 1973.

enfrentar o ataque da onda, a força da ressaca. E, se navegação há, num elemento onde nada jamais foi para sempre subjugado, o que está em jogo, em cada movimento de remo, é interrogar a água.

E, se voltarmos a esta frase banal em seu trágico, "Não há um", sua força inabalável reside justamente em ela não ser falsificável. Já que nenhum homem vivo pode dizer não à altura que lhe pedem, para encarnar ele sozinho o gozo fálico. Ademais, quando isso acontece e, bem naturalmente, o homem se deixa descobrir desejante nesse jogo mortífero, as apostas levam a que seja ela que o encarne, o Φ. E isto às vezes desde sua idade bem jovem. Em geral, é verdade, não existe homem talhado para enfrentar tal aposta. Mas o entusiasmo masculino que a acolhe é para ela apenas desertificação – exceto desaprovando-o –, pois ela representa o mais inacessível, o Falo Φ enquanto fora-de-simbólico, potência encarnada de nascimento, de gozo e de morte. Presentificando a flama de uma tal encarnação, ela não pode, com efeito, *causar desejo algum*. Apenas debandada.

Esse lugar do impossível, de que virgem é um dos nomes, está escrito por Lacan como o lugar modal onde escrita alguma é possível. Paradoxalmente, todo remanejamento durável no registro do gozo fálico só poderá ser efetuado passando por esse lugar sem borda.

É bem esse lugar "virginal" que a faz tão misteriosa para si mesma e temível para os homens, pois "todo" homem pode sempre ser o primeiro... Todos os outros, e ele também, deixando sobre ela o rastro do batimento das asas no céu.

No que diz respeito ao homem, Freud já se confrontara, sem lhe dar uma forma lógica, com o lugar do impossível, formulando-o na própria sintaxe do comando superegóico: "Deves ser como o pai. Não te é permitido ser como o pai[29]". Em que, é claro, o dever e a interdição referem-se ao mesmo traço.

Se a resolução dessa armadilha lógica talvez seja a chave de abóbada de uma análise de homem, deve-se precisar que a história da lógica não lhe é, ao freudiano, sobre esse ponto nomeadamente, de socorro algum, já que

[29] S. Freud, "Le moi et le ça", em *Essais de psychanalyse*, Paris, PB Payot, 1981, tradução nova, p. 247.

Aristóteles, os estóicos, os megáricos, os modernos só deram a essa figura pouco caso, pois sendo o caso certo do falso.

Falso só pode ser tomado aqui, pelo analista, como a abertura de um lugar pela queda[30] de um elemento que não tem nome. O que, se isso acontece, permite uma revolução no tratamento: que as palavras não sejam mais "*flatus vocis*" dá às falas, de um golpe, seu estatuto de *existência*, fazendo com que ao menos algumas se tornem *dizeres*.

Mesmo assim é preciso acrescentar que esse lugar – dito uma única vez por Lacan da virgem –, ali onde o impossível assegura o falo de não cessar de não se escrever, guarda, paradoxalmente, para um homem, mas não para todos, uma virtude essencial: é a partir dele e somente dele que o homem pode, a exemplo de uma mulher no encontro sexual, *criar a partir de nada*. Se ele lá se encontra acorrentado, o que o aparenta à "loucura", ele precisa, nesse lugar, escrever – seja qual for a letra – a borda do objeto, borda que em geral o recalque originário já desenhou, mas não para ele.

Assim, a psicanálise requer uma lógica modal em que o fato de ser homem não seja submetido ao simples princípio de identidade, em que esse princípio não seja sozinho aceito como regra primitiva, ou então que o terceiro excluído... não seja excluído, ainda que para poder dizer, sem que seja contraditório: "ela não é sem tê-lo".

Finalmente, esse lugar aparentemente todo destinado só à feminilidade, a da virgem, que esconde em si o impossível de ser escrito, também é uma reescrita do lugar onde, no quadrante de Pierce, Lacan escrevia *a ausência de traço*, o que, longe de ser contraditório com a afirmação universal "todo traço é vertical", não só a fundava, mas também a assegurava pela escrita do – 1[31].

O que corresponderia a dizer que não só para as mulheres, mas que na estrutura do sujeito simplesmente – que ocupa as quatro modalidades –, esse

---

[30] Falso deriva do latim *fallo*: enganar ou escapar a. O segundo sentido o faz o equivalente do grego *lanthano* (esconder, ser escondido). Mas também é possível aproximá-lo do antigo alto alemão *fallan*, cair. Ernout e Meillet em seu *Dictionnaire étymologique de la langue latine*, Klincksieck, Paris, 1985, escrevem: "[...] a aproximação indicada é sedutora demais para que não se tente apegar-se a ela" (p. 214). Para Lacan, esse jogo literal deve ser seguido de maneira apodíctica.

[31] Lacan, Seminário *A identificação*, aula de 7 e 14 de março de 1962.

lugar, que permite escrever a inexistência, 0, por dupla negação, faz possível, com a escrita da existência, – 1, a contabilidade em geral.

As duas negações em questão, e Lacan permanece extremamente pouco eloqüente no que lhes diz respeito, fazem referência a inexistências na ordem simbólica, de que somente uma formalização pode designar o lugar, afigurando-se toda enunciação vacilante em relação a elas.

Assim, não resulta da mesma experiência sofrer o modo pelo qual cada um está inscrito na estrutura ou descobrir as suas potencialidades lógicas. Entretanto, também é verdade que a aposta da análise consiste em abrir para cada sujeito um poder lógico de que seu pensamento ficava à espera. Em outras palavras, o gozo de que ele sofre já foi balizado à sua revelia.

A experiência tão singular da análise mostra ser a um só tempo uma verdadeira descoberta e um balizamento inquietante – pois esse percurso é e não é o primeiro – tanto do que já estava escrito, como do que ainda resta a ser escrito.

Resistências e modalidades

Quando alguém vem pedir uma análise, acontece às vezes que, pelo simples fato de endereçar sua demanda a alguém, ainda que este evite manifestar um saber qualquer, apareça com firmeza uma figura que magnetiza todo o discurso: há um lugar, o analista talvez, onde se sabe qual é o bem que lhe diz respeito. Sem sabê-lo, todo analisando nos dias de hoje, por mais ateu que seja, produz, para garantir-se um pouco contra o indecidível que se abre a seus pés, uma figura de Deus que dá consistência à sua demanda. O analista, este, não deveria deixar de tirar conclusões teóricas para explicar-se por que o Deus de Aristóteles é necessariamente convocado como pivô da análise, arrastando toda uma coorte de categorias atrás de si.

Ora, se não tem, ele, algumas idéias outras sobre o que é o gozo do Ser, ele só poderá, é claro, seguir o analisando... que ele não cessou de ser.

As resistências à análise no tempo de Freud referiram-se à colocação a descoberto da sexualidade enquanto tal e ao afastamento do campo da consciência como arena teórica.

Hoje, podemos calcular que a existência do discurso científico recalcou, e em certos pontos foracluiu, a visão do mundo da ciência tradicional de que Aristóteles é o representante por excelência.

As resistências à análise, no que diz respeito a Lacan, não se endereçam tanto à sexualidade, exercendo-se não a partir das figuras dos saberes que *sabem sobre* o Outro gozo, mas que são construídos *em torno* dele.

O projeto lacaniano quanto à lógica modal o faz, por um lado, o herdeiro da tradição clássica desde Aristóteles, passando pela primeira edição da *Crítica da razão pura* e que culmina em *Kant e o problema da metafísica* de Heidegger. Por outro lado, Lacan realizou o deslocamento mais preciso em relação a tudo o que essa tradição veicula, já que situado num outro campo de experiência.

No que diz respeito à lógica matemática atual, ele criticou tanto seu "platonismo" ingênuo, "Onde, no céu das idéias, esperava ele, o transfinito cantoriano?", quanto seu nominalismo que serve para foracluir, o que faz com que a ciência dê conta, efetivamente, do Real.

A psicanálise cavalga a ruptura galileana e é a ela que é destinada a tarefa de perlaborar, um por um, com cada sujeito, o retorno do que foi pelo discurso científico foracluído[32] e que diz respeito tanto à culpa própria ao gozo quanto ao retorno de Deus, ainda que sob a sua forma panteísta de Natureza (*naturans*) e do Bem que daí decorre.

A lógica modal na escrita de Lacan implica:

Que o existencial não é empírico, não se encontrando na realidade. É uma indicação suficiente para concluir que a solução kantiana – a existência é posição e não predicado –, por mais justa que seja, não basta no que diz

---

[32] O efeito de foraclusão exemplar foi realizado, a nosso ver, não por esses desvios de que a história é costumeira, diretamente pelo discurso da Enciclopédia, nem apenas pelos materialistas-sensualistas, discípulos de Locke, mas por Rousseau. Com efeito, a destruição, que é a sua obra, da noção de *pecado original* e sua substituição pelo mito teórico do estado de natureza vai incontestavelmente mais longe que a crítica libertina, no plano moral, e aquela sensualista, no plano teórico. Também é possível pensar que o ato rousseauísta é a abolição (*Aufhebung*) da crítica jansenista da doutrina da graça, de seus efeitos, e de seu desaparecimento sem rastro. A sexualidade aparece finalmente, no fim do século XIX, como um retorno do foracluído, como o novo nome do mal.

respeito ao Inconsciente. Cujos julgamentos atributivos são imediatamente acompanhados de existência.

Que o fato de o universal estar apenas em potência marca que só através da castração, duas vezes cumprida, o homem pode ter acesso ao "princípio de realidade", isto é, ao reconhecimento da diferença dos sexos.

Lacan escreve suas quatro fórmulas duas a duas, sem que elas se comuniquem. Propomos escrever entre elas vetores num sentido levogiro em cima, dextrogiro embaixo, que permitem operar aplicações de uma sobre a outra duas a duas. Os dois vetores mais difíceis de demonstrar em sua operação sendo os horizontais. Nossa hipótese é que, para isso fazer e segundo Lacan, é preciso *atravessar* o plano da *identificação* (esquema 1).

O lugar do pai também é o do sintoma. Que não cessa de se escrever, corpo, pensamento e realidade fazendo uma única superfície. Se aquele que está assim aferrado a essa necessidade pode, fazendo a volta dos modos – ver esquema 2 –, passar por esse lugar do impossível e lá permanecer suficientemente, duas vezes ao menos, é possível que a injeção de um modo sobre o outro não deixe indene a posição de partida. Só a passagem pelo impossível, roendo-o até a corda, pode conceder ao sintoma a dignidade de *sinthoma*.

Da mesma forma, a queixa que torna sensível essa ausência do pai, essa não inscrição ao infinito, não pode permanecer a mesma, se o fato de nomear o que quisermos pode alcançar a hierarquia de um dizer que é a do Nome-do-Pai.

A primeira volta de uma análise deve assim ser pensada como a produção de uma perda relativa ao objeto enquanto mais-de-gozar. A segunda deve ser pensada como a construção, sob a tutela do Outro gozo, dos significantes que permitem dizê-lo.

O fato de o conceito de *sexuação* se organizar sobre letras articuladas modalmente implica que a posição ou as posições de cada um na fala se *estabilizam* com uma escrita que, ela mesma, não depende de modo algum do sentido, mas que, ao contrário, vetoriza a significação. Essa escrita, condição da fala, nos oferece a borda pela qual a armadura do objeto – antes de sua fragmentação pulsional – pode ser traçada. Não é contraditório tampouco pensar que a sexuação assim compreendida, como matriz elementar da orientação da estrutura, é o desenvolvimento articulado das aporias da noção freudiana de bissexualidade, que encalhou, como o próprio querer de Freud, numa profusão imaginária de sentido.

Seria oportuno também assinalar que uma análise não pode, não deve, de direito pelo menos, parar no estabelecimento do mapa da sexuação de qualquer um, o que quer dizer a utilidade e a utilização de seus objetos pulsionais na medida em que a dita sexualidade vem alojar-se, sem dar conta disso, nas anfractuosidades da sexuação.

Na medida em que o Real só é apreensível aporeticamente, através de antinomias e paradoxos, a dignidade dos conceitos analíticos não reside apenas na capacidade que eles têm de apreender-lhes as bordas, já que, irremediavelmente, eles o deixam fugir, perdendo igualmente seu traçado. Mas, também e sobretudo, essa dignidade de pensamento reside na capacidade de inventar novas figuras paradoxais por onde o sujeito possa voltar da petrificação provocada pela monstração – *apóphansis*, própria ao dizer. Nesse momento, o analista, que era sobretudo lógico para extrair-se de sua própria resistência, vira artesão, e sua aparelhagem formalizada, utensílios de um saber-fazer.

Um leitor não analista que, em vez de referir as letras à prática da análise, as referisse à *representação* a que elas se reportam, não deixaria, com razão, de ser surpreendido pelo lugar que elas reservam ao Deus do monoteísmo sob as espécies do Pai todo-poderoso. Assim, essas letras tentam expor a estrutura mínima daquilo pelo que a experiência mística não só não se reduz a nenhuma religião revelada em particular, mas também pode, se for o caso, dar-se as representações substitutivas mais variadas, tal como Koyré mostrou[33].

Esse leitor não estaria errado, já que a fragmentação e a rejeição que o discurso científico operou sobre o religioso deixa subsistir a sua raiz, o Pai incons-

---

[33] A. Koyré. *Mystiques, spirituels, alchimistes du XVIe siècle allemand*, Gallimard, 1971. Koyré é o primeiro e o único a ter definido a mística, em sua totalidade, como uma *ontologia axiomática* e faz, assim, a história complexa de sua relação com a expansão da ciência moderna, assim como a sua mutação sob a forma do idealismo alemão em sua vertente romântica. Gérard Jorland, em *La science dans la philosophie*, nos dá uma síntese precisa de toda a obra de Koyré. Mais próximo de nossa época, Gérald Holton, no cap. IX, "L'imagination scientifique: dionysiens et apolloniens", de seu livro *L'imagination scientifique*, Paris, Gallimard, 1981, pinta um quadro sobre esse duplo movimento que acompanha o discurso científico nos Estados Unidos e que deve ser relacionado com aquele da Alemanha do século XVI.

ciente, embora a ciência seja feita para nada querer saber disso. Precisamente esse trabalho sobre a raiz permite ao analista saber que essa origem é, enquanto tal, não erradicável. O sonho de seu desenraizamento, o prefácio do pior.

Em outras palavras, o ateísmo não é uma profissão de fé, mas uma tarefa infinita da razão que não repousa numa descrença qualquer, mas nos objetivos de uma prática. Que não pode encontrar seu lugar a não ser como crítica em ato das pretensões do discurso da ciência de reduzir o ser falante a ser... um ser sem fala, ser fragmentado passível de um veredicto experimental em que seu dizer nada vale.

Mas essa crítica prática, que nunca se erige como tribunal, só é salvaguardada pelo apego da psicanálise ao gesto galileano prolongado por Cantor e Gödel.

Seus conceitos se tramam no espaço de uma inexistência que, por sua própria afirmação, logo interrompe o religioso, e que a ciência ignora como condição mesma de sua operatividade.

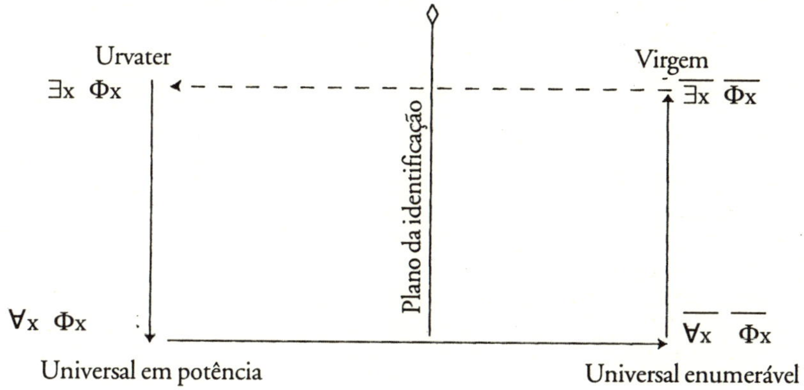

Esquema 1

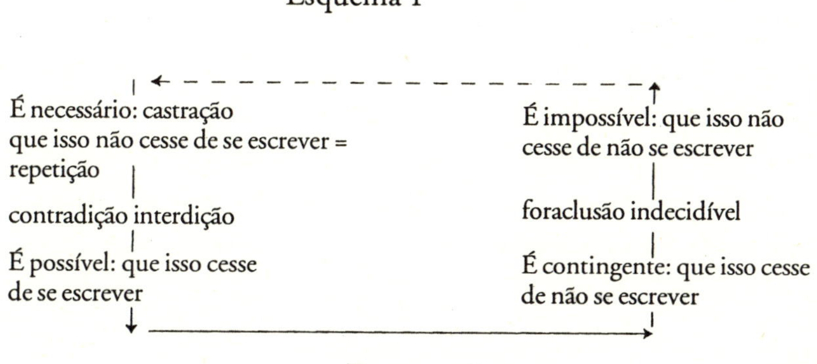

Esquema 2

As escritas lacanianas da sexuação, que aqui apresentamos, são o resultado de uma leitura modal dos quantificadores proposicionais. Para aquele que se acha embaixo à esquerda do tetrápode modal, no lugar do universal lacaniano – ou seja, do um qualquer –, sua posição se sustenta *a um só tempo* de uma demanda dirigida àquele que ele coloca como existindo sozinho, chamado por Freud *Urvater*, fora de todos os outros, demanda que repete – peticiona – que algum outro o castre, para poder desejar, como o Um; e de um desejo: que o falo cesse de se escrever, para ter acesso ao Outro gozo – tanto o da mulher quanto o de meu corpo – que experimentamos, inacessível, tanto diante de, quanto em mim. A demanda e o desejo que se enunciam desse lugar são, pelo menos, paradoxais, pois sustentam uma contradição na mesma enunciação. O fato de essa contradição não ser notada não é de fato uma surpresa: é a própria posição do sujeito do Inconsciente, a enunciação estando dividida pela barra que a funda. O sujeito – homem ou mulher – é dividido pela necessidade imperiosa de um Pai que lhe permita sustentar ao mesmo tempo uma crença num mundo possível onde sua férula não tenha o direito de se exercer, melhor ainda, onde o falo não faça limite ao gozo buscado, ou, como dizem alguns, onde se possa se entender sem se falar.

Quando se está à direita do quadro modal, o contingente de uma escrita fálica que permita desejar não encontra a sua solução subindo para o impossível, pois é bem este que enclausura a mulher no impossível do fora-de-discurso. Mas também que abre o indecidível de um gozo possível, através de um dizer, em que o lugar do *Urvater* possa ser alcançado. Para isso basta que ele decida que um dos uns quaisquer tem um certo mérito que o coloca fora de conjunto.

Ao passo que, para o homem que se acha aferrado sem saída, às voltas com o único que existe, a passagem à direita, ali onde nada garante a escrita do falo, pode, eventualmente, ao preço de um certo desmantelamento, fornecer-lhe a via para assegurar de outro modo a sua falicidade.

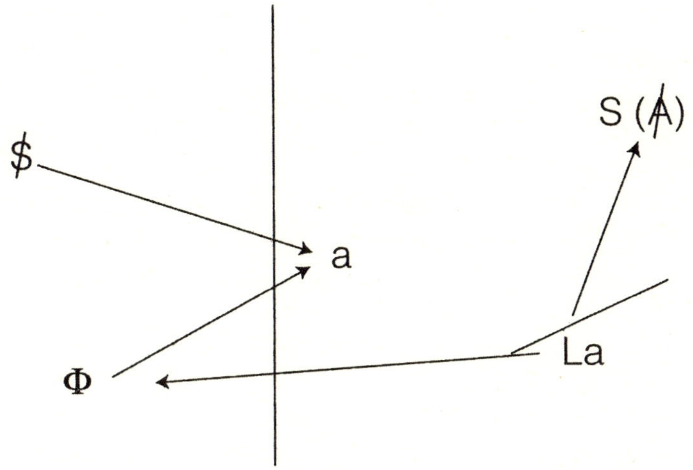

Esquema 3

O esquema 3 mostra que, na maior parte do tempo, os homens e as mulheres se encontram graças à fantasia, o que, em suma, é apenas um mínimo mal. Mas também que o que falta às mulheres não é tanto o falo, mas um significante que não existe na linguagem para representá-la no Inconsciente. Assim, existe um lugar modal, o encontro, onde o homem pode encontrá-la, a mulher, não só como pequeno *a*, o que é igualmente indispensável, mas como o significante que a ele mesmo falta, e que se encontra somente no real. Contanto que ele suporte – o que pode ser a via de acesso a um ganho sem preço – a modalidade lógica que é a sua na enunciação: estar, um certo tempo, fora de discurso.

A *Todestrieb*, o outro gozo, a função fálica

O lugar do morto em relação à tópica inconsciente[1]

Em abril de 1915, seis meses apenas após o início da guerra, Freud escreve e pronuncia na B'nai Brith, a loja de que era membro, as duas conferências conhecidas sob o título *Considerações atuais sobre a guerra e a morte*. Na segunda[2], ele, que não pudera deixar de reconhecer, bem no início, durante a declaração de guerra, que pendia para os países de língua alemã, escrevia agora que essa guerra produzira uma "perturbação de nossa relação com a morte [...]". "[Pois, diz ele] [...] essa relação não era sincera (*kein aufrichtiges*)". "Estávamos [antes da guerra] naturalmente dispostos a sustentar que a morte é a saída necessária de toda vida, que cada um é devedor de uma morte à Natureza e deve estar pronto para pagar essa dívida; em suma, que a morte é natural, inegável (*unableugbar*) e inevitável[3]".

---

[1] Os dois primeiros itens deste capítulo respondem, longinquamente, ao eco de um "seminário a várias vozes", realizado no Círculo Freudiano no início dos anos 1990. Claude Rabant publicou sua intervenção em seu livro *Inventar o real*, Denoël, 1992, no capítulo "A foraclusão do sentido". Ora, eram estes o título e o tema de nossa intervenção, que tentava fazer desse hápax de Lacan bem no fim de seu Seminário sobre *O sinthoma* um conceito por inteiro, e do qual damos, no capítulo IV, sua versão definitiva. Está claro que, aqui e ali, referência é feita aos mesmos textos de Freud e Lacan.

[2] *Nossa relação com a morte*.

[3] S. Freud, *Considérations actuelles sur la guerre et la mort*, Essais de psychanalyse, página 26, Paris, Payot, 1981.

Ora, é preciso reconhecer que Freud fala aqui, no segundo dos ensaios, não do horror que a guerra suscitou nele, do espetáculo insuportável de uma morte tornada cotidiana e onipresente, nem do medo angustiado das notícias da linha de frente, onde ele tem dois filhos. Mas, bem antes, aproveitando essa mudança brutal e inesperada do cenário da vida de todos os dias e a comoção profunda que isso produz, ele escreve e descobre em si mesmo, ou seja, na estrutura inconsciente, uma camada não analisada, um estrato não abordado até então, que desmente o que ele pensava, ou quase, e o decepciona, ele que acreditara sustentar firmemente (*festgehaltenen Verhältnisses*) sua relação com a Morte.

Assim, as palavras utilizadas para introduzir seu propósito são tão abruptas quanto possível: "experimentamos o sentimento de ser tão estranhos neste mundo, outrora tão belo e íntimo (... *daß wir uns so befremdet fühlen in dieser einst so schönen und trauten Welt*[4]).

Na realidade, explica ele, tínhamos uma tendência a pôr a morte de lado (*beiseite zu schieben*), a eliminá-la da vida. Acreditávamos, até aqui, estar dispostos a pagar essa dívida incontestável (*unableugbar*[5]). Mas, se isso nem sempre foi o caso, é que "a nossa própria morte não nos é representável" (*unvorstellbar*).

Essa relação com a morte, a nossa, é no entanto rudemente eficaz (*hat aber eine starke Wirkung*) sobre a nossa vida. Que se empobrece e perde seu

---

[4] S. Freud, *Zeitgemäßes über Krieg und Tod* (1915), Studienausgabe, Fischer Verlag, IX, página 49. Tradução ligeiramente modificada em relação à da edição Payot, que prefere traduzir *befremdet* como "perdidos", em vez de "estranhos". A raiz "frem" é para nós mais próxima de "estranho", "estrangeiro", "desconcertado", em suma, "*alienus*". Quando nos perdemos, ainda existe um caminho. Quando nos sentimos estranhos e estrangeiros, a própria noção de "caminho" perdeu seu sentido. Em relação à palavra *traut*, que traduzimos por "íntimo", os tradutores escolheram "familiar", antecipando, por que não?, de dois anos a introdução da noção de *Unheimlichkeit*, de "Inquietante estranheza". É uma ótima escolha, mas é possível que, ao escrever a palavra *traut*, Freud ponha o acento na perda do *íntimo*, que é não só o avesso do mundo como tal, mas também o que nos permite investi-lo.

[5] Esta palavra, que significa inegável e incontestável, é feita a partir da raiz *leug-(nen)*, o que daria, traduzido literalmente, "não desabonável".

interesse quando, nos jogos da vida, não é permitido (*nicht gewagt werden darf*) ousar o desafio mais alto (*der höchste Einsatz*), precisamente a própria vida[6]. O pendor a excluir a morte das contas da vida tem por conseqüência muitas outras renúncias e exclusões.

Em outras palavras, a morte está fora das contas da vida, ela está fora de nossas pequenas contas mesquinhas, ela é o *fora-de-conta* como tal, o que permite que, ao lado, isso conta, ainda que pouco. Ainda que, de tanto não contá-la, o prazer que tiramos daquilo que conta diminua a ponto de não ser mais realmente digno, como se o que foi, à primeira vista e de uma vez por todas, excluído da conta assumisse sozinho, por trás da cortina, todo o valor, mas sem que este nos seja representável. Porque ele é aquilo sem o que nada conta. Finalmente, Freud, como bom contador, nos assinala simplesmente que aquilo com o que contamos, o que está inscrito na coluna "Crédito" desde o início, não pode deixar de ter seu correspondente na coluna "Débito". Toda a questão afinal resumindo-se ao estatuto que damos a essa simples linha vertical, a essa barra que os separa um do outro, ao afastamento e à natureza do afastamento posto entre os dois. Como se não quiséssemos saber algo que nos pareceria, se nos fosse dito, repentinamente incontestável, *unableugbar*, não pensando em desmenti-lo embora ficássemos um pequeno instante desconcertados: que a aposta do início, sendo primeiramente a do Outro[7], é escrita duas vezes, como em toda escrita contábil. Ora acompanhada de um sinal +, ora de um sinal – .

Não seria, pois, a partir disto que se poderia ler a frase com a qual se encerra *O eu e o isso*: "A morte é um conceito abstrato de conteúdo negativo, para o qual não se pode encontrar um correspondente inconsciente[8]"? Se o Inconsciente é o contador escrupuloso, até mesmo minucioso de nossa vida, se ele é aquele que estabelece de maneira minuciosa a lista exaustiva dos bons

[6] S. Freud, *ibid.*, PBP, p. 28; SA, p. 50. Tradução modificada.

[7] Há uma outra aposta, a do sujeito, mas esta lhe é primeiramente opaca. Uma vida, encarada desse ponto de vista, é a leitura, feita tanto de interpretações quanto de atos, da dívida que também se contrai para consigo mesmo. Entretanto, a experiência analítica prova que muitas vezes é necessário, até mesmo indispensável para alguém, contrair novamente uma dívida para com um Outro.

[8] S. Freud, "Le moi et le ça", *Essais de psychanalyse*, PBP, p. 273; SA, III, p. 324.

e dos maus pontos, dos preços pagos e a pagar, não é porque ele próprio está em correspondência com o outro lado da barra vertical, ali onde está inscrito, para sempre e para além de cada um, a cifra em negativo de nossa dívida originária? Sabemos, graças a Freud, que a estrutura de discurso do Inconsciente (o que o faz *sprechend*, falante) repousa sobre a não-inscrição de *nossa própria* morte[9] como representação inconsciente. O que permite colocar como pertinente a relação recíproca: o conceito abstrato de conteúdo negativo, incontestável e, portanto, desabono de nossa própria morte, tem como correspondente (ent/*sprechend*) o Inconsciente como tal.

Como não é possível preencher pela experiência esse conceito abstrato ou formal – pois viver a própria morte não nos é dado –, é apenas dando-lhe um conteúdo negativo[10] que conseguimos, sem representá-la, pensar sobre a morte. Conteúdo negativo querendo dizer simples supressão ou privação da vida. É essa impossibilidade mesma de poder ser preenchido pela experiência que fará que só o Inconsciente[11] vai estar em condição de vir bordar com representável esse furo a que experiência alguma permite ter acesso.

Lacan *versus* Freud?

Que o leitor nos permita dar um salto de um bom meio século para ir escutar uma das repercussões desse ensaio de Freud.

Em 1972, durante uma conferência na Universidade de Louvain, Lacan[12] abriu sua exposição lançando sobre o auditório: "A morte... é domí-

---

[9] Ver mais embaixo, nota 11.

[10] Parece-nos muito provável que, ao empregar essa fórmula que se tornou posteriormente tão conhecida, Freud utilizava palavras que vêm direto da filosofia de Kant, e bem particularmente de seu opúsculo de 1763, "Ensaio para introduzir em filosofia o conceito de grandeza negativa". Em que ele demonstra a diferença entre oposição lógica e oposição real. Ele escreve, por exemplo, "[...] chamo o desprazer um prazer negativo [...] o ódio um amor negativo [...] toda morte um nascimento negativo", pp. 32 e 42, Paris, Vrin, 1980.

[11] Cujas representações são irrepresentáveis.

[12] "Lacan fala", Conferência na Universidade Católica de Louvain, em 13 de outubro de 1972, no volume "Lacan na Bélgica", Documento de trabalho da Association freudienne.

nio da fé [...] vocês tem razão de crer que vão morrer [...] isso os sustenta [...] se não acreditarem nisso, será que poderíamos suportar a vida? [...] solidamente apoiados nessa certeza [...] entretanto é apenas um ato de fé [...] disso não estamos certos [...] Porque... será que não haveria um que viveria cento e cinqüenta anos? [...] É aí que a fé retoma a sua força [...]".

Ao ler (ou ao ouvir) essas palavras, nenhum leitor (ouvinte) poderá evitar um sobressalto, pois virá logo à sua memória uma frase de Freud que nós, até aqui, cientemente deixamos de citar, extraída da conferência que examinávamos mais acima. Frase que ressoa: "Ninguém, no fundo, acredita em sua própria morte (*Im Grunde, glaube niemand an seinen eigenen Tod*) ou, o que dá no mesmo, no Inconsciente cada um de nós está convencido de sua imortalidade".

Está claro que Lacan arrumou suas palavras para nos desconcertar e podemos até ser assaltados pela dúvida. Está Lacan se opondo a Freud sobre um assunto que tem a ver com o núcleo da psicanálise e, em caso positivo, por quê?

Primeiramente, Lacan coloca a questão da morte na ordem do discurso: "domínio da fé" faz aqui referência às religiões monoteístas, e em particular ao cristianismo. Sua enunciação sendo, o que é audível, perfeitamente irônica. Logo depois, ele vai de "fé" a "crença", passando do que se endereça ao Outro – a fé, a *fidelitas* – ao que resta do lado do sujeito – a crença. Crença na própria morte que permite suportar a vida. Mas, sem avisar, Lacan introduz uma palavra bem freudiana, embora pouco usada, "certeza", *Gewißheit*, para logo depois passar para outra palavra, "ato de fé", e recair molemente na incerteza, "não estamos seguros disso", e com um leve levantar da cabeça, a fé de novo faz a sua reentrada.

Existem pares de palavras que sempre andam juntos, por exemplo "crer"/"não estamos seguros disso". O vínculo entre elas sendo, incontestavelmente... o desabono. "O que creio, que vou morrer, pois bem, será que não haveria um que...?, enfim, não estou certo disso". O sujeito não pode manter a sua certeza[13], não pode muito se apoiar nela com solidez, exceto na

[13] O sujeito do inconsciente, na medida em que *é* a certeza, o é, por certo, mas de nada = 0. Isto faz com que o recurso à crença seja uma passagem obrigatória. Esta vem suprir o que a certeza não pode ter como objeto.

psicose, em que ela existe, mas com um estatuto outro. Por isso, a relação interna com o par fé/crença – que não existe como tal em alemão, as duas palavras francesas sendo representadas por uma única, *Glauben* – é estabelecida pelo funcionamento do desabono ou do desmentido. Acreditamos ser esta a razão da introdução de um significante novo, *ato de fé*, vindo no lugar daquilo que a certeza não pode manter no tempo: um atravessamento permanente da barra de divisão que separa o "Crédito" do "Débito" de nossas contas com a vida. Ato de fé que pareceria ser a melhor tradução que Lacan encontrou para a divisa freudiana "Crer no Inconsciente". Impossível de maneira permanente.

Assim, essa dupla relação, de não-crença no que se sabe e de incerteza no que se crê, coloca a morte num lugar privilegiado tanto na tópica freudiana quanto na lógica lacaniana. Esse reconhecimento desabonado, que é privilégio da morte – própria –, lhe dá um parentesco estrutural com a diferença dos sexos e a castração, mas também com o rastro enigmático do pai morto. Aqui, nesse sítio perdido, está nascendo no percurso da obra de Freud um enodamento a um só tempo invisível e amarrado ao fio condutor que, passando pela identificação primordial, vai culminar no trabalho sobre a *Ichspaltung*, sobre a divisão do eu [*moi*]. Por isso, é aqui mesmo, no irrepresentável de nossa própria morte que devemos buscar o argumento lógico na origem do sismo que abalou a tópica, preparando, com o rastro da morte do pai, o aparecimento da pulsão de morte. Que, por causa da violência de sua entrada em cena teórica, ocultou duravelmente os instrumentos metapsicológicos que preparavam o seu advento.

Temos de concluir, ao menos provisoriamente, que, exceto pela surpresa erística, Lacan não se opõe a Freud, embora nele introduza uma certa novidade: na interpretação do sonho que encerra as "Formulações sobre os dois princípios do funcionamento psíquico[14]". "Ele estava morto... mas não sabia", Freud, como se sabe, intercala "conforme seu voto", fundando a psicanálise sobre o Pai Morto. Lacan, por sua vez, lerá o

[14] "Formulações sobre os dois princípios do funcionamento psíquico", em *Résultats, idées, problèmes,* Paris, PUF, tomo 1, p. 142, Studienausgabe, III, pp. 12-24.

"Ele" que começa a frase como sendo a única maneira que tem o sujeito falante de designar o lugar de onde ele fala, sem no entanto nunca reconhecê-lo como tal[15].

O que é uma ligação pulsional?

Vemos assim que Freud, antes de postular o caráter mortal da pulsão sexual, ou então a existência de Outra pulsão a ela se opondo, havia descoberto um *lugar* tal para a morte própria que todo o inconsciente tópico lá estava em correspondência.

Porém, antes de interrogar a pulsão de morte sobre a sua relação com o lugar da *morte*, tanto a própria quanto a do Pai dito Morto, é preciso, como estação prévia, recolocar em funcionamento as relações que as pulsões sexuais mantêm entre si. Pois a idéia mais consistente sobre isso, a mais seguramente transmitida na história da psicanálise, é aquela que postula que a morte, na pulsão, só se descobre em sua *desligação*.

Para isso, no entanto, deveremos clarear nosso caminho com uma outra hipótese relativa à dualidade pulsional. Pois, quando Freud intitula o penúltimo dos capítulos de *O eu e o isso*, "As duas espécies de pulsões[16]", "*Die beiden Triebarten*", escolhemos ler – respeitando o dual que falta ao francês, a marca do singular do substantivo e dando outra vertente à polissemia do alemão *Art* – "Um e outro modos da pulsão". Propor que "de vida" e "de morte" não sejam espécies, mas modos, nos leva a precisar onde e o porquê da báscula delas. Questão que nos força a que o "Sésamo" da palavra "desligação" não possa mais, para a determinação de seu sentido, depender

---

[15] É impossível que alguém possa sustentar-se – o tempo de um sonho? – na estrutura da linguagem reconhecendo-se ao mesmo tempo no lugar do morto, lugar necessário para poder falar, irreconhecível, justamente, pelo fato mesmo de falar. Uma tal sinceridade (*aufrichtig sein*) não nos é dada, e levantamos (*aufrichten*) um muro, às vezes intransponível, entre o saber dado pela incorporação da linguagem e a certeza impossível. Ou então, seria preciso dizer, não produzimos saber o bastante a partir de nossas transposições do lado da certeza.

[16] S. Freud, *Essais de psychanalyse*, PBP, p. 253. Studienausgabe, III, p. 273.

apenas do recurso ao acontecimento que a produz[17], mas de um estatuto tópico e lógico que resta articular.

Quando o grito obtém da presença do Outro que acorre sua natureza de apelo, ele não encontra apenas, nesse entre-dois, com a ausência, o silêncio que vai lhe permitir descobrir-se voz. Mas, desde esse instante, o *prae* da *pre*-sença, aquilo diante do que o Outro se coloca, dará resposta ao apelo da voz, e é aí que ela será esperada: do lado do visível. Será essa ligação com o visível que a faz, de imediato, portadora do olhar ao ser proferida fora da visão. Quando nos falam, nossa imagem corporal é investida, suas bordas asseguradas; ou nos é tirada instantaneamente com a mínima inflexão. Essa resposta de presença – prova falaciosa às vezes, mas afinal única prova do desejo do Outro –, tácita sem ser silenciosa, à exigência da *Hilflosigkeit* dá nascimento à demanda antes que qualquer enunciação seja foneticamente articulada[18].

É exatamente isso que nos ensina o bebê quando segue com os olhos a voz de sua mãe que se mexe, falando com ele fora do campo visual estrito que sua idade e sua posição deitada lhe permitem. Que os olhos busquem o Outro e seu olhar além e aquém do campo do visível mostra que o quadro onde esse aparecimento é possível nos é dado não só pelo escópico simplesmente, mas pela voz que lhe faz saber que o campo do olhar ultrapassa amplamente o recorte do visto que nossa percepção visual nos impõe. É bem assim a voz do Outro, que é também objeto de seu olhar na medida em que ela o enquadra. É essa voz que o olha, fora de campo do visual.

Por sua vez, o que é a voz, senão investimento do vazio, do vazio como diferença, o que é a voz senão moldagem do sopro? É pela voz e na voz que um sujeito é nomeado: ele é nomeado e seu nome existe na voz, sem que

---

[17] Sustentar que tal ou tal acontecimento terá produzido uma desligação não explica o mecanismo, nem mesmo a lógica em jogo, só ela podendo explicar por que eles desencadearão essa resposta.

[18] Assim, o desejo do Outro se enoda à demanda do sujeito que ele mesmo criou com sua oferta; sua demanda dando lugar e enodando-se ao desejo do sujeito, que não passa apenas pela satisfação das necessidades, nem pára no significante. Se o grafo tomasse apoio sobretudo na necessidade e na articulação da demanda, embora respeitando esse estrato, o nó permitiria considerar o aparecimento e a articulação da pulsão com o saber que gira em torno do gozo.

seu proferimento seja necessário. Mas também é possível que um nome seja pronunciado, sem que a voz dê testemunho do que, embora sendo pronunciado, não é dito. Nesse caso, nem ela nem nada recolherão nem transmitirão o dom do nome. E porque é a voz que nos nomeia – sem dar prova de seu ato – é possível afirmar que, assim que ela diz, ela pode ser incorporada, que a voz do Outro nos erige como corpo, dando-nos nossa estatura, quando ela é a alteridade até do que se diz[19].

Por isso, podemos ser chamados pelo olhar, e o sinal que assim nos é feito, embora drapeado de silêncio, nem por isso é, necessariamente, um apelo sem voz. Existiria algo mais atraente a ser seguido ali onde o amor beira a desrazão, ou mais assustador e no limite da morte que um dizer sem fala?

Igual ao *infans* que mostra, antes de se reconhecer no espelho, que a voz o olha, como poderíamos dizer "isso me diz respeito" ao falarmos de seres que nunca vimos ou de questões cuja abstração suprime qualquer parentesco direto com o olhar, sem que tenham sido pela fala ou a escrita presentificados como integrantes não tanto estreitamente do campo do escópico – que é um recorte dele –, quanto do território onde a estima de eu mesmo ("meu *self regard*") faz com que me sinta de lá chamado?

Assim, acreditamos, os objetos pulsionais diferem não só por sua "natureza" – o olhar e a voz, o seio e o cíbalo –, mas também e sobretudo por sua estrutura formal, mantendo entre eles uma relação ao menos dupla:

– *Uma pulsão serve de quadro para a outra.*

– As pulsões se significam.

Ora, um leitor de Lacan que nos tivesse seguido até aqui certamente não hesitaria em nos parar neste ponto para nos perguntar se a determinação de estrutura – a significação fálica como representante do discurso como tal – não bastaria para explicar a ligação pulsional. Se tal fosse o caso, responderíamos de bom grado que ela é bem necessária, mas que mesmo assim é preciso dar-lhe suas articulações.

Necessária, porque só sob o regime geral do falo é que um objeto pode ser investido. Mas o fosse ele por uma simples pulsão e o despedaçamento

[19] J. Lacan, Seminário *A angústia*, de 5 e 12 de junho de 1963.

do corpo que se seguiria[20] rápido poria fim ao prazer que o sujeito poderia tirar do dito investimento.

Em francês, pode-se "beber" as palavras de alguém ou então ele pode lhe "sair pelos olhos* "; em castelhano da Argentina, "estar sem voz" soa exatamente igual a "estar sem você [vós]", e poderíamos multiplicar os exemplos em qualquer língua falada; essas expressões mostrando que *as ligações pulsionais se fazem no campo da metáfora.*

É a força e a fraqueza delas. Acontece, na experiência analítica mais corrente, de em tal momento descobrirmos que uma fala, amada a ponto de ser um suporte da vida, era cientemente enganosa e mentirosa. Que além disso seja a do pai pode não causar um dano irremediável à sua metáfora[21] como tal, mas sobrecarrega com um tal peso a troca com o outro que não haverá mais fala recebível, o sujeito dando o melhor de si para que seja mesma que a sua.

O que, na língua, é efeito de metáfora, e que nada explica, é doravante tomado como real não só pelo Inconsciente, mas pelo eu [*moi*] simplesmente. É uma verdadeira colocação entre parênteses[22] – temporal ou não – da metáfora que, desfazendo a trama discursiva, curto-circuita a dupla inscrição Inconsciente/Pré-consciente e produz a *desligação pulsional*, pondo o sujeito em perigo. Aí, o princípio de prazer se revela sem socorro diante, por exemplo, de tal imagem da beleza perante a qual ele se encontra repentinamente extático e desarmado, todo gozo, de seu lado, de repente abandonando-o[23].

---

[20] E que se segue, inelutavelmente, quando uma "desligação" nos põe diante desse estado particular do investimento que, além disso, apaga o caráter binário do significante, uma vez que ele é articulável.

* *Il me sort par les yeux* [Não suporto mais vê-lo]. (NT)

[21] Isso depende do momento da vida em que é feita essa descoberta.

[22] É o que Freud nomeava, no "Homem dos lobos", seu desabamento narcísico, seu *narzistische Versagen*. Em 1919, em sua Introdução a *A psicanálise das neuroses de guerra*, Freud faz a ligação entre as neuroses narcísicas e as traumáticas, apelando para a noção etiológica de "recusa de amor" (*Liebesversagung*). Lacan tomará essa observação ao pé da letra ao longo de seu ensino.

[23] Experiência que homens podem relatar em análise, falando de um encontro com uma (A?) mulher, mas também mães, decerto de outra maneira e após um episódio puerperal, contando a vinda de um filho, no ventre ou na vida. Esses acontecimentos, em que o Falo pareceria se apresentar como numa *parúsia*, ameaçando de desaparecimento o sujeito e o Outro, parecem muito com os exemplos dados por Kant sobre o sentimento do sublime na *Crítica do julgamento*.

Quando isso acontece, e às vezes para sempre, só as palavras é que asseguram o sujeito de seu ser, sem que o lastro do objeto os alivie um pouco que seja dessa carga.

O fato de as pulsões uma a outra se significarem cria uma rede sem a qual o princípio de prazer não tem ponto algum de apoio para impedir que o gozo próprio ao objeto se apodere ou faça tábua rasa daquele que o sujeito pode esconder. Quando isso de fato acontece, o campo da metáfora foi desfeito, a pulsão se enuncia, por conseguinte, apenas na voz passiva.

Assim, ao colocar a questão "Aquilo de que gozamos goza[24]?", Lacan visava, a nosso ver, esse ponto, esse instante de báscula, de outro modo não revelável, em que o sujeito, não tendo o apoio da ligação pulsional, vê-se ameaçado pelo espetáculo de um objeto cujos contornos de repente se marcam tanto que ele ultrapassa os limites da cena, ameaçando tanto o mundo quanto o sujeito de desaparecer. Desse ponto de vista, toda desligação, contingente e incalculável, é o achado de uma desligação já ali, que a esperava. Esta, da qual seria exorbitante dizê-la preexistente, acaba sendo o efeito de uma *recusa de amor*[25] ou então é submetida à modalidade do impossível de ser escrito.

Aliás, uma das indicações para propor a um paciente deitar-se ou não deve-se à sua capacidade de não sentir que uma voz vindo de um atrás invisível poderia não vir do corpo de um semelhante. Em outras palavras, o quadro da pulsão escópica permite, graças à sua ligação com a pulsão invocante, para além do simples recorte de sua janela, que o que não é visto permaneça visível[26]. O tratamento analítico sendo assim, desse ponto de vista, *a experiência de ver através da voz.*

Paul Claudel entendera bem isso. Como prova, a importância dada a essa ligação em seus ensaios "Sobre a música" ou "Os salmos e a fotografia",

---

[24] Questão que Lacan se coloca no seminário *Mais, ainda.*

[25] E não de objeto. Assim, um excesso no gozo, sentido como tal ou não pelo sujeito, acaba sendo, muitas vezes, a única resposta possível a uma recusa (*Liebesversagung*) de amor infligida pelo Outro.

[26] É certo que a voz continua sendo do domínio do visível graças ao significante, mas nos interrogamos aqui não tanto sobre uma carência absoluta e fundamental da função paterna, quanto sobre as razões dos "disfuncionamentos" da função fálica.

publicados com estudos sobre a pintura espanhola e holandesa nesta coletânea magnífica de título evocativo: *O olho escuta*[27]. Para o grande trágico, o pintor, com seu toque singular, busca infinitamente, enroscado no coração mais profundo da natureza, o núcleo de uma fala revelada. Nisto ele esclarece que não haveria um olhar a ser depositado no quadro sem a existência de um discurso prévio. Mas é um discurso o que jaz ali, ou seu resto?

Por isso, quando ouvimos gravações de Wilhelm Furtwängler e que o comparamos com outros maestros tão marcantes para o século, o que ressai da escuta de sua maneira de marcar o compasso, da concepção do tempo que ele impõe à sua orquestra e que dá a ouvir a seu público não é só o sentimento de uma clareza de análise extraordinária, mas, mais ainda, e de outra maneira, através de tudo aquilo de que o corpo dispõe como sensibilidade ao volume, uma massa sonora trabalhada, esticada, moldada por suas mãos, como se se tratasse não só de ler e interpretar as notas no tempo, mas também de impor sua presença de massa no espaço tal uma escultura, de uma pasta ora mais densa ora mais aérea, feita sob nossos olhos[28].

A desligação pulsional faz que de repente o corpo se resuma numa única pulsão, que a pele e os órgãos, as outras bordas se achatem num único de seus percursos. O que pode conhecer uma duração limitada no tempo ou ter um alcance mais ou menos permanente. Ora, é o próprio fenômeno da desligação que abre para duas experiências do objeto diferentes no que diz respeito ao gozo:

– a experiência do falo enquanto tal, cujo impacto, mais que a apreensão, se fará como real do significante;

---

[27] Paul Claudel, *L'œil écoute*, Folio Essais, pp. 169 e segs., pp. 185 e segs.

[28] Músicos que trabalharam com ele na Filarmônica de Berlim, embora isto não lhe seja exclusivo, assinalam que a medida do tempo lhes era dada pelo olhar daquele que dirigia e não pelo ouvido. Longe de ser apenas uma apreensão "inautêntica" do tempo, a que se exerce com a ajuda do espaço, como toda a análise de Heidegger em "O ser e o tempo" buscava provar, mostra que existe uma espacialidade do tempo que não é dependente das três dimensões de nossa percepção sensível, sem ser tampouco de caráter transcendental. A ligação do olhar e da voz faz que cada um dos dois objetos possa trabalhar como corte do outro. É essa ligação com o trabalho que constitui um arcabouço do imaginário, em relação com o Outro Gozo, que não é dependente do especular e sua conformação fálica.

– a experiência de um corpo, até mesmo de um pensamento de que aspiramos nos apoderar, aquém da presença decerto incômoda da pulsão[29].

O gozo do falo e o narcisismo dito primário

O gozo do falo é uma paixão cujo arcabouço, e aí reside o cerne do paradoxo que lhe dá forma de aporia, é a imagem do corpo próprio, e o amor que o sujeito tem por ele que é "amor por sua própria eternidade[30]". Do ponto de vista da paixão narcísica, "a vida como tal aparece como uma intrusão na calma da pura subsistência". E, se existe um voto de retorno ao inanimado, tal como Freud postula para a pulsão de morte, só pode se tratar do retorno ao "que o sujeito era como significante antes de nascer". "A pulsão de morte sendo ainda mais virulenta uma vez que a morte escapa ao sujeito como constituinte do sentido da vida".

Quando, por razões que tentaremos articular mais adiante, acontece de alguém só querer ser amado por si mesmo, sem que lhe venha à mente considerar que somos "antes dignos desse amor realizando em nosso ser o que nos faz falta" ou que não temos, então a pulsão de morte se apresenta no "sentido de um voto de não-ser, exceto ser o falo. Em outros termos, trata-se de uma recusa da castração, que dá à recusa da vida sei lá que acento de maldição[31]".

---

[29] A desligação pulsional não é apenas um acontecimento que provocaria remanejamentos patológicos do narcisismo – inibições, formações de caráter, até mesmo delírios –, obrigando o sujeito a encontrar um outro apoio que substitua aquele que se esquiva. Na vida cotidiana, sempre encontramos pulsões parcialmente desintricadas, que se manifestam por aptidões mais finas em tal ou tal domínio, que vão da hiperacusia da jovem mãe à disposição cromática de um ouvido. Na medida em que essa aptidão confina, e de maneira bem próxima, com a dor, esta é a garantia de uma busca apaixonada. Sem criar nenhuma hierarquia entre eles, as mesmas sonatas de Beethoven não soam igual tocadas por Rudolf Serkin, Benedetti Michelangeli, Sviatoslav Richter.

[30] Seguimos nesta análise, quase ao pé da linha, o trabalho, talvez insuperável, que lhe dedica Moustapha Safouan, no capítulo "L'amour comme pulsion de mort", em seu livro *L'échec du principe du plaisir*, Paris, Le Seuil, 1979, pp. 80-82.

[31] *Ibid.*

Para o sujeito que nos ocupa, seu ser mesmo se reduz à sua imagem narcísica. Mas não é impossível haver alguém[32] que receba imagens de si mesmo – aquém de sua imagem especular –, significantes heteróclitos que ele reconhece como seus no Outro. Uma das conseqüências da castração assumida, no que diz respeito à dependência do imaginário com o especular, é a de multiplicar o espelho. Não tanto – o que não resolveria muito a questão – fazendo dele, no limite da humanidade inteira, o suporte daquele que nos falta para nele nos mirarmos; bem antes, aprendendo a captar imagens repentinas e contraditórias que nos enviam, em nossas trocas, não só nossos semelhantes, com os quais os jogos de enganar são sempre aceitos, mas também as palavras que não sabíamos a tal ponto nos pertencer e ser, mais que toda imagem unificada, o coração de nós mesmos.

E Safouan conclui essas páginas que articulam como talvez ninguém o fez desde então e que permanecem um clássico insuperável: "por uma certa face, a significação fálica equivale à colocação em jogo, no psiquismo, de um gozo que, indo bem além do prazer, nos torna inimigos da vida; ou porque sua falta torna a existência vã, ou porque a morte é o caminho que leva a ele".

O problema que devemos então resolver não consiste tanto em buscar diminuir o gozo que o sujeito busca experimentar, pois o além do prazer é a direção do vetor fundador do aparelho freudiano, mas, bem antes, em poder encontrar, num modo não exclusivo, um gozo que, embora não consinta na temperança do prazer, nem por isso seja *fundamentalmente* inimigo da vida.

Por outro lado, sabemos que a questão do amor de si é extremamente perigosa, pois o fato de saber que o excesso de gratificações buscadas pelo sujeito na conta do narcisismo secundário tenderia a querer curá-lo de um defeito fundamental do primário não nos dá, em si mesmo, o caminho a ser seguido para além dos primeiros tempos do tratamento. Pois, em princípio, o dito narcisismo primário consiste em buscar no outro o espelho que o

[32] Propomos esse "tipo" como exemplo contrário do primeiro, embora saibamos que, se esses tipos puros existem, não só também encontramos mistos, mas que a própria análise tem por objetivo, quando é possível, reuni-los. A questão seria, no entanto: como?

realce[33], sem ter a mínima preocupação seja em pagar na mesma moeda, seja em permitir que seu semelhante faça o mesmo[34].

Os analistas nunca escolheram de maneira clara as duas teorias que Freud lhes legou:

1. A de um investimento primário da superfície do corpo próprio[35], ou por uma libido já ali ou então por aquela que é excedente ao auto-erotismo.

2. A de um investimento primário do objeto pelo isso[36], única fonte de *Lust* – de gozo – de que o *Ich* se apodera, por sua vez, fazendo traços mnemônicos. A libido assim produzida vindo investir-se na superfície do corpo.

Para Lacan, o fato de haver primazia lógica e temporal do desejo do Outro proíbe haver uma primazia do narcisismo primário, mas isso todavia não permitiu, estranhamente, resolver a questão, pois o investimento fálico que o Outro faz do corpo do (futuro) sujeito, embora seja a determinação do narcisismo, de modo algum o cria de um golpe, isto é, sem passar pelas *modalidades* desse investimento e daquelas, heterogêneas, que o sujeito encontra nos objetos que, como expoentes de sua relação com o Outro, se confundem com as bordas de seu próprio corpo.

Notando a coincidência central de Lacan com o Freud dos anos 1920, seria preciso, se quiséssemos conservar não o conceito de "narcisismo primário", mas a idéia enigmática à qual essa palavra faz referência, dar-lhe a significação de ser uma identificação imaginária... não com a imagem do corpo, mas com o circuito pulsional[37].

---

[33] Numa de suas últimas peças curtas, "Hughie", Eugène O'Neill nos faz um relato saboroso disso.

[34] Ver a este respeito, de G. Pommier, *L'amour à l'envers*, Essai sur le transfert en psychanalyse, Paris, PUF, 1995, pp. 267 e segs., em que ele emprega a fórmula "o narcisismo é unilateral".

[35] Em a *Introdução ao narcisismo*, de 1914.

[36] A partir de *O eu e o isso*, de 1923.

[37] O que assegura a posição do sujeito, e do narcisismo, é não ter sido *inteiramente* a falta do Outro. Por sua vez, identificar-se com sua própria falta permite não ter falta de objeto mesmo quando o objeto vem faltar. "Inteiramente" assinalando a distância entre "a" real e "a" imaginário.

É o que uma leitura do esquema ótico deixa entrever, mostrando que a imagem real do corpo recobre o objeto real, antes mesmo que a imagem virtual apareça no fundo do espelho plano[38]. Ao passo que, durante uma época, a escrita feita por Lacan do eu [*moi*] como o eixo i(a)-i'(a)[39] fazia pensar que se tratava *apenas* da identificação com o outro especular, não é mais possível ser assim quando (a) se torna o objeto da pulsão[40] e mais ainda depois, quando ele se torna o objeto como tal, antes de sua fragmentação pulsional[41]. Assim, há tempo na constituição da estrutura. Torna-se portanto necessário interrogar-se sobre o arcabouço pulsional do narcisismo e sobre a natureza estrutural dos parênteses que enfeixam esse objeto.

Com efeito, se o narcisismo secundário é incontestavelmente especular, ou seja, a imagem virtual do corpo no espelho do Outro, o primário é representado pelo espelho côncavo, que permite a formação de uma ilusão: a da imagem real envolvendo o objeto. Esse imaginário pré-especular está, pois, logicamente ligado e é contemporâneo da identificação primária e do autoerotismo. Sem esse imaginário pré-especular, o objeto real é fonte de terror e não haveria sujeito que tirasse prazer mirando-se no espelho e precipitando-se assim na alienação fundadora. Da mesma forma, o narcisismo primário, efeito da primeira incorporação fálica, indica que o corpo do futuro sujeito já é o lugar do grande Outro e oferece o suporte que permite encontrar um outro semelhante, o do amor, quando este acaba por faltar. Exceto que o vínculo entre os dois deve ser assegurado pela metáfora paterna, a qual, estabilizando uma relação sempre conflituosa e, ao furá-los, assegurando a distância entre eles, impede que entrem em colapso um no outro – regressão narcísica –, pois ela fura todas as imagens de mim mesmo com as quais me

---

38 Esquemas encontráveis no Seminário 1, *Os escritos técnicos de Freud*; nas "Notas sobre o relatório de Daniel Lagache", *Écrits*, Paris, Le Seuil, pp. 674 e 680. No Seminário *A angústia*, em 28 de novembro de 1962 e em 9 de janeiro de 1963.

39 Nos esquemas l e R, em "Prolégomènes à tout traitement possible de la psychose", *Écrits*, pp. 548 e 553.

40 A partir de 1963.

41 A partir do segundo relatório de Roma: "A terceira", 1974, publicado nas *Lettres de l'École freudienne* de Paris.

identifico[42]. Se o narcisismo primário é da ordem do – 1, o secundário é possível pela escrita dos + 1.

Assim, todo acontecimento que acarrete uma perda da dimensão metafórica da fala, e da base fálica do sujeito, não pode deixar de produzir repercussões, até mesmo remanejamentos no eixo imaginário do sujeito.

Comparando-o com um quadro do grande pintor chinês Shitao, "Orquídeas, bambu, rochedo", François Cheng[43] nos dá a conhecer um poema de Su Shi, poeta chinês do século XI:

> "Quando Yüke pintava um bambu,
> Ele via o bambu e não se via mais,
> É pouco dizer que ele não se via mais;
> Como que possuído, abandonava o próprio corpo,
> Este se transformava, tornava-se bambu [...]".

A *Todestrieb* e o Outro gozo

Se tentássemos recolocar de maneira sucinta o que foi afirmado até aqui, diríamos que, quando o *Ich* se identifica com um traço do objeto que faz dele um rastro, a libido que o investe não tem a mesma natureza que quando pertencia ao objeto. Daí se desprende um gozo que Freud chamava "sublimado" e colocava como a libido própria do eu [*moi*][44]. Com uma incisa que vale seu peso teórico: a sublimação trabalha a serviço da pulsão de morte. Assim, na constituição da segunda tópica, sem meias palavras, ele liga a vertente mortífera da pulsão e a própria natureza do narcisismo.

---

[42] Este último parágrafo foi longamente discutido, no que diz respeito à sua relação com os enlaçamentos e as inversões tóricas, com Silvia Amigo.

[43] François Cheng, *Shitao, La saveur du monde*, Paris, Phébus éditions, 1998, p. 74.

[44] Permitimo-nos levar em conta apenas a identificação primordial, também chamada por Freud *regressiva* – o que constitui finalmente o osso da reflexão freudiana –, pois é ela, afinal, que está em causa no processo que nos interessa. *Le moi et le ça*, Payot, cap. 3, p. 242.

Resta-nos esclarecer, entretanto, uma diferença essencial entre dois modos de funcionamento recobertos em Freud por uma mesma denominação[45]:

1. Quando, no funcionamento dos circuitos pulsionais, como efeito da identificação regressiva, produz-se libido sublimada, apta a investir-se no eu como libido narcísica ou a servir para o trabalho, a experiência estética, a constituição dos grupos, etc. Para Freud, isto se produz a serviço da *Todestrieb*, instrumento por excelência de dessexualização.

2. Quando, nesse mesmo funcionamento, essa produção é além disso usada a serviço de uma *Outra* orientação que não é mais apenas da ordem da simples *Wiederholung*, da repetição na satisfação do gozo (*Lustbefriedigung*). Doravante ela merece o acréscimo da palavra constrangimento, de *Zwang*, a ruptura do princípio de prazer não estando mais circunscrita ao sintoma, já que ela arrasta o próprio sujeito para além das formações do Inconsciente. Fazendo também que, em última instância, os próprios sintomas possam ser, da *Todestrieb*, a ligação derradeira.

Qual é, pois, essa busca, que imprime ao aparelho psíquico não só uma outra orientação, mas também uma direção exclusiva, um "sentido único", sem "ida e volta" na orientação da estrutura?

Estamos, aqui, em condição de fazer duas propostas, a primeira sendo bem conhecida:

– o que a repetição busca repetir é o que escapa, por causa da própria função da marca, à apreensão de cada "Um" da cadeia[46];

– não é a mesma repetição a que busca o resto caído de cada encontro, de cada *rendez-vous* com seus próprios rastros, e aquela que, imprimindo uma virada essencial na orientação do aparelho, visa alcançar exclusivamente o Um sozinho, separado dos outros[47].

---

[45] O que parece, apesar das diferenças que tentamos apontar, fundamentalmente justo, pois os dois modos seguintes correspondem, ambos, à ordem da identificação primordial.

[46] Ver bem no início do Seminário *A lógica da fantasia*, aulas de novembro de 1966.

[47] Ver *RSI*, Seminário de 11 de março de 1975.

A *Todestrieb*[48] não pertence mais às pulsões intricadas entre si e, embora o siga, desprende-se do percurso pulsional, não sendo situável em representantes inconscientes que seriam propriedade sua. É isto que Freud nomeava seu caráter silencioso e que faz, ao mesmo tempo, que ela *escape à contabilidade inconsciente*. Quando o comando *Goze!* é seguido mais de perto[49], esse gozo se dá a si mesmo e ao Outro como saldo de qualquer conta.

O que deveria ser acrescentado e que se deduz do texto freudiano é isto: se o impulso da pulsão sexual encontra a sua origem na *diferença* entre o gozo *obtido* e aquele *buscado*[50], a *Todestrieb*, uma vez desintricada, não atende mais a essa insatisfação constitutiva da pulsão. Por outro lado, a diferença entre gozos estando na *origem* da denegação, uma vez anulada, não contaremos mais com esse alicerce para que esta – a denegação – seja capaz de circunscrever o gozo ao permitir que o sujeito diga: "Não é isso!".

A satisfação desse gozo enigmático não é orgástica e não serve tampouco enquanto tal, sem intervenção da significação fálica, até mesmo do falo simplesmente, para produzir prazer preliminar. Como substância, ela está toda vertida no ser de alguém e leva o sujeito à busca da manutenção de uma identidade fora da cadeia significante com uma exceção enquanto tal[51]: a da identificação primordial. O fato de esta ser superior às secundárias parece ser a chave do problema, já que torna ineficaz o que as separa[52] uma das outras. A proposta freudiana, quanto ao caráter silencioso da *Todestrieb*, indicando-

---

[48] Poderíamos afirmar que a *Todestrieb* tem no entanto um impulso, mas de outro modo que a pulsão da qual ela se desprendeu? E que esse impulso é constante? O estudo das dependências, tanto o (falso) par anorexia/bulimia quanto as drogas, penderia para a afirmativa, embora fosse necessário dar a seu anel um desencadeador em outro lugar que na diferença dos gozos, que foi abolida. Quanto à zona erógena e ao objeto, neste último caso, seria o próprio corpo, aquém de sua imagem especular, e, quanto a seu objetivo, um gozo sem limite fálico de que temos há muito tempo inscrições mais que abundantes.

[49] As "soluções" realmente masoquistas, em que o sujeito abandona a dignidade fálica, são raramente seguidas de culpa.

[50] *Au-delà du principe de plaisir*, PBP, capítulo 5, p. 87.

[51] Daí a importância, num tratamento, de conseguir produzir os S_1, únicos capazes de mudar o jogo.

[52] Em outras palavras, a castração.

nos, além disso, que nesse terreno não teremos retornos do recalcado que nos guiem no trabalho analítico, pois o recalque não é capaz de se opor a ela. Ainda que, interpretativamente, a visássemos, a resposta que teríamos seria da ordem de uma rejeição apaixonada[53].

Por outro lado, essa identificação com o Um sozinho, quer pare no fato de ser essa exceção, quer se precipite na identificação com o objeto[54], faz desaparecer ou pelo menos *esbater-se* a barra que define o sujeito.

O "*unwillkommene Kind*" e a morte da pulsão

Alguns anos depois da introdução da pulsão de morte em psicanálise, Ferenczi respondia a Freud com um brevíssimo ensaio[55] em que ligava a existência da pulsão de morte ao fato, para alguém, de ter sido um filho "*unwillkommene*", não bem-vindo. Ele junta uma série de observações clínicas em que, pela primeira vez na história da psicanálise, certos traços clínicos são colocados em série e nomeados como efeitos do não-desejo do Outro[56].

É difícil estimar o alcance histórico dessa intervenção, mas não seria impertinente considerar que essa valorização dos efeitos do Outro sobre o sujeito[57] esteja na base de uma das chaves de abóbada da produ-

[53] Clinicamente menos difícil, no fim das contas, de trabalhar.

[54] Somente como resto caído, a dificuldade, às vezes insuperável, sendo produzir sua transmutação em causa.

[55] Sandor Ferenczi, *Œuvres complètes*, IV, pp. 76-81.

[56] Numa nota de tradução a essa imensa contribuição, a editora de Ferenczi, Judith Dupont, recusa que "Willkommen" seja entendido a partir do conceito lacaniano de desejo do Outro e reivindica a especificidade do conceito ferencziano.

[57] O que Freud levava em conta, mas, por razões que ainda não foram objeto de uma pesquisa, não teorizava assim. Supomos que tenham a ver com a preocupação que era a sua de erigir a estrutura do Inconsciente, e qualquer remetimento ao Outro, exceto em sua referência pré-histórica e nunca publicada por ele, poderia ter levado à confusão. Teórica, ao psicologizar o objeto da psicanálise, clínica, ao fornecer uma saída à questão da dívida. Ferenczi, com seu recurso teórico e clínico ao Outro, aparece como o traço de união entre Freud e Lacan.

ção teórica de Lacan. Em *As formações do inconsciente*[58], comentando o trabalho de Ferenczi, decerto sem citá-lo nomeadamente, ele fala dos sintomas daqueles que, por não terem sido desejados nem recebidos, pensam por isso não ter dívida a pagar a ninguém. Paradoxo às vezes mortal daqueles que estão, a contragosto, condenados, no entanto, a pagar essa dívida – invisível, intangível, feita com o estofo do nada e na qual costumam estar em questão não objetos ou significantes, mas a própria vida do sujeito –, ainda mais dura de pagar uma vez que não houve dom do Outro a agradecer... Exceto que devemos realmente essa vida que o Outro não quis como tal, de que se livrou ou então, ao dá-la, impôs mais tarde ao sujeito condições ou contratos para lhe significar até onde ele lá estava, a partir de onde lá não estava mais...

Perrier, em 1960, em sua comunicação no colóquio de Bonneval[59], introduz a idéia de *morte da pulsão* e, avançando sobre a preeminência do desejo do Outro, o faz condição não só da vida psíquica do sujeito, mas da própria existência da pulsão. Assim, a não erotização de uma zona erógena na relação com o Outro traz como conseqüência necessária a ausência de recalque originário.

O desejo do Outro, por outro lado, não sendo igual a ele mesmo, continua a conhecer síncopes: para tal mulher, a chegada de uma filha fazendo com que seu amor e seu desejo pelo mais velho caiam a ponto de só perceber anos depois, quando os sintomas do menino a despertaram. E a pensar que, até ali, o vínculo que a ligava ao filho, nascido no dia do aniversário de um pai que ela não via mais muito e que havia renegado a família, nunca sofrera contratempos.

Extremamente significativas, gozando de uma importância decisiva para a vida de alguém, essas síncopes obedecem ao próprio regime da significação fálica, que não pode, por intermédio do amor, subtrair-se ao regime das presença/ausência que a ritmam.

[58] Seminário *As formações do inconsciente*, sessão de 12 de fevereiro de 1958.

[60] "Les pulsions et l'inconscient", em *L'inconscient*, colóquio de Bonneval sob a direção de Henri Ey, Paris, Desclée de Brouwer, 1966.

A *Tobestrieb*, a recusa da castração e as escritas da sexuação

Como interrogaríamos a pulsão de morte como *orientação* utilizando as escritas da sexuação? Parece-nos que podemos escrever que o sujeito $ – masculino, quer se trate de homem ou de mulher –, que se escreve tanto em cima quanto embaixo do quadrípode lacaniano, deixa a sua posição em $\forall x\ \Phi x$: todos os sujeitos são submetidos à castração, onde em geral se movem os homens. Inscrevendo-se doravante *somente* na linha de cima, $\exists x \neg \Phi x$: existe alguém que diz não à castração para ser ele mesmo a exceção, aquele que a recusa.

Um dos paradoxos dessa posição identificatória com o Falo, e não o menor, sendo que *seu gozo específico... não é fálico*. Aquele que pretende inscrever-se somente como exceção vê-se rejeitado à direita do quadro lacaniano da sexuação, ali onde $\neg \exists x \neg \Phi x$: não há ninguém para dizer não à castração. Esse lugar no qual ele se encontra, a contragosto, o submete à escolha impossível de lá não estar e a seu gozo específico, Outro, em que o símbolo da negação desapareceu, pois o falo não faz mais limite com o gozo do corpo.

O que Lacan nomeava *o gozo Outro* Freud chamava *Genuss*, termo que, em alemão, serve para designar o gozo não sexual, tanto o dos místicos, o da arte, quanto o dos animais, diferenciando-o assim do gozo fálico que ele nomeava *Lust*.

Essa tentativa, impossível mas eficaz, de identificação com o Falo real é feita em detrimento da função fálica e de sua virtude ordenadora dos lugares, pois, como função, ela é um efeito da metáfora paterna. Assim, em virtude dessa identificação, falo e função são colocados em contradição.

Se a escrita lacaniana do "para todos", $\forall x$, serve para escrever as identificações secundárias e $\exists x$, "existe ao menos um", serve para escrever a identificação primordial, a vetorização de baixo para cima $\uparrow$, quando o sujeito deixa de vez o andar de baixo[60] – ou numa recusa, ou numa rejeição da

[60] É evidente que o que é problemático não é querer ocupar os dois andares, mas o abandono do andar de "baixo". Por outro lado, um sujeito que se mantivesse somente neste, sem nunca buscar distinguir-se no que quer que seja, só teria uma morna e cinzenta existência, esperando, por exemplo, somente de um cataclismo o que o tiraria das dificuldades da vida.

castração que não se pode saber imediatamente se são parciais ou definitivas –, *representa a orientação da pulsão de morte*[61].

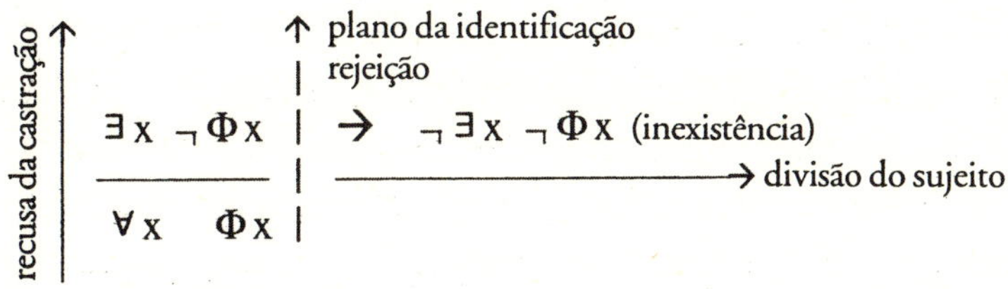

O que se diria: "Único, jamais um entre outros". Essa "subida" para a exceção – efeito daquilo que não pode ser assumido na castração – deve ser encarada como a resposta em ação tanto a um desabono sofrido[62] quanto a uma carência efetiva de amor. Um certo esbatimento, até mesmo um apagamento da divisão do sujeito, dará à neurose sua vertente quase indominável[63]. Da mesma forma, um outro aspecto sempre vai se fazer sentir, o que resulta de uma rejeição *automática* para a inexistência: $\rightarrow \neg \exists x \neg \Phi x$.

Deliria virão assinalar que o sujeito se encontra nesse lugar, buscando por intermédio delas outorgar-se o sentimento de si que lhe falta. E isto tanto nas histerias quanto em neuroses obsessivas.

---

[61] [...] "uma vez que o complexo de castração foi a um só tempo ultrapassado, mas sem poder ser plenamente assumido pelo sujeito [...] vemos o mecanismo de reaparecimento no real, mas, desta vez, de um real no limite do psíquico, no interior das fronteiras do eu [*moi*]", Lacan, Seminário *La relation d'objet*, Paris, Le Seuil, p. 415. Essa passagem é de extrema importância para o que nos ocupa, a saber, as descompensações narcísicas no seio da neurose, e é o próprio Lacan quem permite pensar numa castração a um só tempo superada e rejeitada, legitimando assim uma pesquisa teórico-clínica sobre o sujeito.

[62] Quando o desabono acaba por ser apenas o do Outro, ele produz *Stimmungen* de elação ou melancólicas. Como se o sujeito se visse constantemente forçado a assegurar-se do preço de sua vida.

[63] Esse apagamento, ou esbatimento, da divisão pode produzir muitas "loucuras" histéricas, femininas ou masculinas, santidades heróicas, até mesmo essa tonalidade interpretativa tão incômoda no semelhante.

Mas resta-nos uma questão que seria esta: por que alguns ficam mais atraídos que outros pelos encantos deletérios dessa posição? A indicação mais constante que a clínica nos sugere é que, para esses sujeitos, o pai real edipiano (não *o Urvater*), aquele que tem em seu encargo assegurar a castração, dirigindo o sujeito para as identificações secundárias, de certo modo falhou em sua tarefa[64], sem que este por isso se encontre diante de uma falha da função paterna como tal, que em geral o precede, esperando-o, já ali, no Outro.

Confrontado com a falha de fato[65] do pai, a tentativa de reparação não consiste, à guisa de exemplo, em ser pai[66] por sua vez, de outra maneira, mas em identificar-se com o Falo[67] enquanto tal. Como se o sujeito articulasse: "Asseguro a castração para todos e quem quer que seja, pois ninguém realmente a assegurou para mim". É aí que aquilo com que o sujeito pode contar como capacidade sublimatória, a saber, o Outro Gozo[68], vai ficar na total dependência do Gozo do Outro[69]. Na vida e na morte!

Também se coloca o caso dos homens de exceção, aqueles que de fato asseguraram para os outros a posição de fazê-los desejar. Uma via de resposta seria que esses seres vêm acasalados dois a dois: assim, Freud para Lacan, o Cristo para São Paulo, Hegel para Marx... Cada um dando a si mesmo um mestre, às vezes na falta de tê-lo tido de verdade.

---

[64] Um pai real falho como agente da castração pode sê-lo tanto por seu fato, por sua não castração, quanto pelo assoreamento sofrido por sua fala através de uma mulher narcísica que, *nolens volens*, reduz seu gume fálico à parte congruente. O que coloca a questão, enigmática, da capacidade de apagamento do Nome do Pai que advém no Outro. A necessidade de ter alguém com quem contar com freqüência levará o sujeito a procurá-lo subindo na linha, *id est* como puro significante. Busca à qual ele não pode de modo algum se subtrair, mas que é muito paradoxal, pois sua própria orientação o conduz não a tê-la, mas, sem saber, a *sê-la*.

[65] Nos tratamentos, estamos diante do preço de incerteza que atinge a aposta que o sujeito sempre deve fazer por si mesmo, pois a que foi feita pelo Outro costuma assumir a consistência de uma armadilha.

[66] Em todas as acepções metafóricas do termo.

[67] Ou então com seu representante S_1. O que permite, de uma certa maneira, desafiar a morte em vez de sofrê-la. Com isso, prova-se que a finalidade de todos os discursos é bem a morte, embora em cada um ela mude de registro.

[68] Aqui, o gozo da sublimação revela, mais ou menos, seu parentesco estrutural com o da mulher.

[69] Ou seja, à mercê do Outro real, no que ele assinala de parentesco com a Coisa, ou seja, no próprio corpo.

Companhia de Freud
editora

OBRAS PUBLICADAS

Psicanálise e Tempo
Erik Porge

Psicanálise e Análise do Discurso
Nina Leite

Letra a Letra
Jean Allouch

Mal-Estar na Procriação
Marie-Magdeleine Chatel

Marguerite ou "A Aimée" de Lacan
Jean Allouch

Revista Internacional nº 1
A Clínica Lacaniana

A Criança na Clínica Psicanalítica
Angela Vorcaro

A Feminilidade Velada
Philippe Julien

O Discurso Melancólico
Marie-Claude Lambotte

A Etificação da Psicanálise
Jean Allouch

Roubo de Idéias?
Erik Porge

Os Nomes do Pai em Jacques Lacan
Erik Porge

Revista Internacional nº 2
A Histeria

Anorexia Mental, Ascese, Mística
Éric Bidaud

Hitler – A Tirania e a Psicanálise
Jean-Gérard Bursztein

Littoral
A Criança e o Psicanalista

O Amor ao Avesso
Gérard Pommier

Paixões do Ser
Sandra Dias

A Ficção do Si Mesmo
Ana Maria Medeiros da Costa

As Construções do Universal
Monique David-Ménard

Littoral
Luto de Criança

Trata-se uma Criança – Tomos I e II
Congresso Internacional de Psicanálise e suas Conexões – Vários

O Adolescente e o Psicanalista
Jean-Jacques Rassial

— Alô, Lacan?
— É claro que não.
Jean Allouch

A Crise de Adolescência
Octave Mannoni e outros

O Adolescente na Psicanálise
Raymond Cahn

A Morte e o Imaginário na Adolescência
Silvia Tubert

Invocações
Alain Didier-Weill

Um Percurso em Psicanálise com Lacan
Taciana de Melo Mafra

A Fantasia da Eleição Divina
Sergio Becker

Lacan e o Espelho Sofiânico de Boehme
Dany-Robert Dufour

O Adolescente e a Modernidade – Tomos I, II e III
Congresso Internacional de Psicanálise e suas Conexões – Vários

A Hora do Chá na Casa dos Pendlebury
Alain Didier-Weill

W. R. Bion – Novas Leituras
Arnaldo Chuster

Crianças na Psicanálise
Angela Vorcaro

O Sorriso da Gioconda
Catherine Mathelin

As Psicoses
Philippe Julien

O Olhar e a Voz
Paul-Laurent Assoun

Um Jeito de Poeta
Luís Mauro Caetano da Rosa

Estética da Melancolia
Marie-Claude Lambotte

O Desejo do Psicanalista
Diana S. Rabinovich

Os Mistérios da Trindade
Dany-Robert Dufour

A Equação do Sonhos
Gisèle Chaboudez

Abandonarás teu Pai e tua Mãe
Philippe Julien

A Estrutura na Obra Lacaniana
Taciana de Melo Mafra

Elissa Rhaís
Paul Tabet

Ciúmes
Denise Lachaud

Trilhamentos do Feminino
Jerzuí Tomaz

Gostar de Mulheres
Autores diversos

Os Errantes da Carne
Jean-Pierre Winter

As Intervenções do Analista
Isidoro Vegh

Adolescência e Psicose
Edson Saggese

O Sujeito em Estado Limite
Jean-Jacques Rassial

O que Acontece no Ato Analítico?
Roberto Harari

A Clínica da Identificação
Clara Cruglak

A Escritura Psicótica
Marcelo Muniz Freire

Os Discursos e a Cura
Isidoro Vegh

Procuro o Homem da Minha Vida
Daniela Di Segni

A Criança Adotiva
Nazir Hamad

Littoral
O Pai

O Transexualismo
Henry Frignet

Psicose, Perversão, Neurose
Philippe Julien

Como se Chama James Joyce?
Roberto Harari

A Psicanálise: dos Princípios
Ético-estéticos à Clinica
W.R. Bion – Novas Leituras

O Significante, a Letra e o Objeto
Charles Melman

O Complexo de Jocasta
Marie-Christine Laznik

O Homem sem Gravidade
Charles Melman

O Desejo da Escrita em Ítalo Calvino
Rita de Cássia Maia e Silva Costa

O Dia em que Lacan me Adotou
Gérard Haddad

Mulheres de 50
Daniela Di Segni e Hilda V. Levy

A Transferência
Taciana de Melo Mafra

Clínica da Pulsão
Diana S. Rabinovich

Os Discursos na Psicanálise
Aurélio Souza

Littoral
O conhecimento paranóico

Revista Dizer - 14
A medicalização da dor

Neurose Obsessiva
Charles Melman

A Erótica do Luto
Jean Allouch

Um Mundo sem Limite
Jean-Pierre Lebrun

Comer o Livro
Gérard Haddad

IMPRESSÃO

GRÁFICA MARQUES SARAIVA
Rua Santos Rodrigues, 240 - Estácio / RJ
Telefax: (21) 2502-9498